決定版 イノベーションを実現する

実践MOT

出川 通
degawa toru

研究開発から事業化への
プロジェクト展開の考え方

言視舎

はじめに

新規事業のために、実践ＭＯＴ（Management of Technology for Innovation、技術経営）はどのように役立つのだろうか？　技術をベースにイノベーションに成功し儲けるための活用方法は本当にあるのか？　このような疑問に答えて実践に役立てていただくのが、本書の目的です。

「ＭＯＴ」、「技術経営」と呼ばれている考え方に興味を持つ人は多いと思います。一方ではＭＯＴはピンとこなくても「イノベーションの実践」に関心をもったことはありませんか？　企業のなかでは「研究開発成果を新事業・新商品に」「新規事業テーマの探索」などにかかわりを持つ人は確実に増えてきています。

新規事業は「未来」への挑戦であり、その結果、不確実性を持つものです。したがって単なる知識としてのＭＯＴだけでもなかなかうまくいきません。そこで本書は筆者の企業での30年の新規事業立ち上げ経験と20年にわたる日本の各種企業３００社以上へのコンサルティング経験をもとに、実践の場で共通として必要とされる「実践ＭＯＴとイノベーションを起こすプロジェクトの定石」を集大成しました。

具体的には技術をうまくマネジメントして新規事業・新商品の創出（これを企業におけるイノベーションとも呼びます）につなげる方法を、実践的に述べたものです。内容は日本の企業向けに失敗事例や成功例をパターン化して体系化した最新の考え方やノウハウを含むワークブックといえます。

多くの会社が新規事業や研究開発に迷っているなか、今がチャンスです。ぜひ、この本で実践ＭＯＴの定石を学び、技術の可能性を引き出し、会社と自分の価値を他社、他人に先駆けて高めていただけることになれば幸いです。

２０２４年春

㈱テクノ・インテグレーション　代表取締役

出川　通

事業のライフサイクルにおけるイノベーションと MOT の位置付け

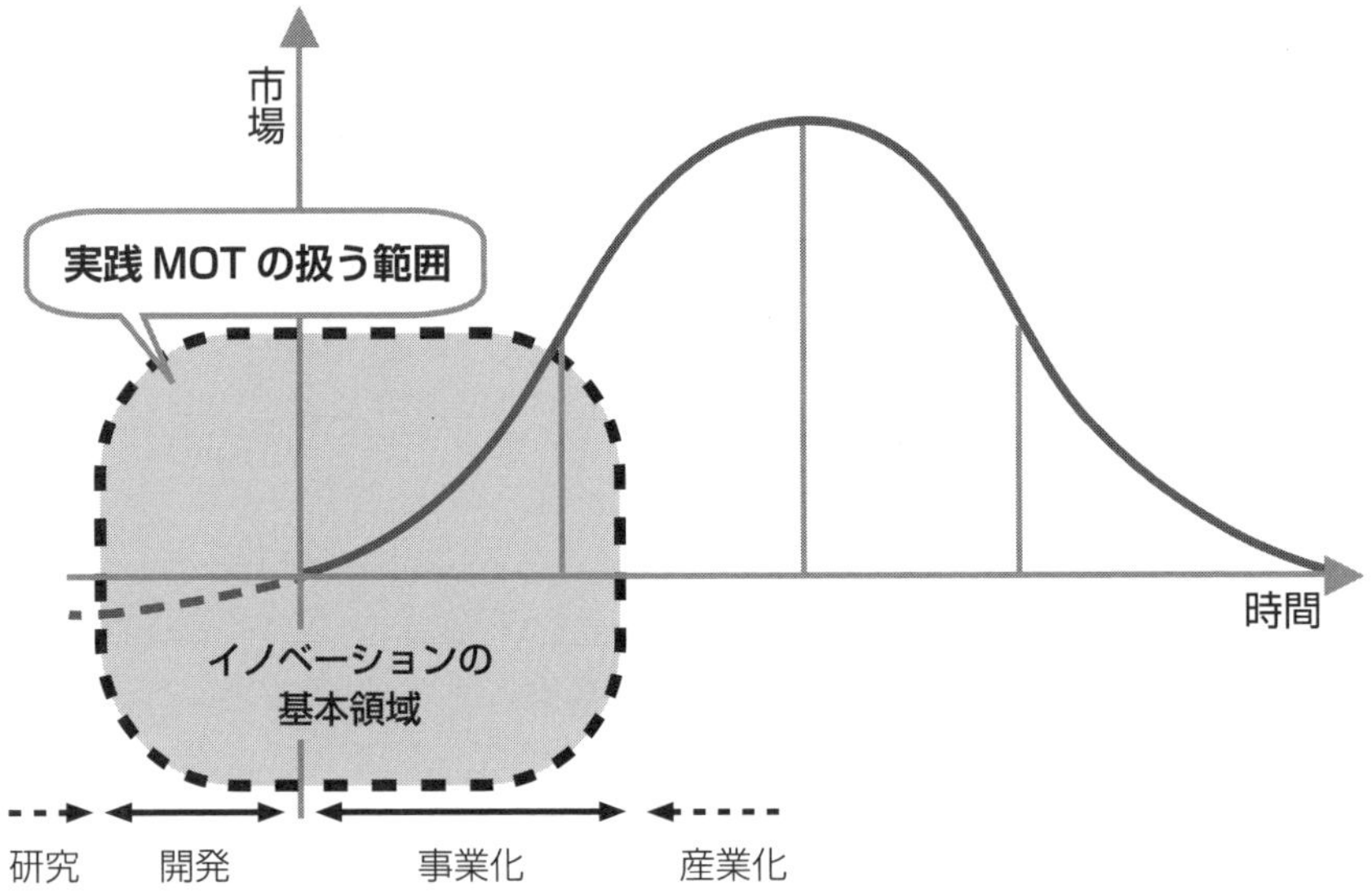

目次

PREVIEW

本書の活用
フレームワーク

ここではMOTの内容に入る前に、実践MOT全体のイメージとその必要性がほんとうにあるか？　あるとすればどの部分に注力して理解すればよいか？ということをチェックしていきましょう。

まずは次の「一目でわかる実践MOTチェックシート」を使って、自らの理解を明確にすることをお奨めします。それにより、全体のフレームワークと本書の活用の仕方が立体的に理解できると思います。

本書の実践MOTフレームワークと各章の分担

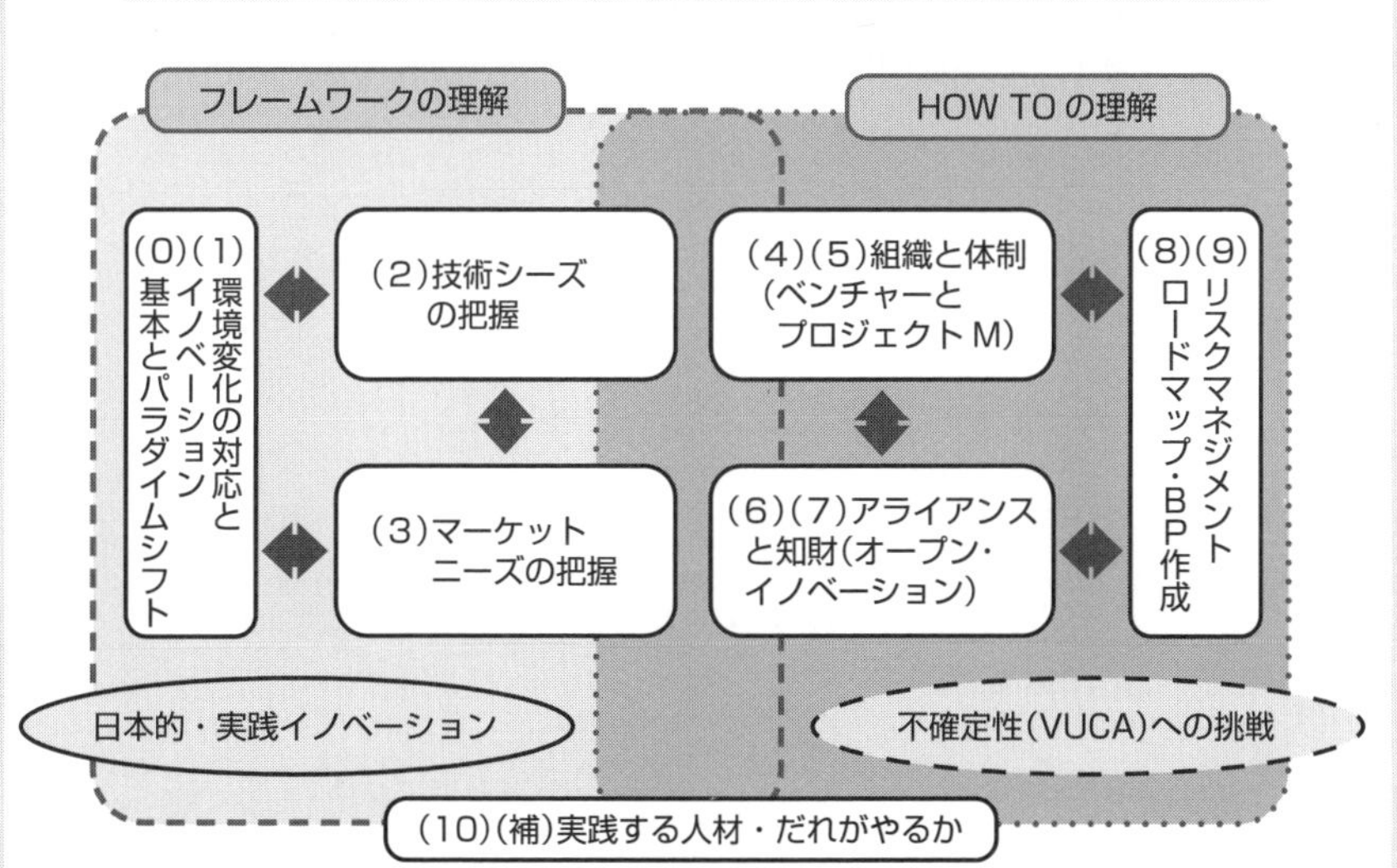

括弧内の数字は本書の章に相当

実践MOT全体体系のフローチャート

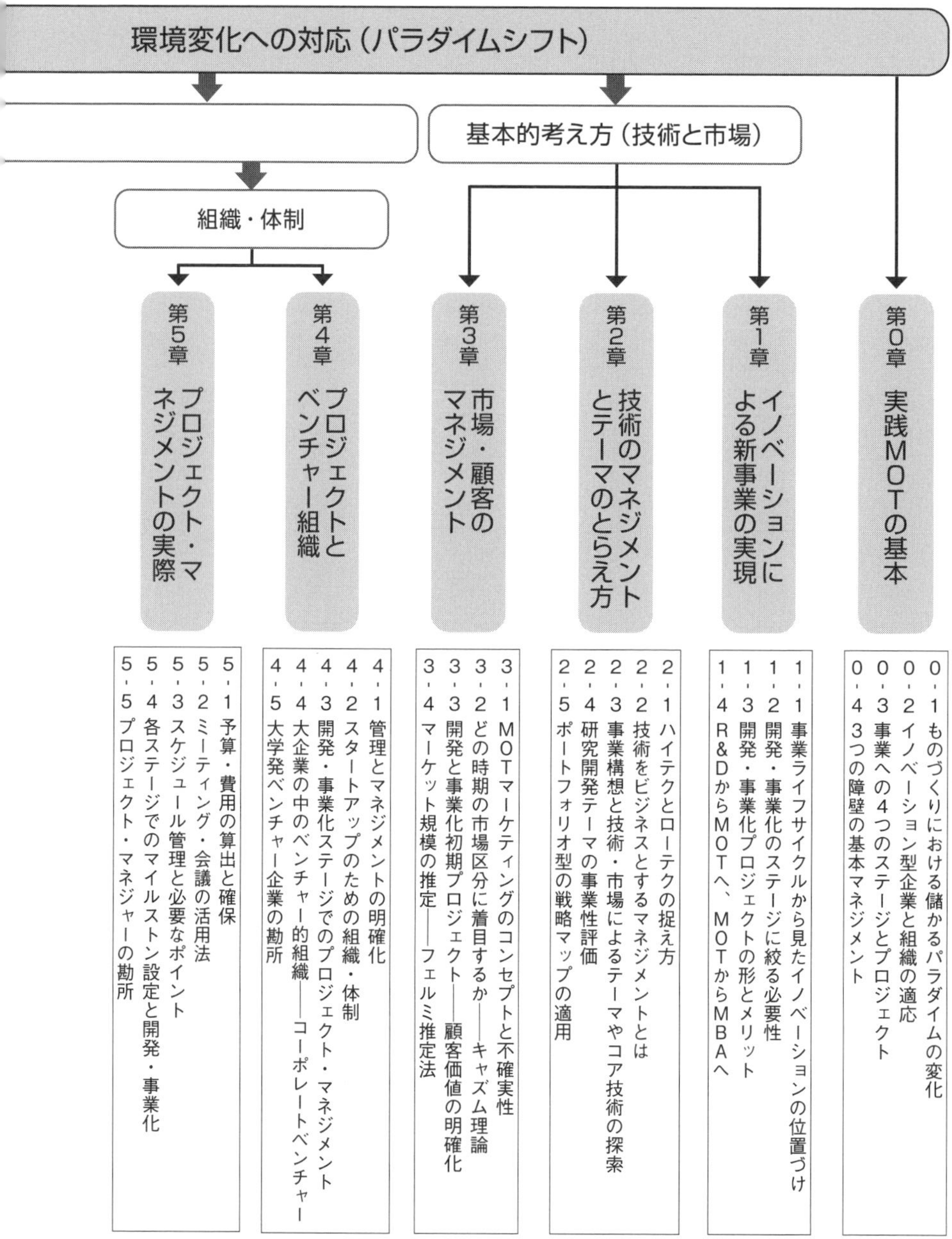

環境変化への対応（パラダイムシフト）
基本的考え方（技術と市場）
組織・体制
第0章 実践MOTの基本
第1章 イノベーションによる新事業の実現
第2章 技術のマネジメントとテーマのとらえ方
第3章 市場・顧客のマネジメント
第4章 プロジェクトとベンチャー組織
第5章 プロジェクト・マネジメントの実際
0・1 ものづくりにおける儲かるパラダイムの変化
0・2 イノベーション型企業と組織の適応
0・3 事業への4つのステージとプロジェクト
0・4 3つの障壁の基本マネジメント
1・1 事業ライフサイクルから見たイノベーションの位置づけ
1・2 開発・事業化のステージに絞る必要性
1・3 開発・事業化プロジェクトの形とメリット
1・4 R&DからMOTへ、MOTからMBAへ
2・1 ハイテクとローテクの捉え方
2・2 技術をビジネスとするマネジメントとは
2・3 事業構想と技術・市場によるテーマやコア技術の探索
2・4 研究開発テーマの事業性評価
2・5 ポートフォリオ型の戦略マップの適用
3・1 MOTマーケティングのコンセプトと不確実性
3・2 どの時期の市場区分に着目するか——キャズム理論
3・3 開発と事業化初期プロジェクト——顧客価値の明確化
3・4 マーケット規模の推定——フェルミ推定法
4・1 管理とマネジメントの明確化
4・2 スタートアップのための組織・体制
4・3 開発・事業化ステージでのプロジェクト・マネジメント
4・4 大企業の中のベンチャー的組織——コーポレートベンチャー
4・5 大学発ベンチャー企業の勘所
5・1 予算・費用の算出と確保
5・2 ミーティング・会議の活用法
5・3 スケジュール管理と必要なポイント
5・4 各ステージでのマイルストン設定と開発・事業化
5・5 プロジェクト・マネジャーの勘所

イノベーション実現のための実践MOTと

実行する人

- 補章　実践MOTの役割とイノベーションを起こす自己戦略
  - 補・1　技術者戦略と新規事業開発――なぜ実践MOTが必要か
  - 補・2　技術者にとって実践MOTは何の役に立つか
  - 補・3　起（企）業家精神と個人戦略のロードマップ
  - 補・4　人生100年時代に自立・自律人材となる
- 第10章　人材のマネジメント
  - 10・1　イノベーター人材の必要性とプロジェクトの役割
  - 10・2　各ステージにおける人材評価の現状
  - 10・3　プロジェクトにおけるイノベーターの評価と選定
  - 10・4　イノベーター技術者の適材適所を目指して

実践マネジメント（HOW TO）の内容

未来目標の設定とリスクとロードマップ

- 第9章　リスクマネジメント
  - 9・1　なぜリスクマネジメントか：不確実の中のリスクとは
  - 9・2　リスクの明確化とリスクヘッジ
  - 9・3　開発と事業化のリスクマネジメント
  - 9・4　事業化プロジェクトにおけるリスクマネジメントの勘所
- 第8章　ロードマップによる未来の設定と共有化
  - 8・1　共有化のためのビジョンとロードマップ
  - 8・2　ロードマップ策定の基本的考え方と実際の作成プロセス
  - 8・3　ロードマップの統合化と活用
  - 8・4　統合ロードマップとビジネスプランの違い

オープン・イノベーションへの対応

- 第7章　事業化に役立つ知的財産のマネジメント
  - 7・1　なぜ知的財産（知財）戦略とマネジメントか
  - 7・2　知財に関する発想の転換と実践
  - 7・3　技術の育成と調達、発散と絞り込み
  - 7・4　知財契約とライセンスのマネジメント
  - 7・5　プロジェクトにおけるTLOの活用
- 第6章　オープン・イノベーション（O.I）のマネジメント
  - 6・1　新事業展開とO.Iの必要性と位置づけ
  - 6・2　プロジェクトにおける補完・分担関係
  - 6・3　パートナー型での信頼関係
  - 6・4　産学連携とそのマネジメントの勘所

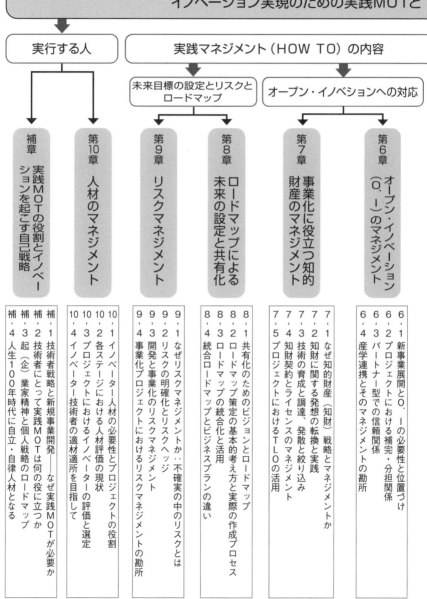

一目でわかる実践 MOT チェックシート

あなたの現在の問題点や課題だと考えられるポイントに
チェックを付けてみてください

対応する章

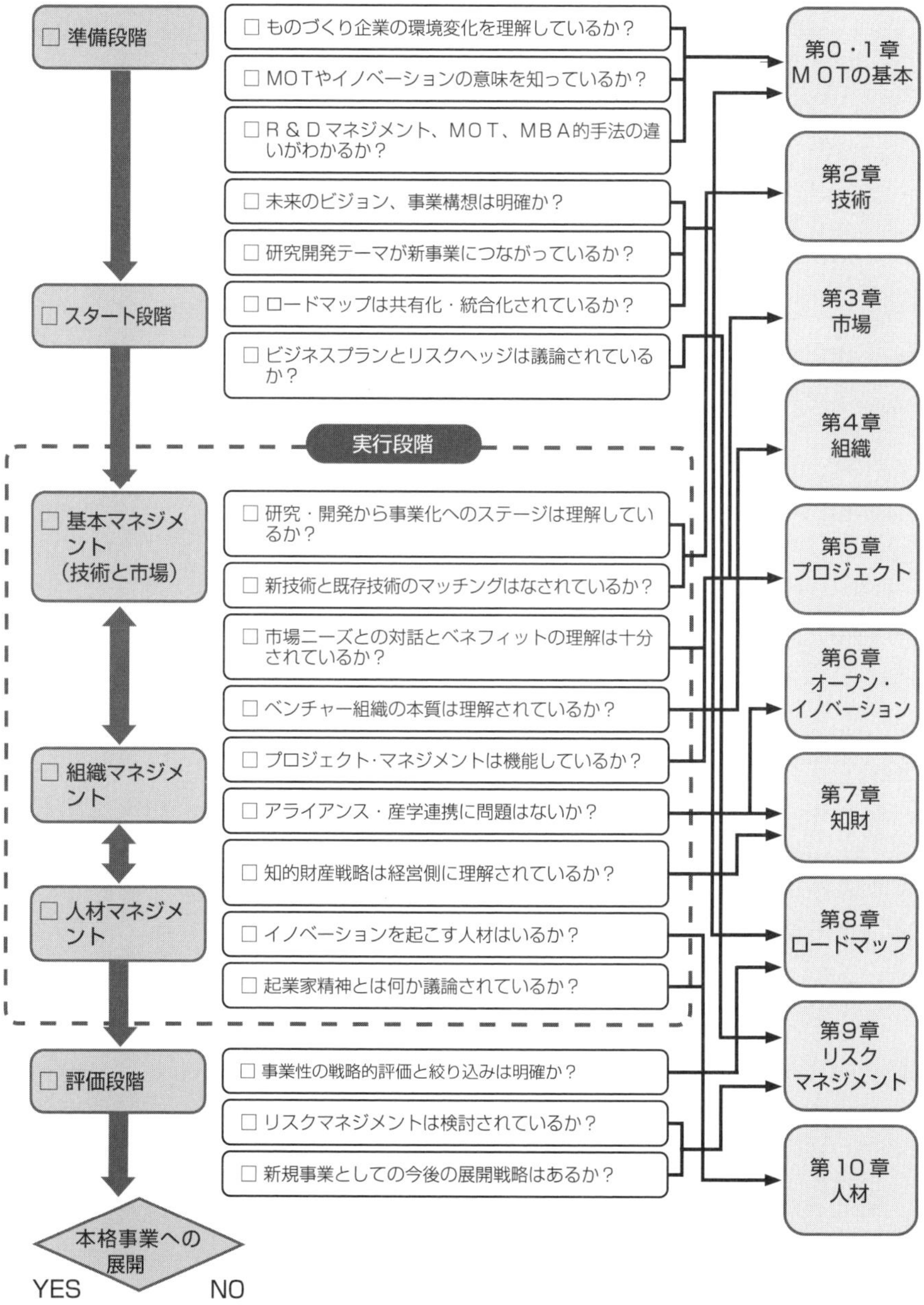

基本編

第０章

実践ＭＯＴの基本

イノベーションのマネジメントとは

MOT（技術経営）が必要になってきた背景を「ものづくり」の価値の変化として捉えてみました。いいかたを換えると世の中に役立つイノベーションのパターンとして「付加価値」から「顧客価値」「社会価値」への変化です。

ここでは「もの創り」のためのＭＯＴが揃えているツールの概要を紹介します。また、「ＭＯＴはこれまでのＲ＆Ｄ（研究開発）マネジメントやＭＢＡ（経営学）などと何が違うのだろうか？」「成功し儲けるための活用方法は本当にあるのか？」これらの疑問に答えるための第一歩として、その違いと基本戦略の背景を理解していただきたいと思います。

（本章は予備的な章なのでイノベーションや産業構造の変化に詳しいかたは飛ばしていただいてかまいません）

1 ものづくりにおける儲かるパラダイムの変化

「ものづくり」の本質的な価値とは

「ものづくり」に関する日本の強みはどこにいったのでしょうか？　わが国の製造業の現場では危機感と絶望感が生じています。しかし、その本質をつかむことでまだまだ打つ手があるということを検討していきましょう。

「ものづくり」…昔は「物・作り」、ここしばらくは「モノ・造り」ということでプロセス革新により付加価値を生み、日本は世界一の製造業の国といわれるようになってきたのです。

ところが、環境はどんどん変化し、日本での製造業の価値の構図（パラダイム）は「物・モノ造り」としての「造りかた」（既存製品のプロセス革新型）から「もの・こと創り」として「創ること」（新製品創出主体型）が本質的価値といわれる時代に移っていると考えられるのです。

イノベーションの時代とは

これまでの技術体系は基本的に「モノ造り」としていかに安くて品質のよい製品を作るかというものでした。経営学の専門用語では自社の付加価値を考えるプロセス革新の時代であったといえます。今は何（どのような製品）をいつまでに商品化・事業化するかという顧客価値を考えるプロダクト型の「イノベーション」の時代に変化するといえます（図0・1）。

本書で用いる「イノベーション」とは厳密には「プロダクト型」のイノベーションとします。実はこのような価値の変化（付加価値→顧客価値）におけるパラダイムシフトにうまく対応する方法論が、実践ＭＯＴなのです。いわゆる方法論としてのＭＯＴを経営者も技術者も認識することが第一歩です。その上で実践方法まで個別に理解し、実践するというマネジメントが

図０-１　「ものづくり」の変遷とイノベーション、価値とは

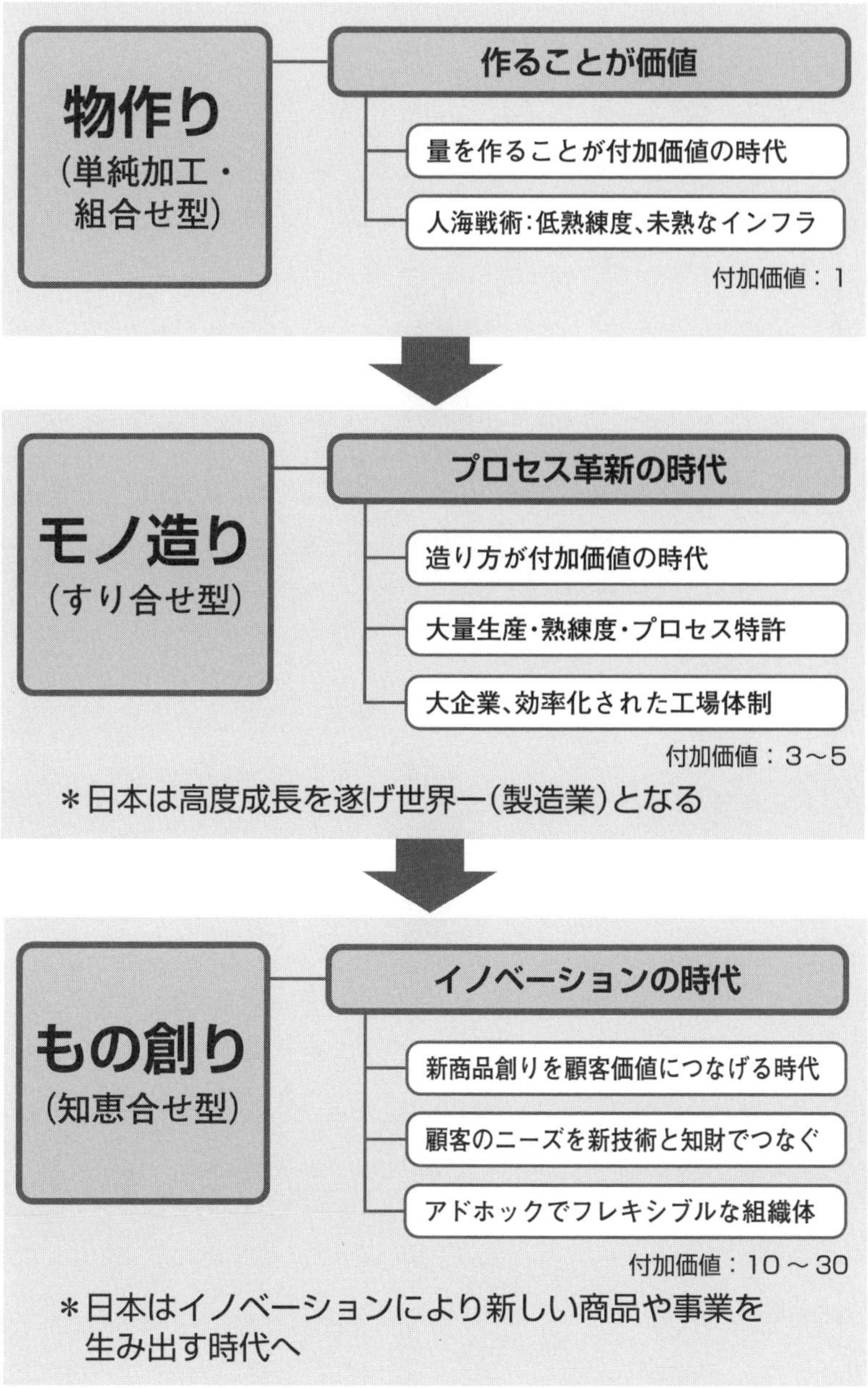
物作り
(単純加工・組合せ型)
作ることが価値
量を作ることが付加価値の時代
人海戦術：低熟練度、未熟なインフラ
付加価値：１
モノ造り
(すり合せ型)
プロセス革新の時代
造り方が付加価値の時代
大量生産・熟練度・プロセス特許
大企業、効率化された工場体制
付加価値：３～５
＊日本は高度成長を遂げ世界一(製造業)となる
もの創り
(知恵合せ型)
イノベーションの時代
新商品創りを顧客価値につなげる時代
顧客のニーズを新技術と知財でつなぐ
アドホックでフレキシブルな組織体
付加価値：10～30
＊日本はイノベーションにより新しい商品や事業を生み出す時代へ

必要となりました。

プロセス革新と新商品のイノベーションは車の両輪

日本においては、モノ造り（既存製品のプロセス革新）よりも、もの創り（顧客価値重視の新商品創出＝イノベーション）の重要性が高まっていき、価値の源泉は移行していきます。しかしながら企業体としてみた時には、その双方のバランスがとれていることが継続的な利益を得るために必須となります。

現代の日本の企業体では、これまでの成功体験がまだまだ圧倒的にプロセス革新・改良ベースの経営であったため、イノベーションについては経験がないに等しい（特に経営者、中堅幹部）ので、その点の認識と理解が必要です。

実際上の両者の違いは、スコープ（短期／中長期）と方法論（ベクトル：ＨＯＷとＷＨＡＴ型）が反対であり、切り換えと両立は時系列的な視点がないとそう簡単ではありません。

そのような日本の中でのパラダイム変化への全体的な対応が、実践ＭＯＴという形で体系化されつつありますが、イノベーション側の課題もまだまだ多いのです。

組織的な点でいうと大企業（大きな安定的な組織）からプロジェクトや社内外でのベンチャー企業（小さくて動きが早い）組織への移行が圧倒的に有利であることにもつながります。

このため現実的な技術の新しい可能性を見るための組織経営としては、プロジェクトとかベンチャー的なマネジメントが主体なので、そちらにもふれていきます。

2 イノベーション型企業と組織の適応

イノベーションへの組織体制の適応

どのような規模・内容の企業であっても、組織体は新しいことにチャレンジしていくという「イノベーション≒新しい価値・もの創り」を続けていかないと生き続けられません。

その意味でMOTは、決して大企業だけのものではありません。そこでさまざまな規模の製造業における組織の適応状況の変化を**図0-2**としてイメージ的に考えてみます。

STAGE 1

パラダイムシフトの前、安定的な社会において既存パラダイムが変化し始めるところです。既存商品の安定で最適化した組織群、個人は刺激をうけはじめます。

日本で1990年代から2000年代の初期はパラダイムシフトの時期で、製造業の儲けるベースはイノベーション型へ変化したのです。それと同期して一緒に動けるのは機動性に優れた小さい組織のみでした。またベンチャー企業も生まれます。

STAGE 2

パラダイムシフトの中期で、日本の2000年代中期~2010年代初期の状態ともいえます。パラダイムシフトが起こってしばらくすると、イノベーション志向の中小企業体なども下請けから脱して動きやすい組織として移動し始めます。

大規模な企業体も意識として新しいパラダイム(≒イノベーション型)へ移動しようとしますが、内部の旧来の慣性などがあり、完全に移動できないジレンマ状況にあります。解決策の一つは分社化やコーポレートベンチャーなどによる一部組織の切り離し(隔離)によるパラダイムシフトへの適応です。

図0-2 「企業規模とパラダイムシフト」への対応イメージ

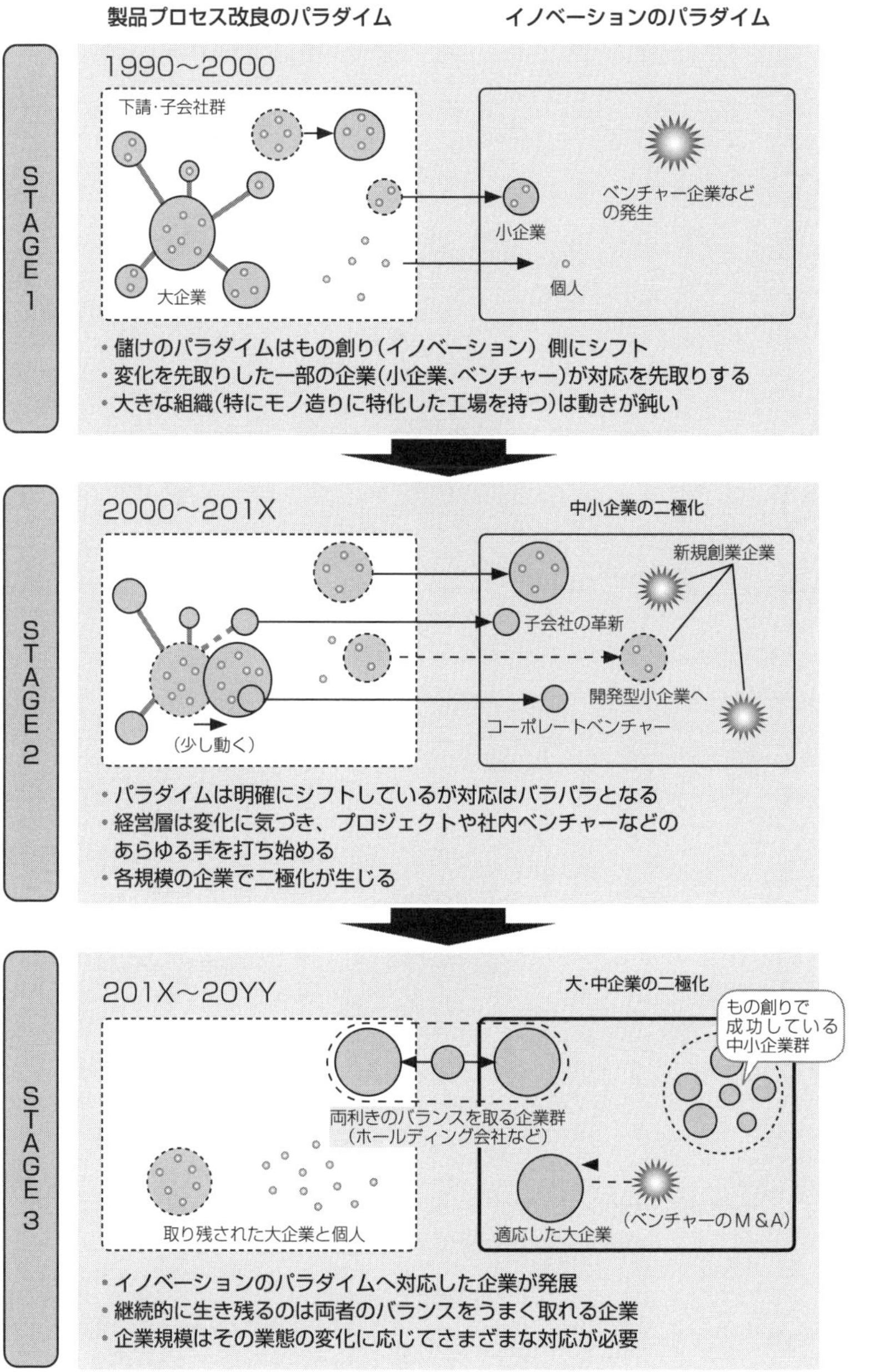
製品プロセス改良のパラダイム
イノベーションのパラダイム
STAGE 1
1990〜2000
下請·子会社群
大企業
小企業
個人
ベンチャー企業などの発生
• 儲けのパラダイムはもの創り（イノベーション）側にシフト
• 変化を先取りした一部の企業（小企業、ベンチャー）が対応を先取りする
• 大きな組織（特にモノ造りに特化した工場を持つ）は動きが鈍い
STAGE 2
2000〜201X
中小企業の二極化
新規創業企業
子会社の革新
開発型小企業へ
コーポレートベンチャー
（少し動く）
• パラダイムは明確にシフトしているが対応はバラバラとなる
• 経営層は変化に気づき、プロジェクトや社内ベンチャーなどのあらゆる手を打ち始める
• 各規模の企業で二極化が生じる
STAGE 3
201X〜20YY
大·中企業の二極化
もの創りで成功している中小企業群
両利きのバランスを取る企業群（ホールディング会社など）
取り残された大企業と個人
適応した大企業
（ベンチャーのM＆A）
• イノベーションのパラダイムへ対応した企業が発展
• 継続的に生き残るのは両者のバランスをうまく取れる企業
• 企業規模はその業態の変化に応じてさまざまな対応が必要

STAGE3
パラダイムシフトを終えた欧米では、多くの組織や個人がさまざまなチャレンジと変化を経たのち、イノベーション型に対応し適応してきている状況です。生き残るためにその企業規模の大小にかかわらず、新しい発想へ対応していくようになるのです。
日本においては、早い企業では2010年代から両者のパラダイムを克服して両立しているという形をとりはじめていますが、多数の企業はまだまだSTAGE2の状況にいる段階と考えられています。

企業規模との関係と企業や個人の二極化から両利きへの流れ

組織としての適応が整わない超巨大な組織は、変化に対応できず、恐竜化現象として滅亡する運命にあります。一方では多くの組織体はある日、突然ひょう変することもあります。この時に注意すべきは、旧パラダイムの組織体の中で、比較的ぬくぬくと生きてきた個人が取り残される恐れがあるということです。

日本はこれまでは各規模別に横並びであることが特徴でした。ここでの企業や個人では規模や業種にかかわらず勝ち組と負け組という分極化が起きてきて、現代ではさらに、パラダイムに適合する（両方ができる）考えかたを持つ企業だけが生き残ると予想されます。すなわちイノベーション型のプロジェクトなどの仕組みを自社内に持つ「両利き型企業」が主体となるでしょう。

3 事業への４つのステージとプロジェクト

事業への４つのステージ：開発、事業化プロジェクトの役割

ここでは実践ＭＯＴにおいて時系列的に分類し用いている４つのステージと、企業内組織を例にとった役割について少し解説していきます（図０‐３）。

研究ステージ：技術シーズ探索のステージです。基本的には発散型のマネジメントで、研究所が担当している場合が多いといえます。

開発ステージ：製品開発のステージです。ここではマーケティングにより捉えたニーズ（製品ターゲット）を目標にした収束型のマネジメントです。開発センターや開発プロジェクトが担当します。

事業化ステージ：実際に開発した製品を売って利益を出すステージです。このステージでは顧客を対象にした発散型および社内各部門共通の事業化プロジェクトが主体です。

産業化ステージ：量産や製造販売のステージです。もはや既存事業での事業部が主体です。

プロジェクトの定義と二つのタイプの特徴

一般的にプロジェクトの定義は米国におけるＰＭＩ（Project Management Institute）によります。実際のプロジェクト・マネジメントには二つの考え方があることに注意が必要です。

通常、効率や確実性を求めるプロジェクトでは、第一の「製品改良」型（＝ＨＯＷの世界）が多く、いわゆるエンジニアリング型で標準化・マニュアル化が進んでいます。

それに対して本書で取り上げるプロジェクトは第二の「開発・事業化」すなわち「イノベーション創出型」のマネジメントが必要で、ベンチャー企業の経営もほぼ一緒です。

この両者の違いと共通点を整理して図０‐４に示し

図０-３　研究・開発の事業化・産業化への過程とプロジェクトの位置

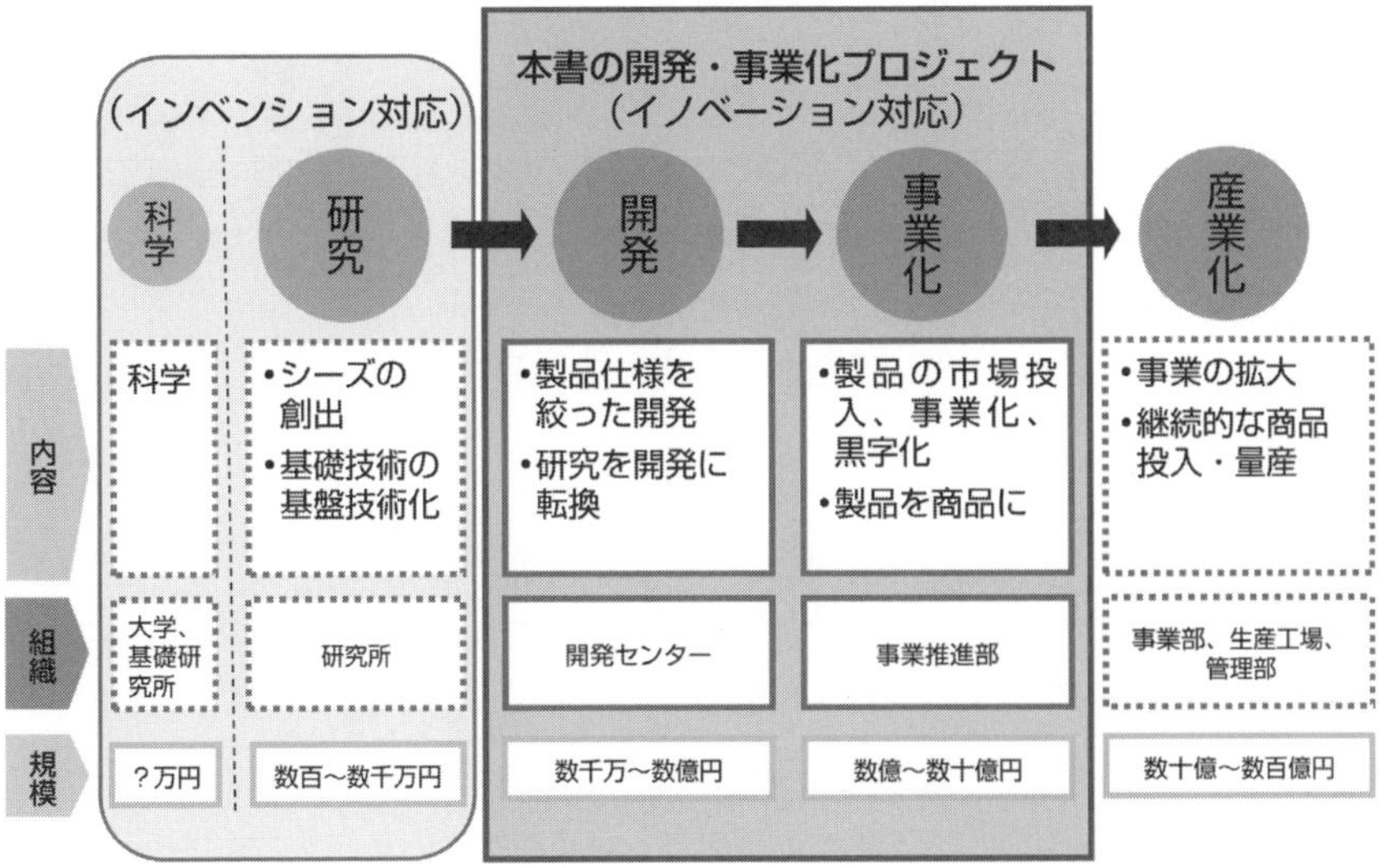

図０-４　プロジェクトの定義と二つのタイプの特徴

プロジェクト	特徴	具体例	（参考）プロジェクトの定義（ＰＭＩによる二つのタイプに共通）
イノベーション創出型（イノベーション型）	ＷＨＡＴの世界：先例のない世界で、いかに新しい目標を企画、評価、実行し、結果を出すかがポイント	開発・事業化のプロジェクト・マネジメント＜企業内起業：社内ベンチャーの実現へ＞	一時的（臨時） 有期限（始まりと終わり） フェーズ（ステップ） 単発性（繰り返しなし） 集中責任（ＰＭ） 緊急性（スピード） チームワーク（一時的集団） 限定的なリソース（有限資源） スケジュール厳守（時間コントロール）
エンジニアリング型（プロセス革新型）	ＨＯＷの世界：プロジェクトをいかに効率的に進めて、あらかじめ決められた目標を達成するかがポイント	大規模エンジニアリング系のプロジェクト･マネジメント＜既存事業の中のプロジェクト＞	

てあります。研究開発プロジェクトなどと名前がついても、官庁主導のプロジェクトなどは、何を狙うのかで変わるので個別の判断が必要です。

研究と開発のプロジェクトのベクトルの違い

実際の研究開発の現場では、「研究」と「開発」の位置付け、方向性などの意味が人によって異なっていると感じます。

最終的には「研究」も「開発」も技術のブレークスルーによって、「自然法則を用いて創る」という意味ではまったく同類ですが、その本質的に持っているマネジメントのベクトルは全く違うということになります。**図0-5**には、「開発」と「事業化」の展開イメージ（ベクトル）を中心に「研究」や「産業化」のステージも並べて描いたものです。

プロジェクトの実施側としても、目的が事業化主体なのか、開発主体なのか、区分けする必要があります。

図0-5　開発・事業化の範囲と(プロジェクト)マネジメントの特徴

研究	開発	事業化	産業化
シーズ発掘	製品開発	事業のスタートアップ	主力事業への展開
インベンション	イノベーション		生産・販売

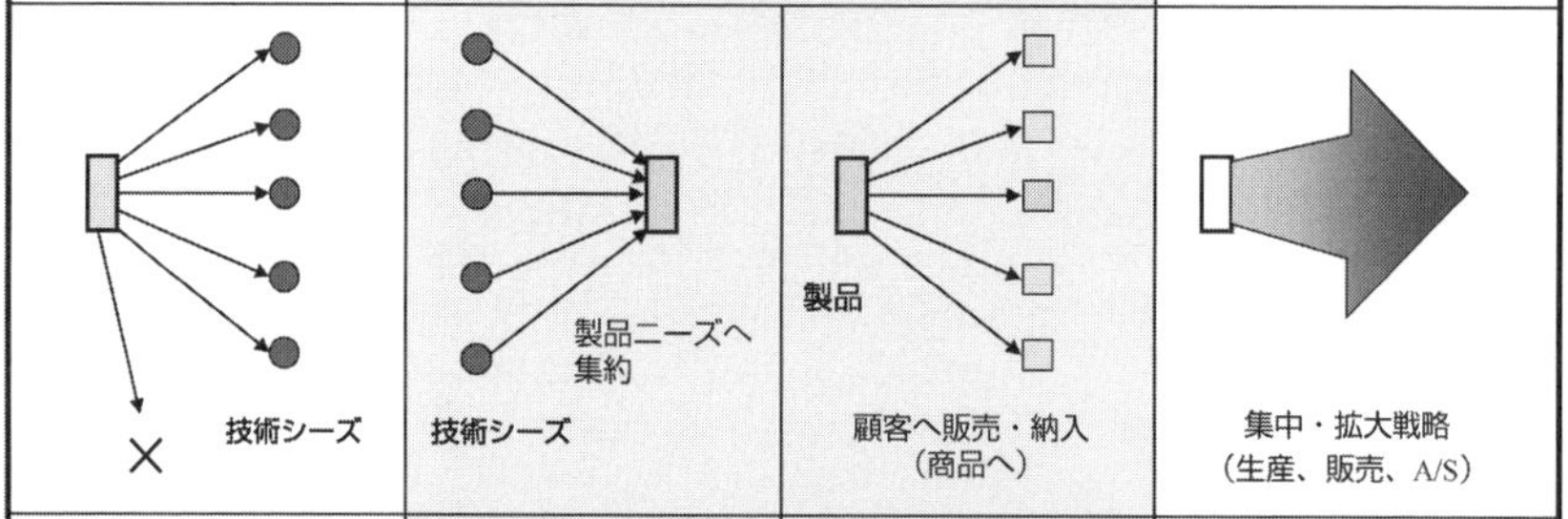

研究	開発	事業化	産業化
発散型のマネジメント ・基盤技術の取り揃え・強化 ・大きな流れからはずれない	顧客価値に応じた収束型のマネジメント ・市場ニーズ（仕様）がターゲット	真の顧客を求めた発散型のマネジメント ・客先の拡大と明確化 ・社内調整 ・ニッチ市場への展開	集中型のマネジメント ・経営判断（設備、人員、投資タイミング） ・ニッチ市場からメジャーへ

図0-6 死の谷とその前後の障壁の克服手法

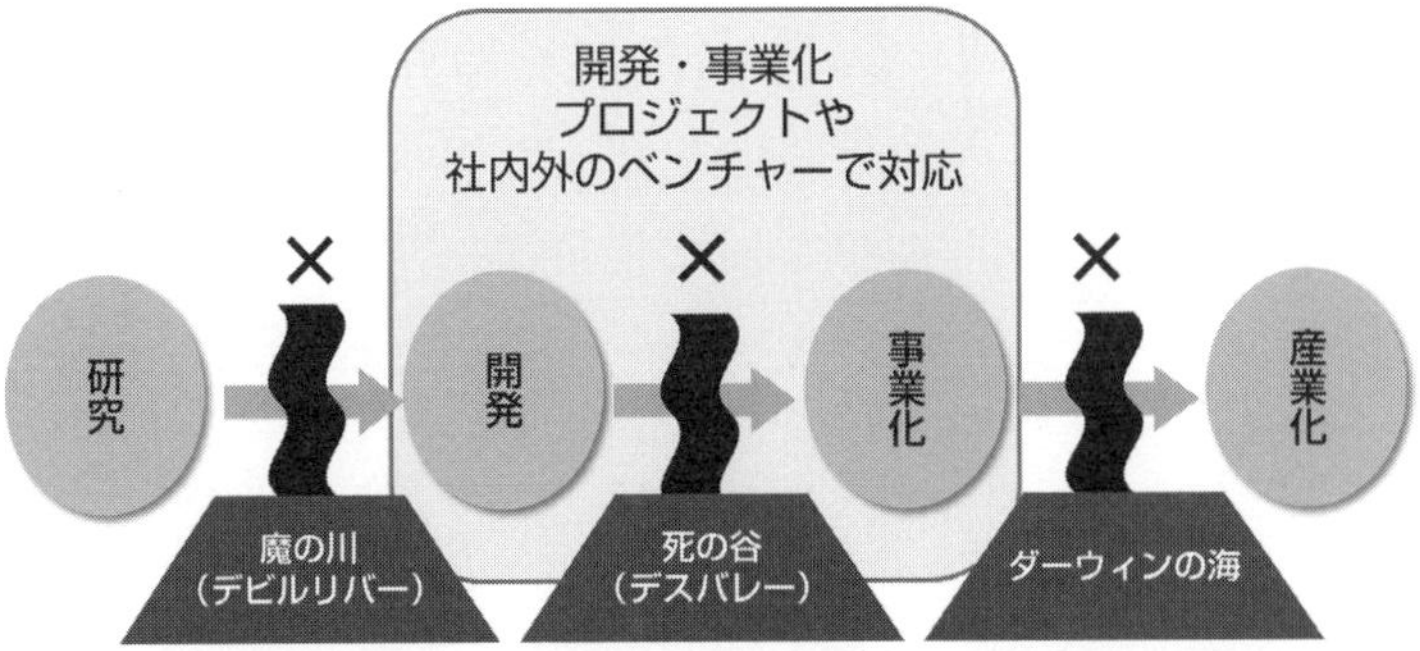

克服手段	研究成果をもとに、マーケティングにより開発ターゲットを明確にする。 研究成果を開発プロジェクトへ移す。	マーケティングから販売に軸足を移す。営業、製造を含めたプロジェクトとして顧客対応体制を明確にしていく。	事業分野がよくわかっている経営者による、リーダーシップとリスクテーキング（管理）

各ステージの間に横たわる溝の種類と乗り越え方

企業のなかで事業へ移行する過程で、それぞれの間に横たわる障壁を先にイメージするとマネジメントの内容がわかりやすくなります。すなわち開発・事業化プロジェクトはこれらを乗り越える手段ともいえるからです。

それぞれの障壁と、それを越える克服手段のポイントをプロジェクトや社内ベンチャー等としてイメージをまとめて示したのが**図0-6**です。

魔の川：研究・開発ともに未知のものを達成するという方向性は一緒ですが、「研究」は発散型、「開発」は製品ターゲットが明確になった収束型という大きなマネジメント上の違いがある点を理解していないと魔の川に陥ります。

死の谷：本書で述べる開発・事業化のプロジェクト

ではここを乗り越えることが主眼となります。この溝は、開発ステージが技術者だけで成り立つシンプルな構成で済んでいると、事業化ステージでは顧客視点と売り上げに始まり品質、アフターサービスなどの対応の要素が入ってくるところが違います。またベンチャー的なプロジェクトでは社内の既存制度との違いも顕在化します。ここをしっかり区別することで乗り越えることが可能です。

ダーウィンの海：この段階に入ると、業界の競合者や追随者が数多く出現してきて、サバイバルゲームが始まります。ここはもはや事業が立ち上がった後のことになります。

既存組織と開発・事業化プロジェクト

研究、開発、事業化、産業化と事業展開ステージを分類したところで、企業内起業をイメージして開発・事業化プロジェクトや社内ベンチャーの果たす役割について明確にしていきます。

当然ながら開発ステージと事業化ステージの部分は、開発・事業化プロジェクトの分担で、実践はイノベーションのマネジメントそのものといえます。

その全体像を3つの障壁を超えるイメージ例として描いたものが**図0－7**です。日本的・実践的な進捗内容として整理してあります。

製品から商品への移行がプロジェクトの目的となる

開発によって「製品」が完成しても、顧客が実際にお金を払って買ってくれなければ事業になりません。顧客価値に基づいた対価をいただいて、ようやく技術が「商品」になっていきます。ここではこの過程を説明します（**図0－8**）。

技術主体の開発ステージから顧客主体の「商品」の事業化ステージへと大きく発想を変えていくことが必要です。発想が変化しないと障壁としての「死の谷」となります。

プロジェクトやベンチャーの運営上も顧客価値をベースにしたマネジメントに移行させることが「死の谷」を乗り越える最大のポイントです。

図０-７　開発・事業化プロジェクトの範囲と４つのステージ

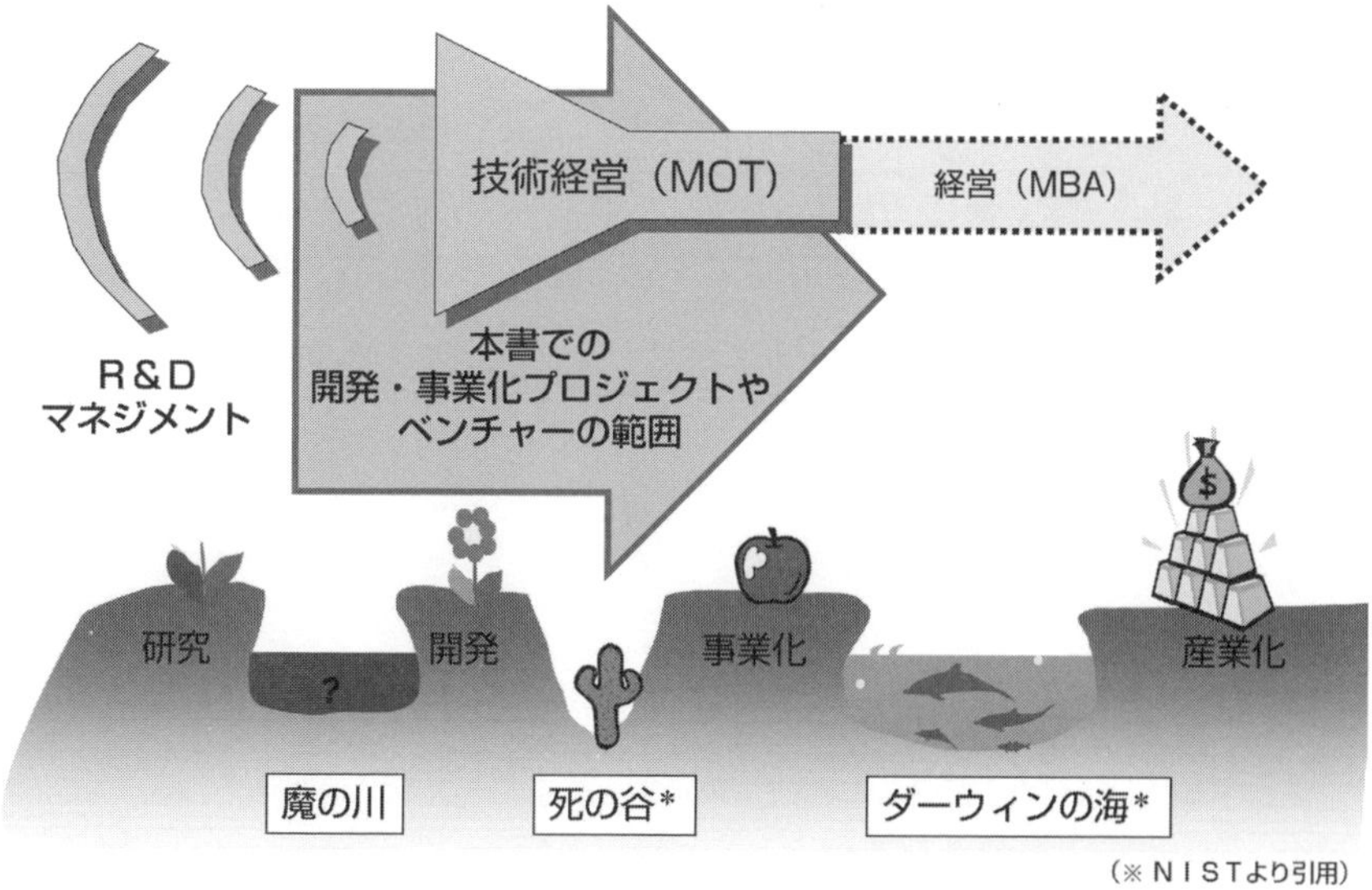
技術経営（MOT）
経営（MBA）
R＆D
マネジメント
本書での
開発・事業化プロジェクトや
ベンチャーの範囲
研究
開発
事業化
産業化
?
$
魔の川
死の谷*
ダーウィンの海*
（※ＮＩＳＴより引用）

図０-８　「製品」と「商品」の違いをプロジェクトで乗り越える

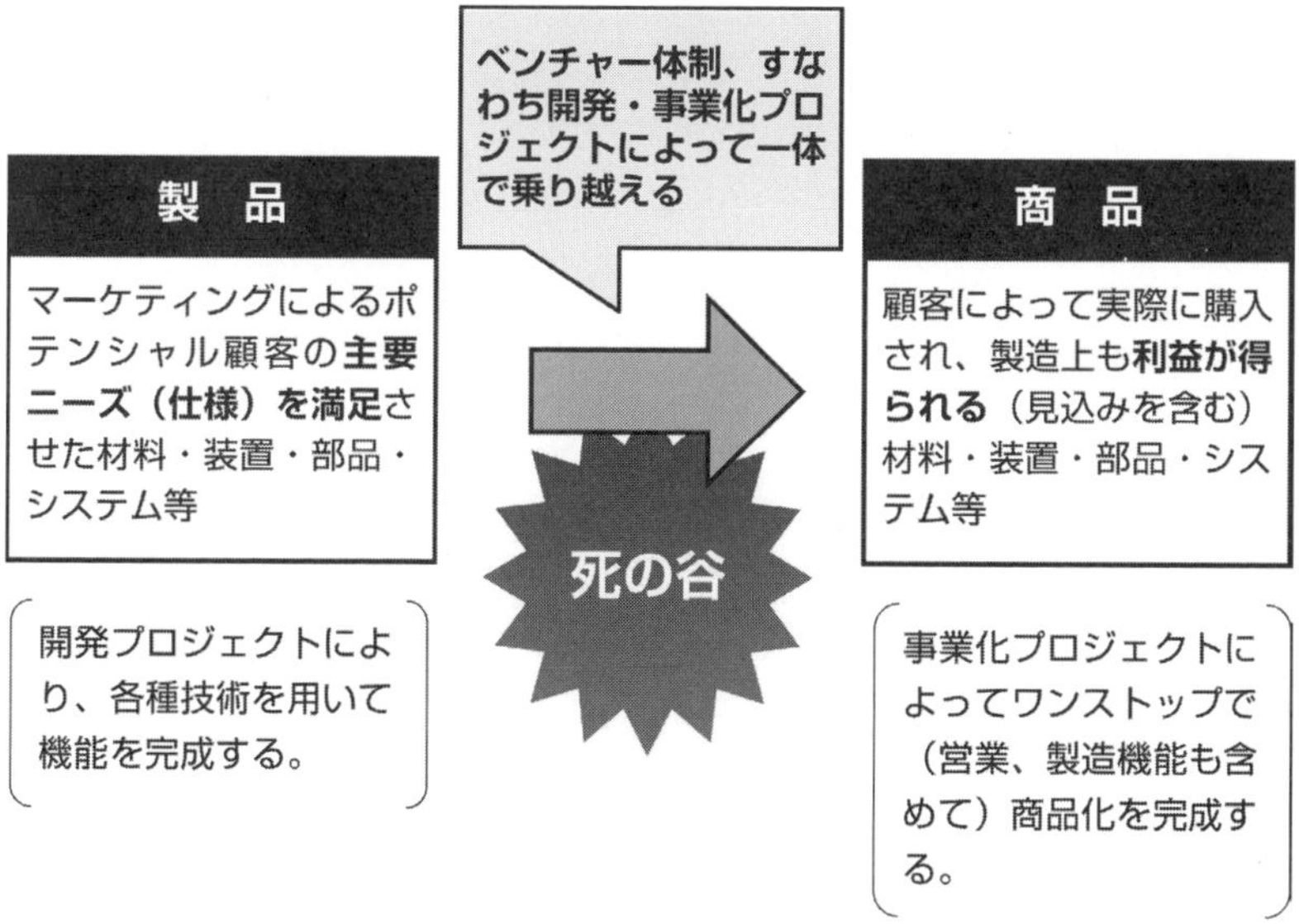
ベンチャー体制、すなわち開発・事業化プロジェクトによって一体で乗り越える
製　品
マーケティングによるポテンシャル顧客の**主要ニーズ（仕様）を満足**させた材料・装置・部品・システム等
開発プロジェクトにより、各種技術を用いて機能を完成する。
死の谷
商　品
顧客によって実際に購入され、製造上も**利益が得られる**（見込みを含む）材料・装置・部品・システム等
事業化プロジェクトによってワンストップで（営業、製造機能も含めて）商品化を完成する。

実践 MOT の基本

① ものづくりの価値の変化とイノベーション

物作り → モノ造り（プロセス革新） → もの創り（イノベーション）

組合せ型　すり合せ型、付加価値　知恵合せ型、顧客価値

実践ワークシート① あなたの組織の価値レベルを明確にする

- 今の価値モデルはどこか：
- その理由はなぜか：
- 今後どのように対応するか：

② 企業規模とパラダイムシフトへの適応状況

大きな組織体（大企業） → 中小の組織体 → 新しく小さい組織体

既存ビジネスによる大企業　開発系の中小企業　プロジェクトやベンチャー組織

実践ワークシート② 企業規模、組織対応状況、課題を明確にする

- 変化の先取りに対応する規模か：
- その理由はなぜか：
- 今後の対応は：

③ 差別化への４つのステージと３つの障壁

研究ステージ →（魔の川）→ 開発ステージ →（死の谷）→ 事業化ステージ →（ダーウィンの海）→ 産業化ステージ

実践ワークシート③ 直面しているステージと障壁を明確にする

- 現在のステージは：
- そのステージの障壁は：
- 障壁を克服するには：

基本編

第1章

イノベーションによる新事業の実現

企業内の開発・事業化プロジェクトとは

日本の企業ではいま、イノベーションが必要になっていますが、既存事業向けの組織体制ではそれが難しいといわれます。そのため、企業内での技術にもとづく新事業の実現、すなわち企業内起業家によるプロジェクト体制が提案され実行されていますが、必ずしもうまくいくわけではありません。

ここでは多岐にわたるプロジェクトのなかで企業内で効率的なイノベーションを起こす「開発・事業化プロジェクト」に関連したマネジメントの全体像について、プロダクトライフサイクル（PLC）の視点で述べていきます。

またこの体制はいわゆるベンチャー企業における組織体制とも共通点が多く、いわゆる両利きの経営マネジメントの一端を経験するという点でも大きな意味を持つものです。

1 事業ライフサイクルから見たイノベーションの位置づけ

プロダクト・ライフサイクル（PLC）で全体を俯瞰する

新しい商品を上梓するときに、その商品や事業の全体（一生、ライフサイクル［LC］）を見ていくことで、現在と将来のポジションの仮説を明確化、共有化することが可能となります。俯瞰的イメージを**図1・1**に示しました。

研究開発の時期を準備期間として考えると、新事業開始のイノベーションの時期、最盛期、さらに終焉・下降期とわかれてきます。実はこれは、人間や、企業などの組織体の一生と見ても同じことになります。

人間の場合に当てはめ、H（＝HUMAN、人間）LCとすると、わかりやすいかと思います。誕生のときが、まさに新しい商品が市場に出現したときで、リスクも伴いますが多くの人々に祝福されます。そのあと赤ん坊を可愛がってくれる人々が保育をしていきます。この時期に大切なのは、まだまだ赤ん坊をいきなり働かそうと思わないで、育成や教育期間を経ることです。

企業の置かれた状況とイノベーションの位置

企業経営を考えると、経営学者が示しているいわゆる定石が存在します（**図1・2**）。

企業の置かれていく事業環境をライフサイクル的に眺めると、まずはいわゆる誕生期があり、そのあと勢いがある成長期、成熟期、衰退期などとなります。経営学では、そのパラダイム変化を「3つの世代変化」として捉えています。それぞれに対応する経営上の考え方を整理すると、現象と対応がよく整理できます。

①第1世代は成長期で、経営の定石としては場（業界）を選択した拡大投資が基本です。

②第2世代は成熟期で、成長が止まり、いわゆる成長

図1-1　事業・商品のPLCによる経営時期とステージ分類

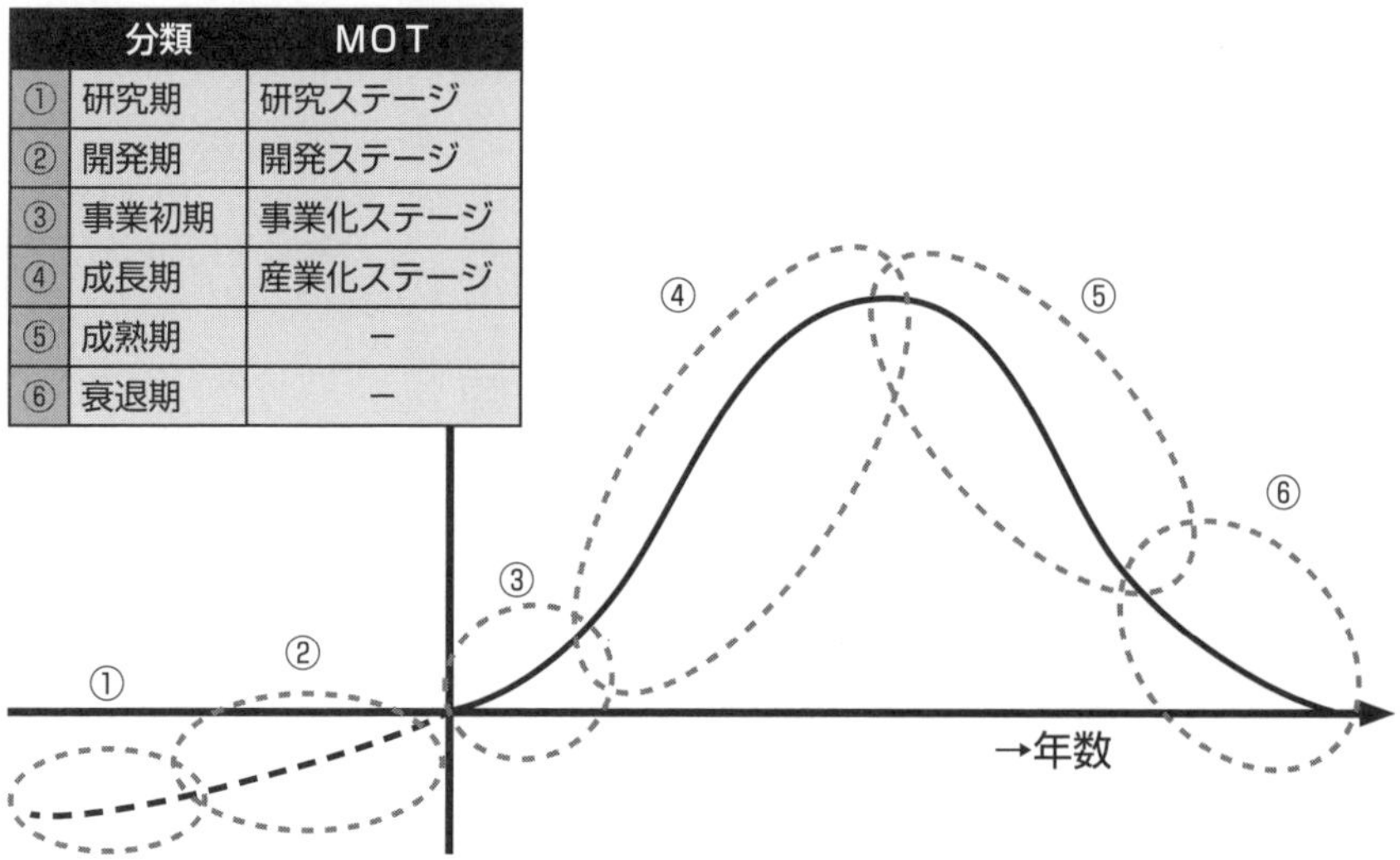

	分類	MOT
①	研究期	研究ステージ
②	開発期	開発ステージ
③	事業初期	事業化ステージ
④	成長期	産業化ステージ
⑤	成熟期	−
⑥	衰退期	−

図1-2　PLCでみた事業のステージの範囲と経営理論

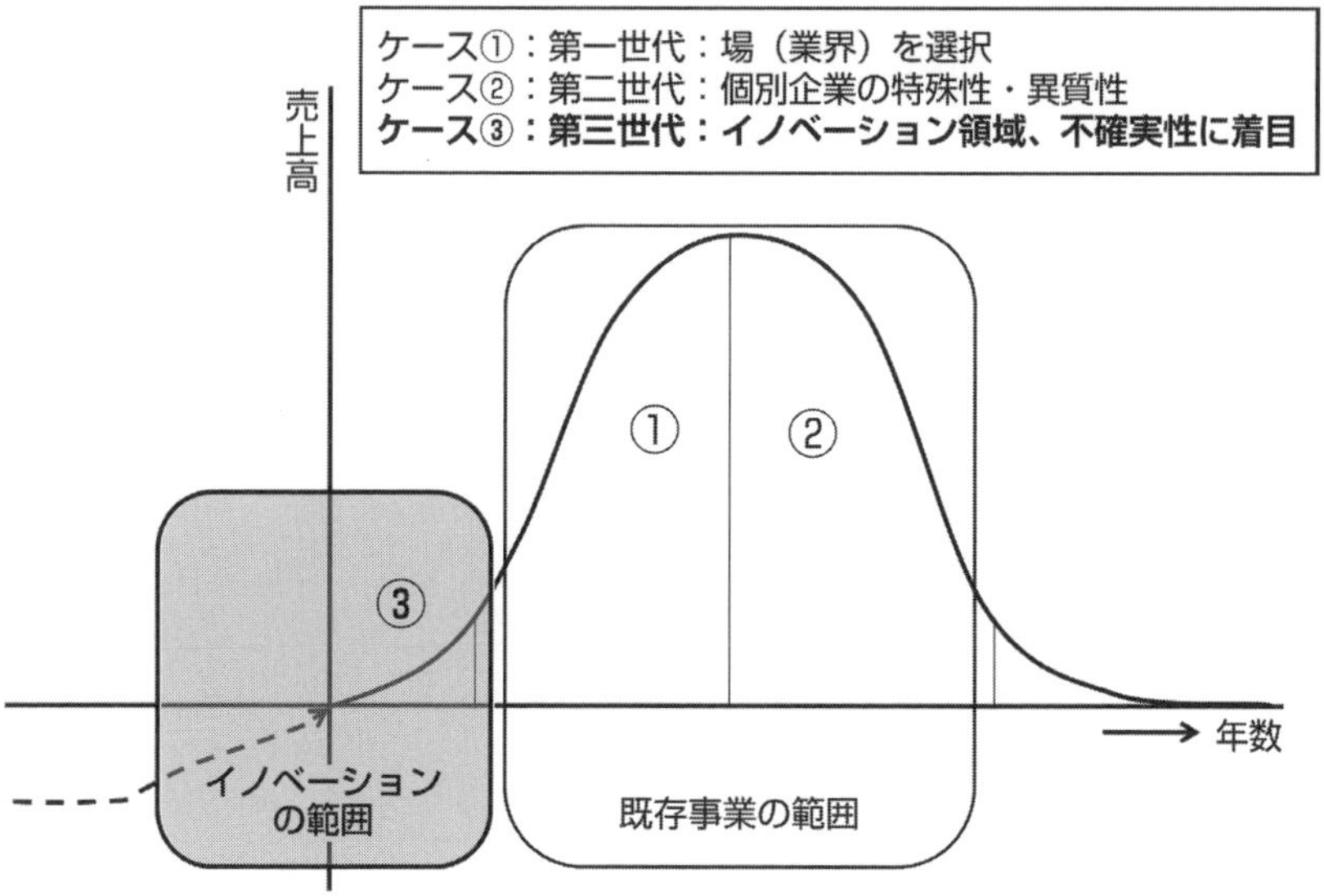

カーブが低下に転ずるときです。

③第3世代は新しいものの誕生期で、原点はイノベーションとそのマネジメントの重要性ということです。不確実性に着目する理論として、偶発的成功と事前意図的計画との融合で、経営資源配分が決まります。

開発から事業化の進捗に伴う経営的な考え方の時間軸

経営学的に市場の進化と関連した企業の経営ステージ戦略イメージの位置づけを**図1 - 3**に示してみました。

そこでは①と②を既存事業（本業）、③を新事業としてイノベーションを実践する開発・事業化のステージと位置付けます。

それぞれの 経営学的な詳細は①を第一世代、②を第二世代、③を本書の対象の第三世代と呼びますが、③がいわゆるイノベーション領域のところです。

よく経営学でいうS字カーブで事業を見ていくというのは、新事業が立ち上がったあとの、第一、第二世代のところをいいます。

イノベーションのところの第三世代は不確定性が高すぎて、これまでは経営学の対象になっていなかったのですが、イノベーションの重要性によって、最近ようやく位置づけられたといえます。

事業ライフサイクルから見た各ステージのポジショニング

ライフサイクル的に全体を通してみると、企業にとって他社よりも先がけて行なう新事業創出（イノベーション）は必須であることも事実なのです。

これらの課題を解く鍵が、本書で取り上げる開発と事業をつなぐプロジェクトであり、事業のスタートアップである企業内起業となり、社外ではベンチャー企業といえます。いずれも全体を通して同様のマネジメントがなされることになります。

このような切りわけでの位置づけを**図1 - 4**に示します。一般企業においてはいわゆる研究ステージと産業化ステージが連続的につながりますが、ベンチャー企業ではその両方と一部重なった状態になっています。

図1-3　開発・事業化プロジェクトと経営学の戦略

戦略のイメージ	内容	組織
① 勝つための戦略（M. ポーター）（仕掛け、競争戦略）	社外環境、競争、強み弱み（成長対応）	成長している事業、組織
② 負けないための戦略（J. バーニー）（仕組み、経営資源ベース戦略）	社内環境、進化、弱み補完（成熟対応）	成熟している事業、組織
③ **不確定な時代にチャンスをつかむ戦略（ミンツバーグ、ドラッカー……MOT）**	**顧客環境、新しい自社環境（イノベーション対応）**	**プロジェクト組織**

図1-4　MOTの4つのステージとプロダクト・ライフサイクル(PLC)

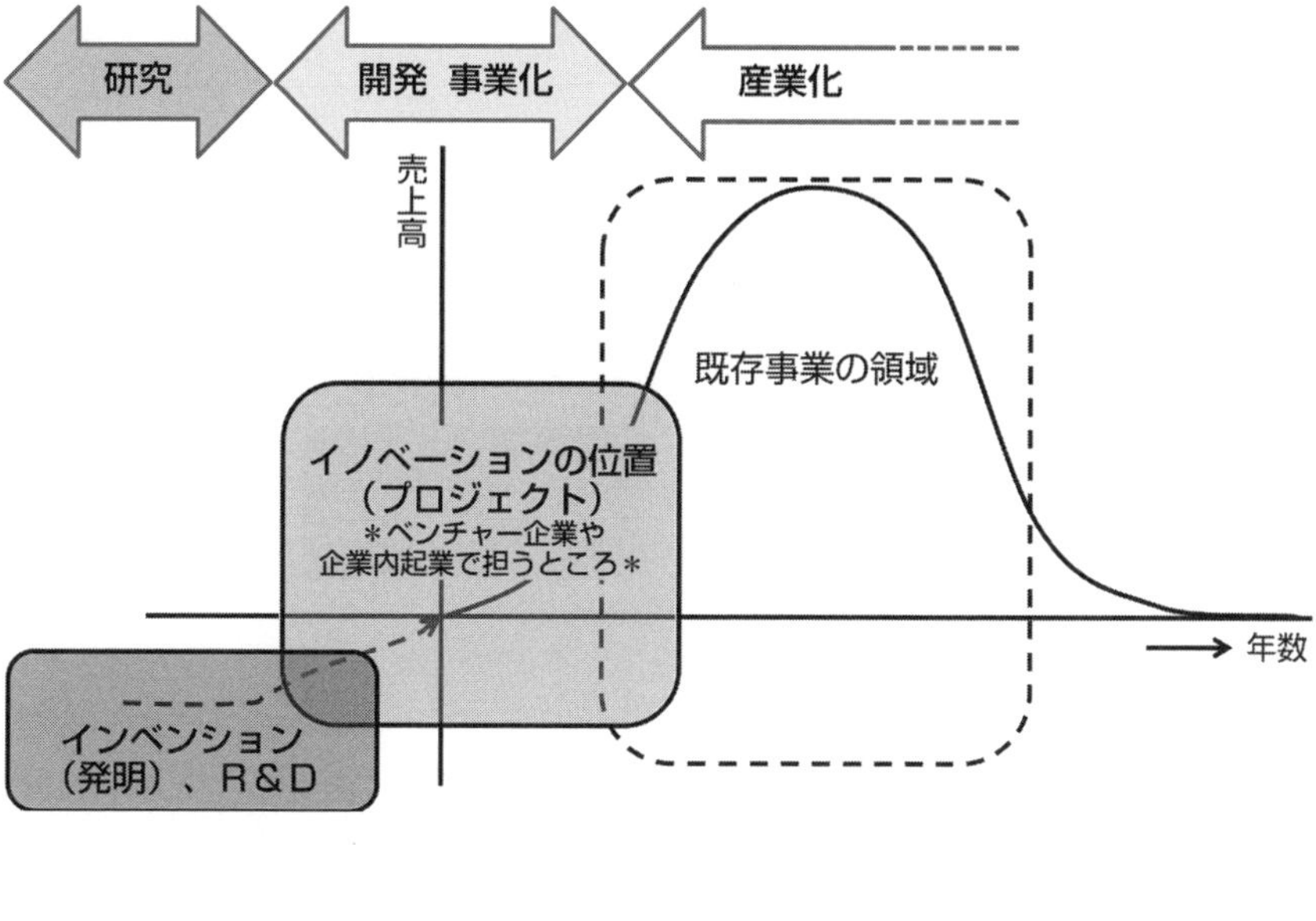

企業内起業とは不連続・不確定を対象とした未来を創りだす作業

本書では企業が新しい事業や商品を現在から未来にわたって市場に創造し展開する（技術が顧客価値を得る）ことを、「開発・事業化」と定義します。これは製品・商品のイノベーション（プロダクト・イノベーション）の実践です。

しかしながら開発段階では技術は不確定、事業化段階でも顧客が不確定というなかで未来の新しい価値を創り出さなくてはなりません。

「未来予測」としてはデータをもとにした潮流、トレンドを知ることはできます。しかし「未来創り」は不確定要素が大きく、臨機応変なプロジェクト体制でないと難しいといえます。特に可能性をもとにロードマップとして意思をもって未来を描くことがイノベーション実践のキーになります（**図1-5**）。

図1-5　既存・新規事業の未来をロードマップで共有化する

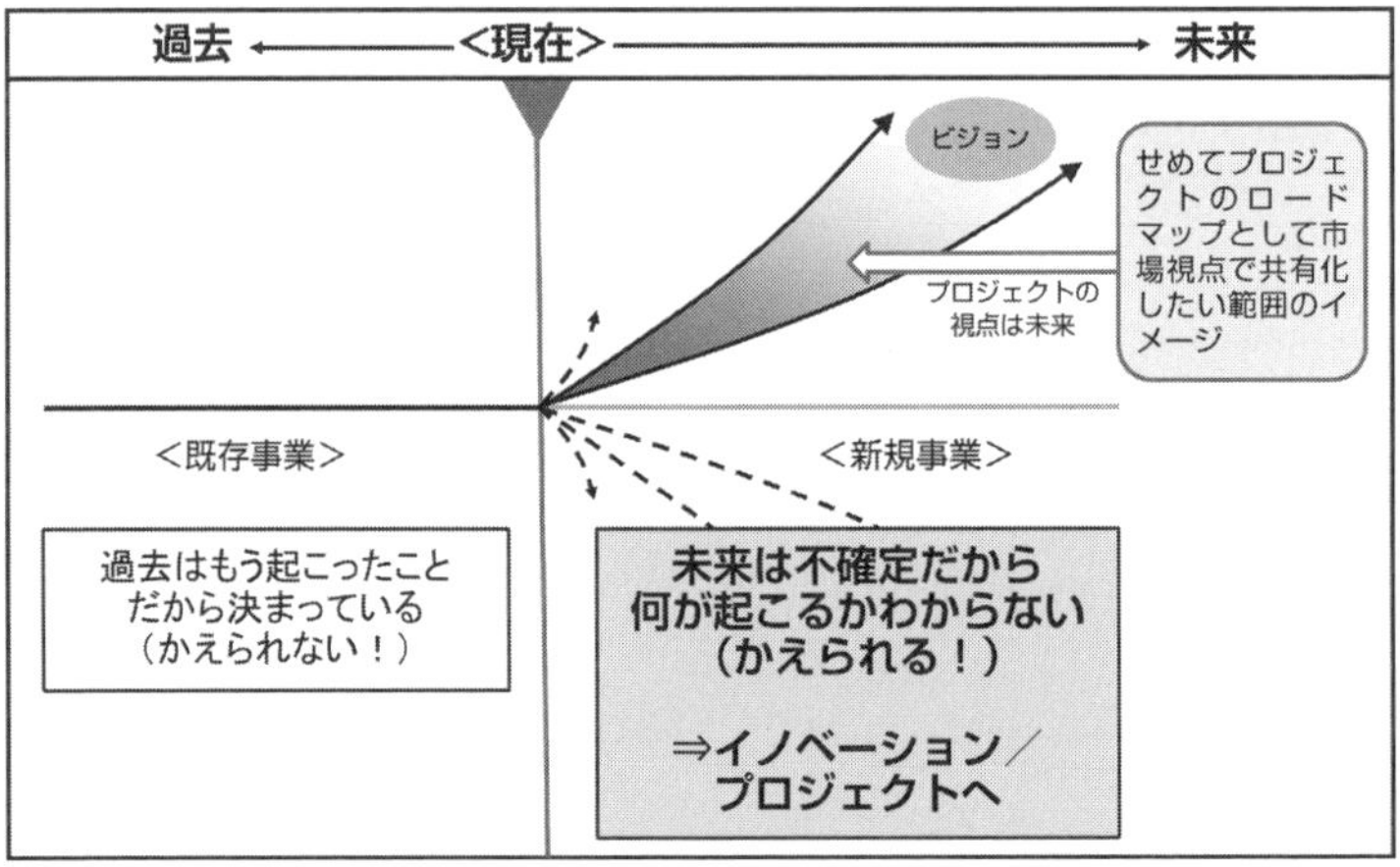

不確定ななかで進めるプロジェクトなどの組織の必要性

イノベーションを起こす組織とは、ベンチャー的な組織体制が一番望ましいといわれています。このため本書でも、開発・事業化のプロジェクトにおけるマネジメントの内容はベンチャー企業の発想法ややり方に多くを学んでいきます。

企業内における従来の既存組織は既存事業の効率化のためにできているので、基本的に新しいことは無理なのです。そこから隔離された、新しいイノベーションに適応した「開発・事業化プロジェクト」が必要な理由です。

このようなプロジェクトでは、実際の新事業の達成成果として、即効性、最大アウトプットが期待されるとともに人材育成として経営者の育成にも役立ちます。

図1・6には本書で取り上げる実践型のプロジェクトとベンチャー企業、さらに大企業の既存組織との比較を示してみました。

図1-6　開発・事業化プロジェクト、ベンチャー企業、従来の大企業の組織比較

組織	目的	使う リソース	主体人材の 特徴	組織の名称例	経営の 独立性
開発・事業化プロジェクト	企業内での新規事業の達成（企業内起業）	企業内のヒト、モノ（技術・市場）、カネ、情報すべて	イントラプルナー、マネジャーはＣＥＯ業務	プロジェクト コーポレート・ベンチャー 新事業部門	企業の支配下
ベンチャー企業	独立した起業による新事業の達成	自社の技術、出資者のカネ、ネットワークなどすべて	アントラプルナー CEO CTO CFO COO など	ベンチャー企業、スタートアップ	独立
従来の大企業	既存事業の効率よい経営	企業内のヒト、モノ（技術・市場）、カネ、情報すべて	既存事業、企業のすべてのリソース	研究開発部門、事業企画部門	企業の経営主導

3 開発・事業化プロジェクトの形とメリット

技術を商品にする事業化への ステージ別による理解

技術から商品、事業化までの流れを追ってみましょう。イノベーションのプロセスでは技術シーズをつくりだす研究ステージ、製品をつくりだす開発ステージ、製品を付加価値のある商品にする事業化ステージ、さらに産業化ステージという4つの時系列的なステージをとると考えています。

実践MOTではこの研究・開発から事業化に至る3つのステージでのイノベーションを伴うマネジメントを守備範囲としています。この分担のイメージをまとめると、研究から開発のところは、R&Dマネジメントとしており、死の谷のあとのダーウィンの海を超えるところは従来の経営学（MBA的手法）の範疇となっています（詳細は次の項で示します）。

開発・事業化プロジェクトと組織例

新規事業を行なうことは、どんな会社においても、そのままの組織では難しいと知っています。特に既存組織の一部をそれに当てるだけでは、成功しにくいものです。そこで既存組織からある程度切り離した「新しい組織＝プロジェクト」がつくられます。

このような組織をここでは「開発・事業化プロジェクト」と呼びます。企業内起業としてさまざまな形態を**図1・7**にまとめています。

「開発プロジェクト」がうまく動きだして製品が完成し、商品をめざすようになる（売上計画が見えてくる）と、体制を「事業化プロジェクト」としてもっと顧客寄りに変えることが必要になります。それには社内にあろうが、社外にあろうが、色々なタイプがあります。また社内分社を追求した独立採算制を目指したコーポレートベンチャーのような形態も存在します。

図１-７　各種イノベーションの対応組織と運用（リスクとチャンス）

組織	段階	社内起業家の個人リスクとチャンス	起業時の人物金の確保性		
			人材確保	設備確保	資金確保
研究開発部門	研究・開発段階	リスク小 ビジネスチャンス小	部署の内部人材が基本	既存設備＋申請による	通常の配分をうける
開発・事業化プロジェクト （企業内起業のスタート）	研究・開発段階	部署の移動リスクや評価リスク（事業実績と見通し）があるがビジネスチャンス大	比較的選択の余地あり コア人材確保の自由度は最大	新規小規模設備ＯＫ 投資規模は実行責任者の覚悟で決まる	提案により期間限定での最大規模の確保が可能
コーポレートベンチャー	事業化／産業化段階	最終的に帰る場所あり チャンス大	社内プロジェクトより自由度はへる	新規設備ＯＫ ただし償却見通しによる	立ち上がりと返却見込みで自由
ＪＶ会社	事業化／産業化段階	リスク大で帰る場所はない場合もある チャンスは大	コア人材は確保できるが自由度は低下	設備は借り入れなどで回収、償却見通し内で可能	投資回収見込みを明確化
独立・（ＭＢＯ）	事業化／産業化段階	完全にリスクテーキング チャンスは極大	同上	同上	コンテンジェンシー要

企業内における開発・事業化プロジェクトのメリット

大企業の枠中にいることの意味とプロジェクトのもたらすメリットを再考してみましょう。蓄積のある企業内からの起業なので、そのメリットを充分満喫していくことがポイントです。

（１）ブランド力：大企業の価値として初対面の時から信頼があり、ほとんどの人に面談が可能です。

（２）人材の豊富さ：プロジェクトのリーダー、メンバー候補としては優秀な候補者が多く存在します。

（３）資金の豊富さ：初期の予算はある程度は確保されています。

（４）個人的なリスク：失敗しても個人にふりかかるリスクはほとんどありません。

（５）各種プレゼン資料作成のスキル向上：組織内外へのプレゼン資料構築力があります。

（６）モチベーション：目的を共有化することで安定の中での団結力が得られます。

MOTとMBAの違いの理解

MOTが「技術の可能性をベースにして新事業を創造していく」ことに対して、MBA的手法は「企業を効率よく経営し成長させ競合に勝ち抜く」ことを主に考えています。両者は相対ではなく、時系列的につながるものと考えたほうがよいでしょう。

言い方をかえれば、MOTのほうがより「技術の不確実性の高い中でのマネジメント」ということができます。もちろん、マネジメント手法として重なる部分もあり、またMOTを「技術経営」という言葉で置き換えているので、紛らわしい点もあるかもしれませんが本質的な違いがあることに留意していただきたいところです。ステージ別の違いを図1-8に示しました。

MOTとMBAの守備範囲：PLC上の違い

図1-8　実事業化への4つのステージとMOTとMBAの範囲

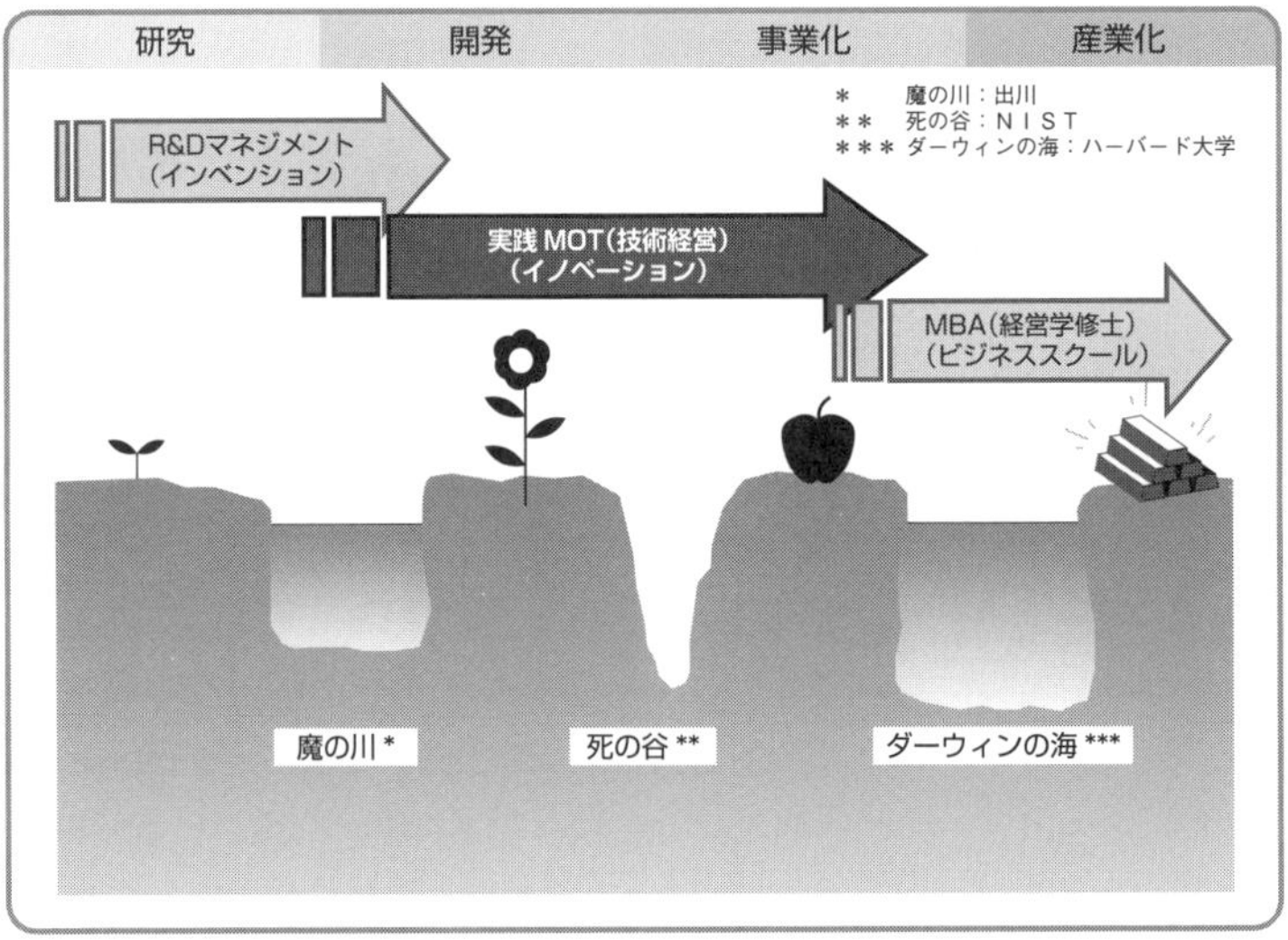

特に技術シーズの不確定さ、顧客ニーズの不確定さを前提にして、それらを乗り越えるという新規事業のマネジメントは、従来の研究開発のマネジメントや、経営学（ＭＢＡ）の体系下だけではなかなか難しいことでした。米国では過去30年にわたって、集中的に「イノベーションのマネジメント」としてＭＯＴを取り扱って体系化する努力を行なって成果が出ていますが、日本ではようやく形がみえてきたところです。

ＭＯＴとＭＢＡ的手法は当然ながら両者とも市場・顧客への対応という意味で「マーケティング」という言葉に代表される共通するものもあります。しかし内容的に異なるところも多く、ＭＢＡでは主に既存の事業や商品をベースとして、勝ち抜き成長させるためのプロセスを受け持っています。

これに対して、実践ＭＯＴでは研究から事業化まで不確定な中で技術を商品まで移行させた新しい商品を主に受け持っているという違いがあります。このため新事業とかイノベーションという言葉が頻出します。

両者をＰＬＣで分けたものが**図１‐９**になります。

図１‐９　ＰＬＣの中のＭＯＴとＭＢＡ

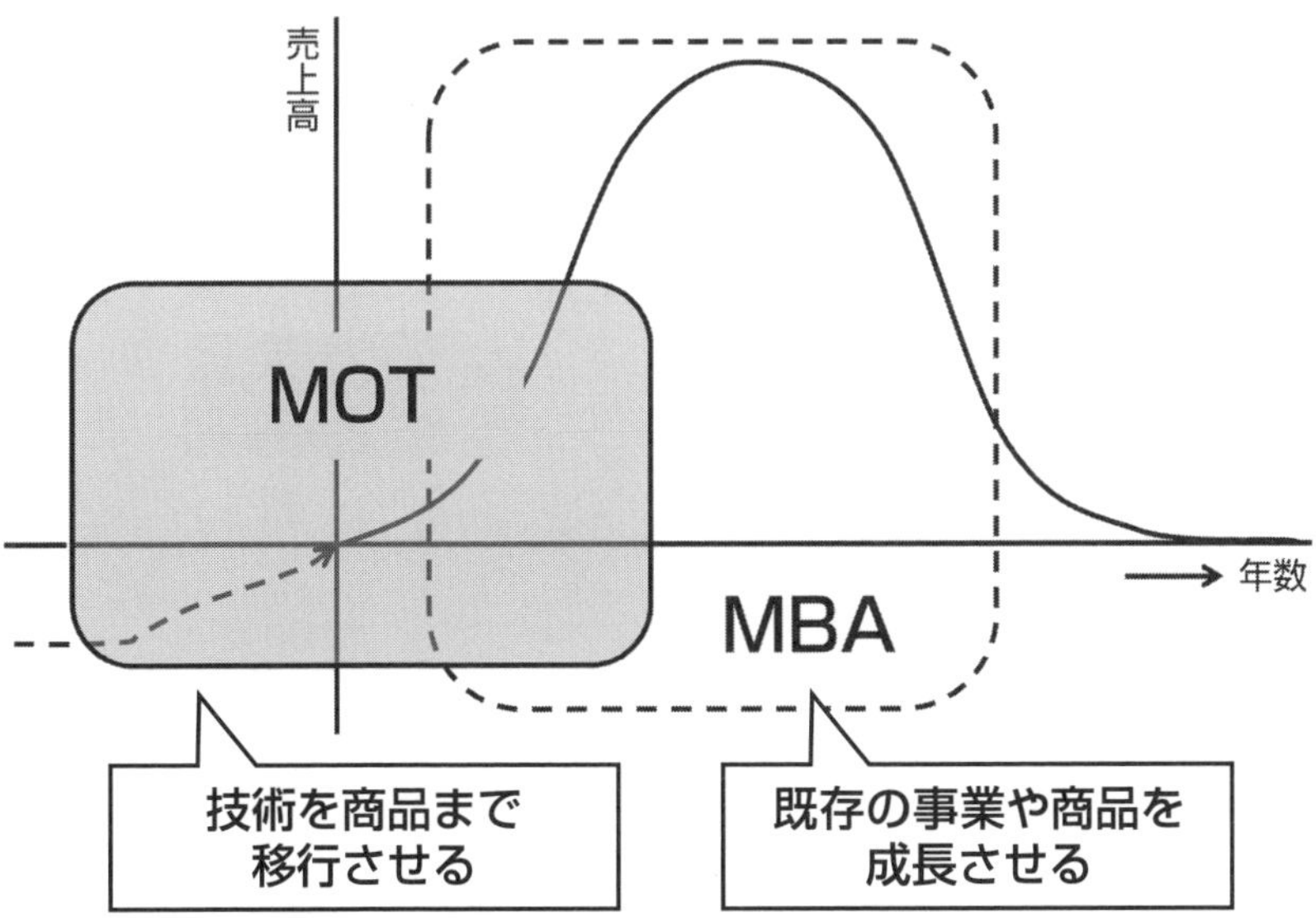

コラム1
開発・事業化プロジェクトとベンチャー企業との類似点、相違点

イノベーションにおけるさまざまなマネジメントの方法論のなかで「開発と事業化」のステージを扱う究極がベンチャー企業だと仮定しています。企業内での新規事業創出においても、既存組織体系とは異なる、責任と権限の一致した新しいスタイルとしてのプロジェクトの考え方や方法論を追求しておく必要があります。

①ベンチャー企業の組織体制とは

ベンチャー企業においてはイノベーション型の変化に迅速に対応するため、いわゆるプロジェクト型の組織になっています。ベンチャー企業には必ず社長と従業員（メンバー）が必要ですが、プロジェクトにもプロジェクトマネジャー［PM］（またはプロジェクトリーダー［PL］とも呼びますが全責任と権限を持つ人をPMと総称します）とメンバーが必要です。

日本の企業のなかで新規事業創出を狙う方法論としては、まずは研究所のマネジメントや管理手法が適用され、一般化されています。このためリーダーの役割があいまいなままになっているプロジェクトも多く、その場合には機能しにくいといえます。

ベンチャー企業は完全な独立体なので、他の組織や外部の影響をうけることがなく、すべて自己責任・権限・収穫の世界です。そのため顧客価値の変化に対応したフレキシブルなトップの意思決定と担当者の判断と智恵を最大限活用するアドホックな特定の目的のための組織運営がベースとなります。すなわちベンチャー企業においては基本的に究極のプロジェクト型マネジメント体制が実現できているともいえます。

②プロジェクトのマネジメント体制と意識

プロジェクトの責任者（ここではＰＭと称します）はベンチャーの社長業と実務上は類似点が多いと考えています。そうなると当然ながらＰＭは最終責任・権限者となり、社内他部門との兼任はありえないし、複数の並列的な存在もありえないのです。しかしながら、日本的なタテ・ヨコ割りの既存の組織のなかに横通ししただけのプロジェクトを設置したり、その本質的な意味を十分に理解しない経営者のもとでのプロジェクト管理もあるので、注意が必要です。

製造系の大会社では往々にしてこのような間違いが起こり、プロジェクトメンバーとマネジャーを悩ませることになります。またメンバーは多くの場合、ベンチャー企業のメンバーのように充分に選別されて参加する人ばかりではありません。これはプロジェクトでは年齢的にも経験をつんだ、最適な人材だけが集まるとは限らないということです。このためＰＭを任命する側も、人事権の付与という決裁権はＰＭの専任事項と心得ないと、適さない人がいたり、うまくいかなかった時にいくらでもいいわけの発生する余地を与えてしまうことに注意すべきです。

意識としての起業家精神についてもふれておきましょう。創業時のベンチャー企業の社長の場合には、当然のことながら自ら立候補して社長となります。またベンチャーの従業員も、起業家精神（アントラプルナーシップ）の保持は当然のこととなります。しかし、企業内起業、プロジェクトの枠組を用意しても、大きな企業ほど本来人間が持っているはずの起業家精神が稀薄になっている傾向もあり、自発的なＰＭであってもその覚悟は足りない場合も多いのです。

まして任命のみによるＰＭやメンバーの場合にはその違いの理解やモチベーション、当事者意識などの欠如（会社の既存管理体制）が忍び込む隙も生じます。このことには充分な注意が必要となります。

第１章　まとめと実践ワークシート
イノベーションによる新事業の実現

① 時系列視点でのイノベーションの位置づけ

４つのステージによる理解 ＋ PLC による理解

魔の川、死の谷、ダーウィンの海　　R&D、事業化、産業化の位置

実践ワークシート① 時間的俯瞰の２つの方法

- ４つのステージにおけるイノベーションの位置：
- ＰＬＣにおけるイノベーションの位置：
- イノベーションの特異性とは：

② イノベーション実現にはどのような体制がよいか？

社内プロジェクト or 社内ベンチャー or 社外ベンチャー

マネジメントにより違い　　部分的に隔離　　完全に隔離

実践ワークシート② 過去の事例での体制は最適だったか

- 段階ごとにどのような体制だったか：
- 問題点はあったか：
- 既存組織体制との違いとは：

③ ＭＯＴとＭＢＡの違いとはなにか

MOT (Management of Technology) → MBA (Master of Business Administration)

新規事業のスタート・実現　　既存事業の拡大・最大収益化

実践ワークシート③ どのように使いわけるか

- ＭＯＴの位置：
- ＭＢＡの位置：
- 既存事業と新規事業の適用分担：

基本編

第2章

技術のマネジメントとテーマのとらえ方

イノベーションのリソースとして、先端技術をうまく顧客ニーズという価値に変換することが重要です。ここではビジネスと技術の区分けを明確にしながら、コア技術や必要なローテクとは何かなどの具体的なことを整理していきます。

社内プロジェクトの長所として、そのほかに既存事業を通じた蓄積技術（ローテク）をいかすことが、大きな強みになります。そのあたりが独立ベンチャー企業と違った強みになるからです。

またイノベーションにつながるコア技術からの事業構想やテーマの設定法、さらに事例性評価の考え方について述べます。個々のテーマを時系列的に評価するステージ法や多くのテーマの優先順位を可視化するポートフォリオ法として作る戦略マップについても述べます。

1 ハイテクとローテクの捉え方

時間的に先をいくのがハイテク技術

ここで取り上げるのはいわゆるハイテク技術ですが、新しい発明技術はすべてビジネス上有用というわけではありません。例えば大学はハイテク≒先端技術の宝庫です。それは、大学の使命が世の中にない科学技術の新しい原理を発見して世の中に知らしめることであるからです。

実践MOTではイノベーションを扱うわけですから、単なる発明でなく世の中に役立つところまでいくことが大切です。そういう意味で視野にいれるべきハイテク（先端技術）は「顧客の目で見て価値があり、時間的に先をいく技術」、いわゆる先進技術なのです。

もちろん現時点で時間的にかけ離れた技術がいつ役立つ先進技術になるかわかりませんので、ここでは対象外とします。

ハイテクとローテクの実力とは

ハイテクとは先（進）端技術といわれ、脚光を浴びる華やかな技術です。しかし、それだけでは製品として完成しにくく、いわゆるローテクと呼ばれる既存技術と一緒になってスピードあるビジネス展開が可能となります。

ハイテク、すなわちハイレベルというよりは、ハイリスクであり、しかし（だから）ハイリターンであるともいえます。このことはハイテクをもとに顧客視点での事業化、産業化を考える際、重要なポイントとなるので強調しておきます。

実践MOTでは「ハイテク」は主役ですが、それは極論すれば、先進的ではあるが未完成なレベルの技術ともいえます。しかし、だからこそ発展の可能性のある前途洋々の技術といってよいと思います。

一方では、ローテクに対しても誤解があります。本書ではローテクとは、技術として成熟している完成度の高い既存の基盤技術のこととしましょう。ローテクとはローレベルではなくて、ローリスク技術と言い換えたほうがよいと思います（図2－1）

ハイテクビジネスの中身とは

実際に先端技術を製品から商品にして世の中にうまく普及させていくには、顧客価値を実現するハイテク技術とローリスクの基盤的な技術をいかにうまく使っていくかが必要になります。

筆者が知っている多くの日米のハイテクベンチャー企業での成功例は、表面上はハイテク企業をうたいながら、実はこのような「ローテクに基づくハイテク展開」を行なっていることにも注目する必要があると思います。

現実的に、ローテク側はいかにハイテク先進技術を取り入れるか、ハイテク側はローテク技術をどのように基盤技術として製品開発にとり入れるかが、顧客ニーズをにらんだハイテクマネジメントとして最大のキーポイントとなります。

図2－1　ハイテク(新技術)とローテク(既存技術)をどう見るか

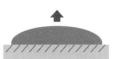

ハイテク	ローテク
ハイリスクテクノロジー、しかし当てればハイリターン（ハイレベルではない）	ローリスクテクノロジー、しかしこれだけではローリターン（ローレベルではない）
・環境の動きが激しいときでも対応が可能 ・完成度よりもスピード ・方向と対応を間違う可能性もあり（技術者にとっては自由度があり面白い。危険は内在）	・環境が変化したら対応は遅い ・スピードよりも完成度 ・方向と対応は確実（技術者にとっては自由度は少ないが着実）
・ビジネスの将来に役立つ先進技術が重要となる	・現在ー将来のビジネスに役立つインフラ系の技術が重要となる
ハイリスク・ハイリターン	ローリスク・ローリターン

先端・革新ハイテク技術と基盤的なローテク技術の再考

ビジネス上は先端・革新的な技術だけでは、顧客の先駆的なニーズはひろえるものの商品開発の実現や製造などの困難性のためにそれほど価値はないことになります。

特にハイテクと呼ばれる技術は研究段階だけではけっして完成度としてハイレベルでなく未熟なものがほとんどといえます。このような事業化の道が可視化されていないハイテクは価値が見えないものは極力使わないことを明確にしておいたほうがよいと思います。

技術を用いるときは既存の強みを生かして弱みを補完するのが一番かしこいやり方です。企業内には必ず既存事業の基盤技術、いわゆるローリスクテクノロジ（ローテク）があり、それらをうまく使うことも社内プロジェクトでは大切です（図2-2）。

図2-2　役立つハイテクとローテクの考え方

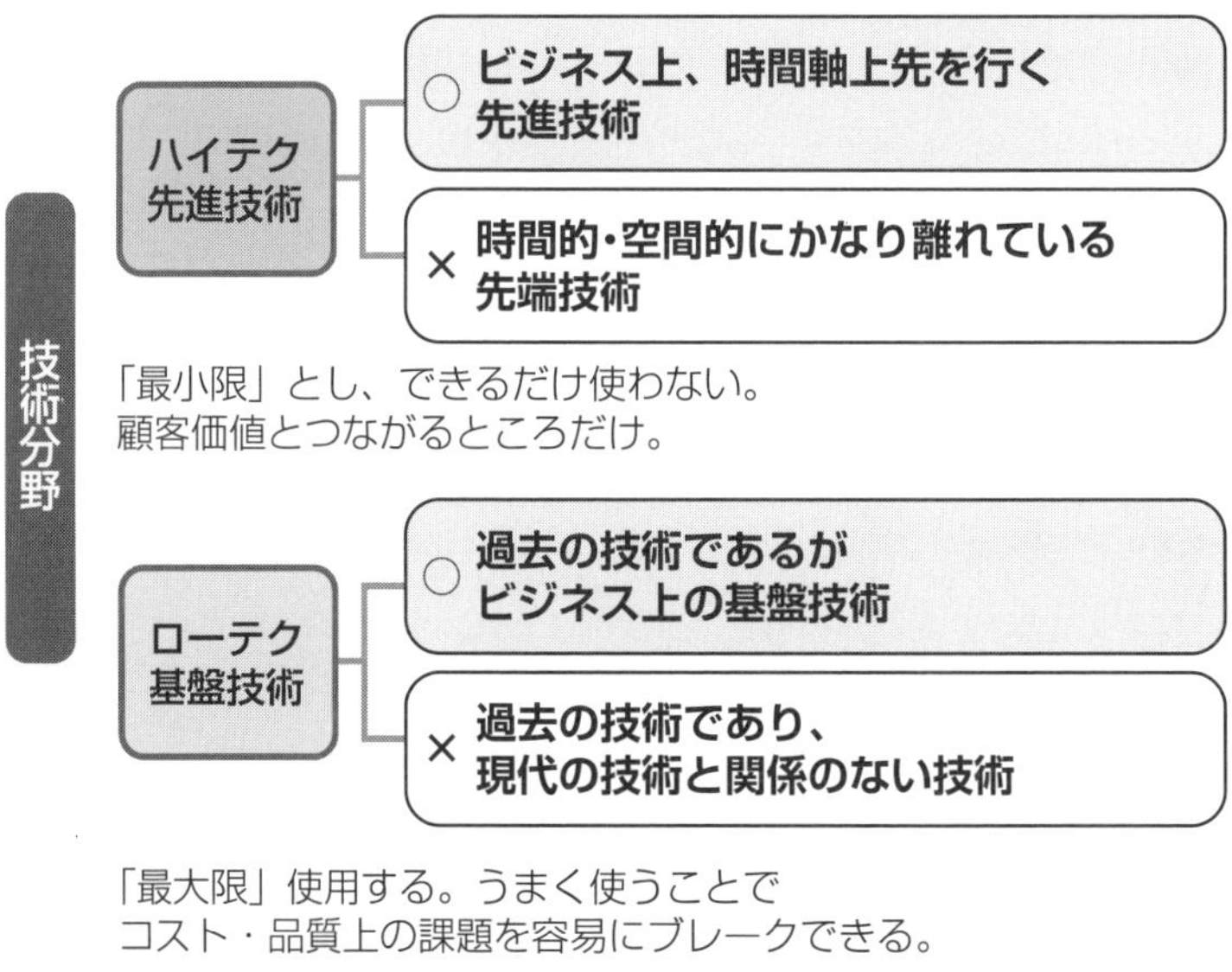
技術分野
ハイテク
先進技術
○ ビジネス上、時間軸上先を行く
先進技術
× 時間的・空間的にかなり離れている
先端技術
「最小限」とし、できるだけ使わない。
顧客価値とつながるところだけ。
ローテク
基盤技術
○ 過去の技術であるが
ビジネス上の基盤技術
× 過去の技術であり、
現代の技術と関係のない技術
「最大限」使用する。うまく使うことで
コスト・品質上の課題を容易にブレークできる。

先端技術だけではビジネスから遠ざかる、基盤技術と融合を

一般にハイテクは、先端度が高いほど顧客の先鋭的なニーズを引き出すことが可能となりますが、現実の世界から離れてビジネス社会の基盤から遠くなります。この一般的な理由としては、「先端」技術であるほどビジネス上の問題点が発生するからです。具体的には下記のようになります。

①技術の完成度が低く、不確実性が大きくハイリスクである

②この技術だけ突出しても、他の技術体系との非整合性が大きい

③使用する側のスキルと理解不足があり、すぐに大きなビジネスにならない

しかし、**図2-3**に示したように、先端技術をうまく社内にある基盤技術（ローテク）と融合させれば、将来にわたって具体的な商品イメージが固まるので、顧客価値、付加価値などは高くなります。まさに社内にあるプロジェクトの出番といえます。

図2-3　ハイリターン・ローリスク、の組み合わせのイメージ

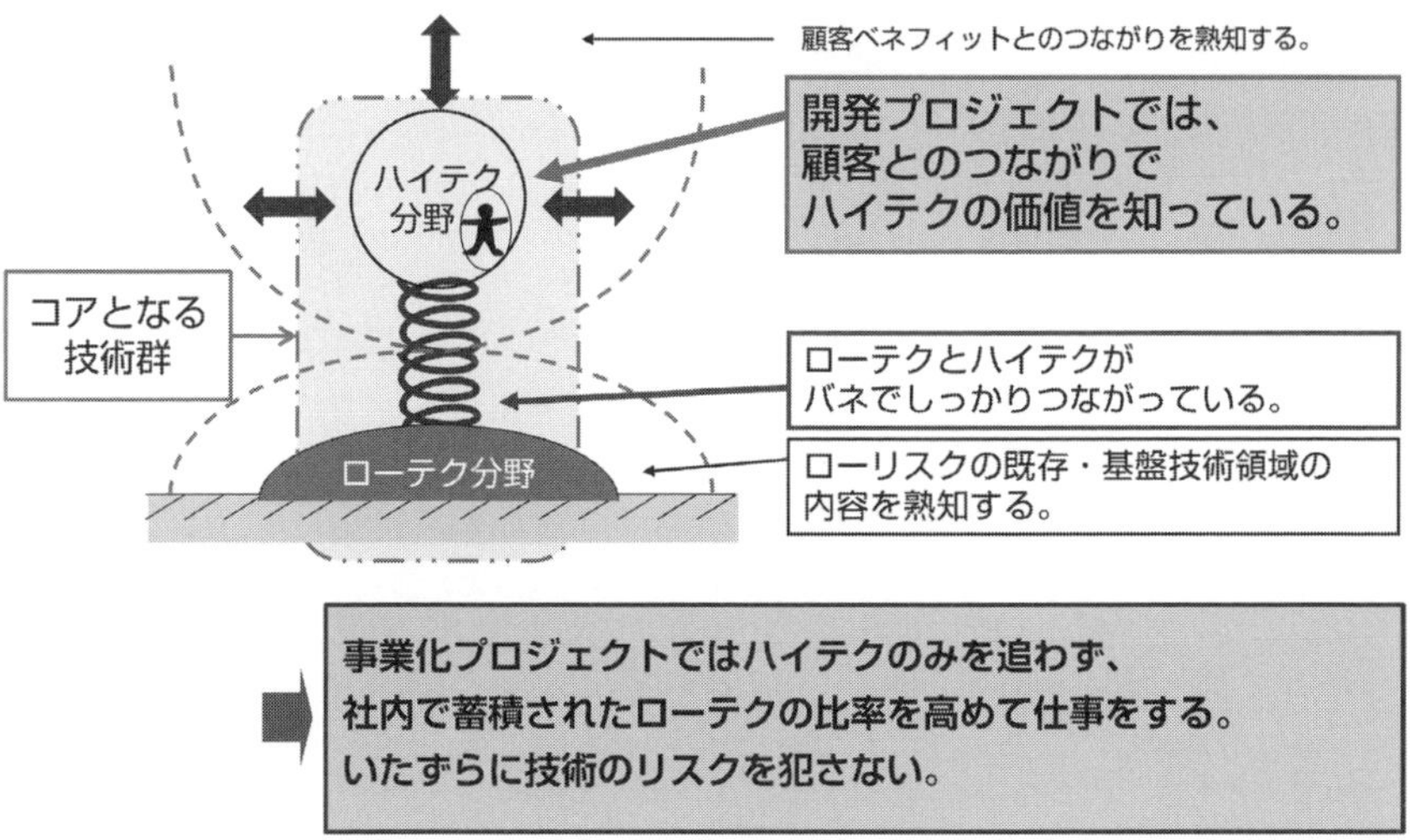
顧客ベネフィットとのつながりを熟知する。
開発プロジェクトでは、顧客とのつながりでハイテクの価値を知っている。
ハイテク分野
コアとなる技術群
ローテクとハイテクがバネでしっかりつながっている。
ローテク分野
ローリスクの既存・基盤技術領域の内容を熟知する。
事業化プロジェクトではハイテクのみを追わず、
社内で蓄積されたローテクの比率を高めて仕事をする。
いたずらに技術のリスクを犯さない。

技術の多様性とそれをつなぐプロジェクト

プロジェクト化の目的のひとつは商品上梓までのスピードを上げることです。このためにはローテクの蓄積を積極的に使いつつ、その上に新しく導入するハイテク技術をつないでいくという発想が重要です。すなわちハイテク（先端技術）の利用割合を最小にしていかに効率よく活用してイノベーションを成功させるかが技術のマネジメントのポイントです。

顧客価値がわかっているとして、それを実現する商品仕様（開発のターゲット）を満足させるために使うことができるハイテク技術は1つとは限りません。その中で既存（基盤）の技術と相性が良いと考えられるものを選択します。

そこにうまくオープン・イノベーションとしての相手と最適パターンを持つプロジェクトを持ち込むことで、顧客価値の高さと、開発スピードとの両立を図ることができます。

図2-4にはその2つのイメージ、共創（A）と協創（B）のつなげ方を示してあります。

図2-4　オープン・イノベーション(O. I.)を用いたギャップの解決4

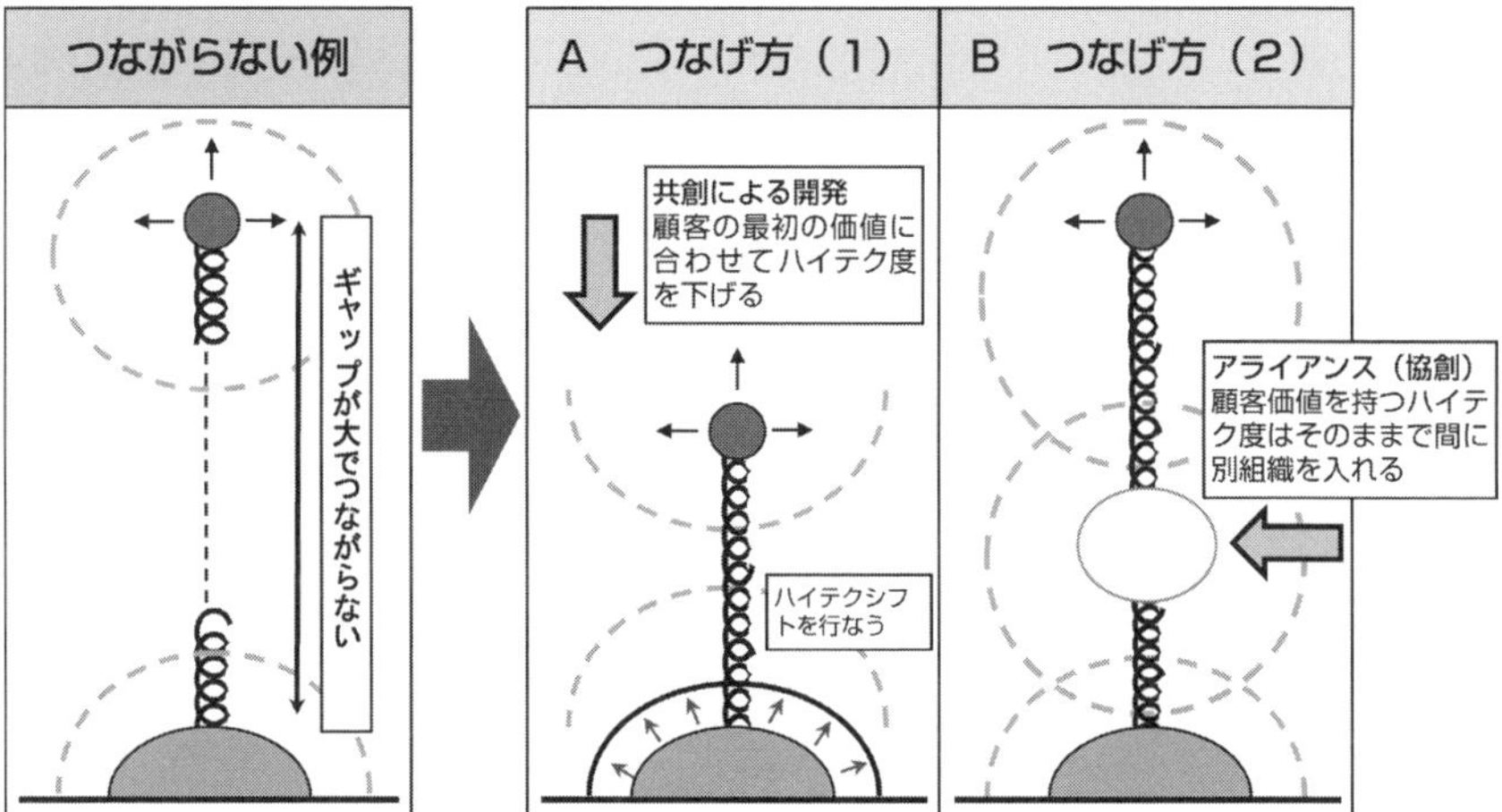

※共創、協創については第6章参照

3 事業構想と技術・市場によるテーマやコア技術の探索

事業構想立案の分類

将来の新事業ビジョンをどう設定するか、それが事業構想そのものです。理想は企業理念とか経営戦略という上位概念からスタートして、これまで蓄積してきた技術シーズと市場ニーズとをマッチングできるビジョンが生まれることです。

現実にはそう簡単ではなく、それ以外のトレンドや夢などからも構想することが多いのです。このプロセスを分類すると、①上位概念（トレンドや経営者の夢）からの発想、②下位概念（市場ニーズ、技術シーズ）からのテーマ提案となります（図2-5）。

新規製品・サービスへの事業構想とその発想法のまとめ

技術シーズアプローチでも市場ニーズアプローチでも、最終的にはマーケット指向であることは同じです。

図2-5　事業構想と事業ビジョンに至るテーマの分類

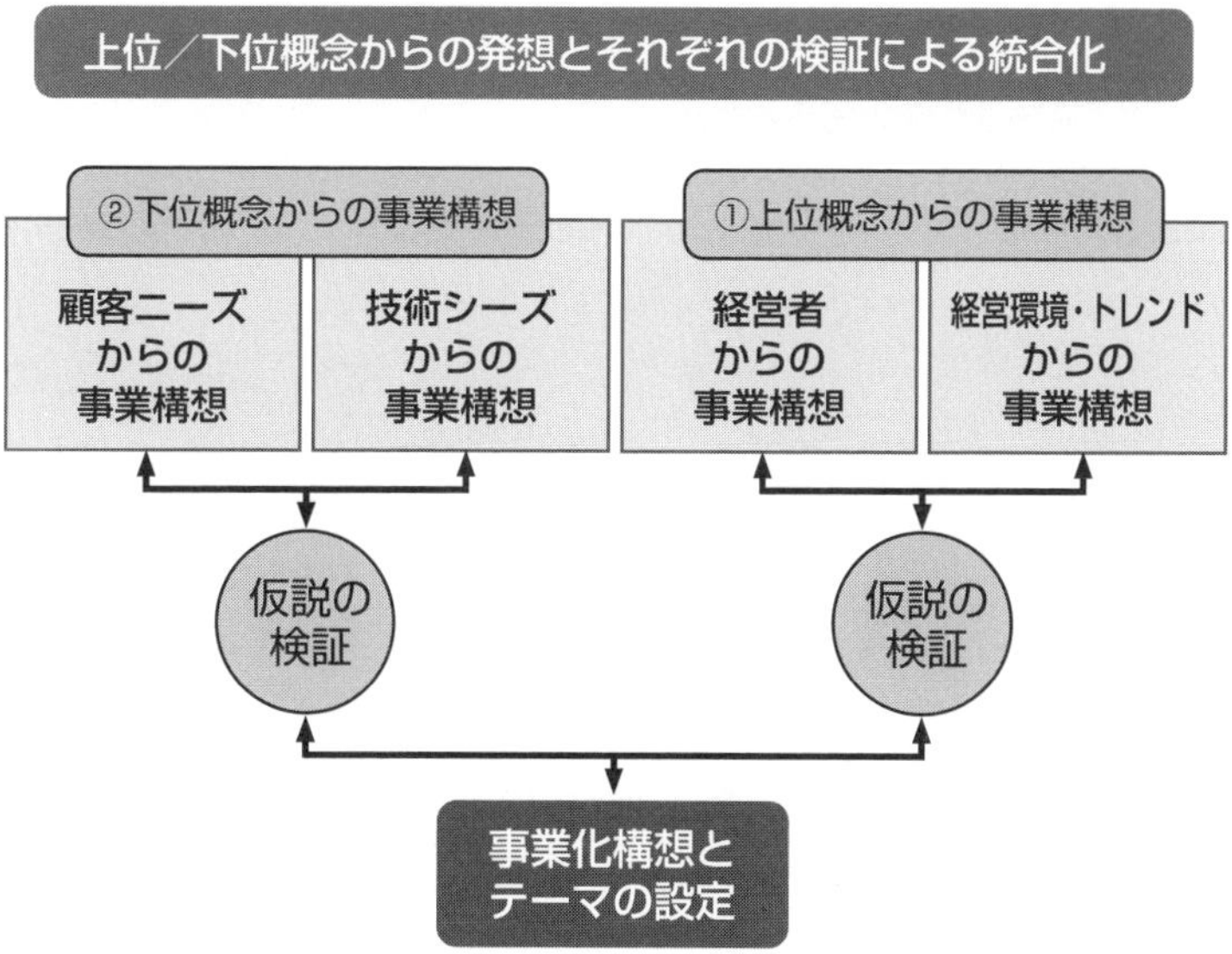

あくまでも顧客が存在することを前提として、実際の技術と用途とのマッチングを検証することになります。

図2-6は現存する商品からの自社のニーズやシーズ再発見プロセスのイメージ例を示したものです。

まずは顧客からの打診や提案からのテーマをもとに製品開発、商品開発を行なうというニーズ目的型が存在します。

次にシーズ目的型では、既に保持している尖った技術やコア技術をベースにして、事業構想への展開を行ない、マーケットで検証していくプロセスも一般的に行なわれます。

以下に、そのステップ方法を述べていきます。

①強みのある技術の仮の特定と差別化
②技術からの用途マップへのアイデア出しとマッチング仮説の構築
③製品・サービス別の市場再整理と顧客価値の明確化
④製品を生産・提供、設計・製造プロセスなどによって明確化する

図2-6　現存する商品からの自社のニーズやシーズの再発見プロセス

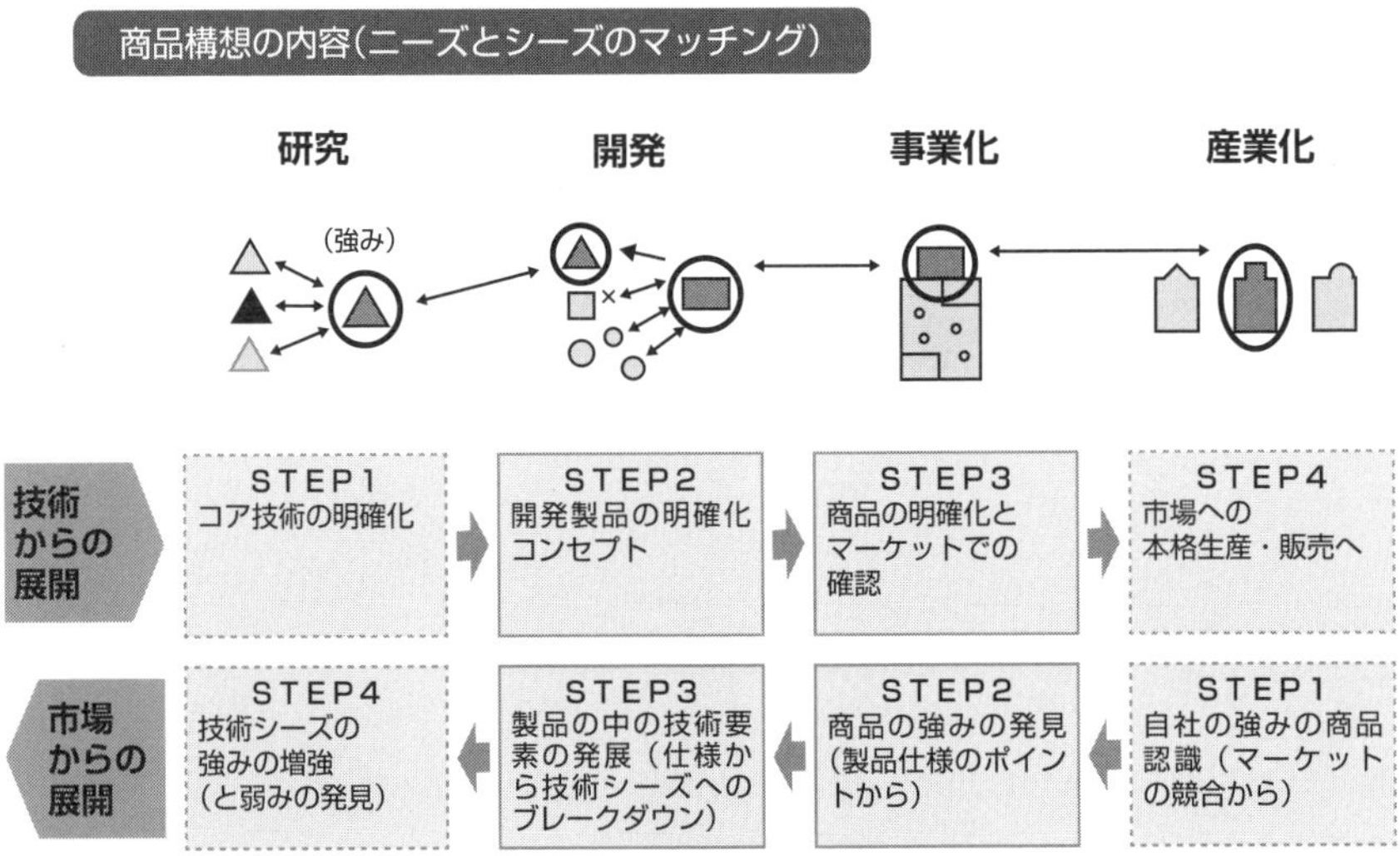

技術シーズからの事業構想の課題とプロセス

コア技術とそれをベースにした事業展開とのマッチングを行なうプロセスを具体的に考えましょう。これは技術シーズをもとにした用途開発、すなわち製品イメージとコア技術との関連付けを行なうイメージで、米国のベンチャー企業などが行なう方法です。

コア技術を真ん中に描いて、その周りに思いつく限りの用途をイメージして描いていくことが第一歩です。いわゆる製品・サービスは具体化させながら、できるだけワクを拡げて発想を伸ばすことが必要です。

この作業によって技術と用途とのダイレクトな関連があることが明確になっていくところがイメージできると思います（**図2-7**）。

図2-7　コア技術からの用途の展開のイメージ

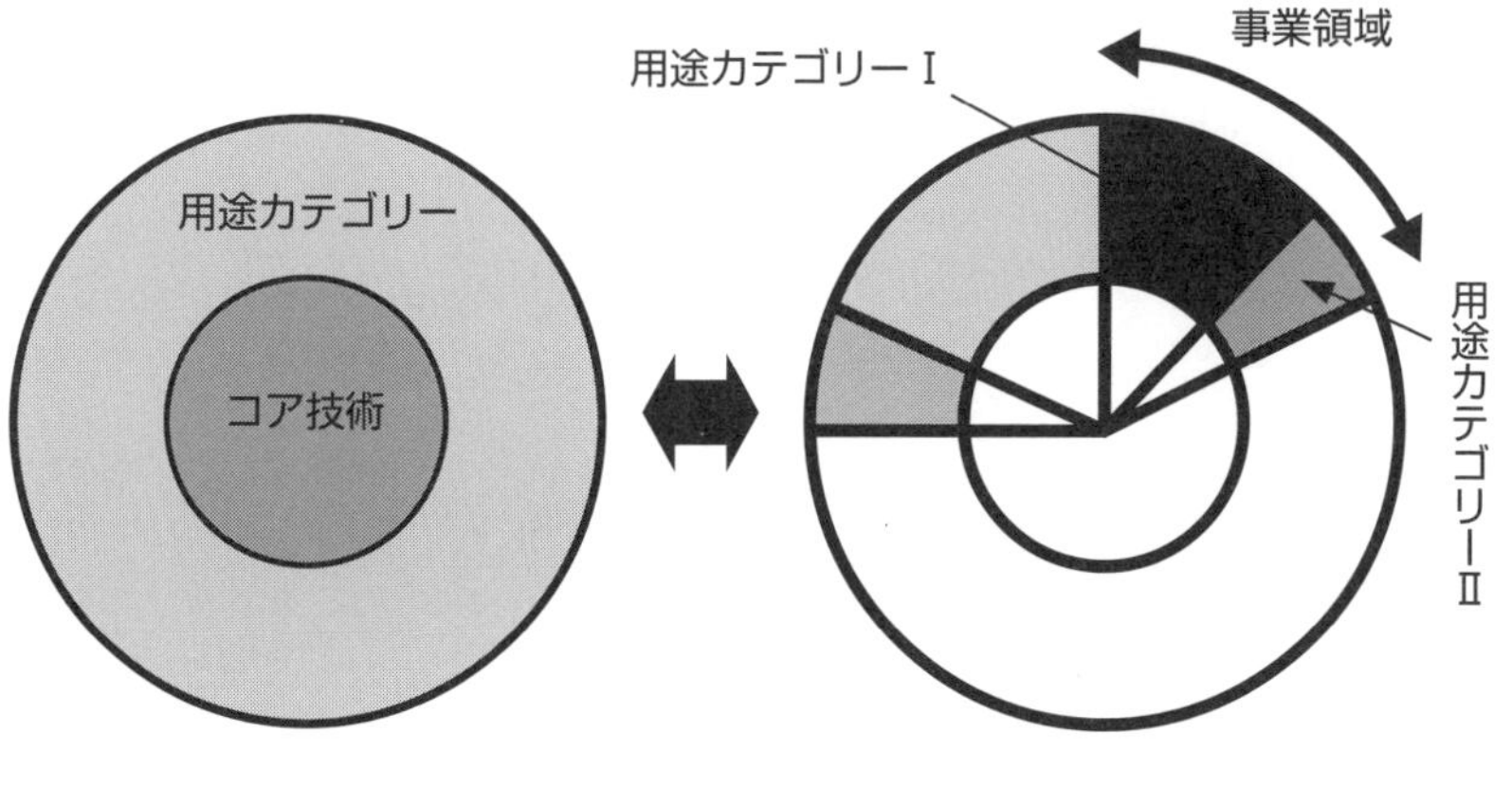

4 研究開発テーマの事業性評価

研究開発テーマの目的と成果評価

研究開発テーマを選ぶ時に大切になるのは、もともと何のための研究開発かという観点です。このようなテーマ選定の時に「シーズ展開」か「ニーズ展開」ということで迷うことがあります。

企業における研究開発を目指す場合は、最終的には全てマーケット目的になると考えるほうがよいでしょう。

ニーズ展開であっても、アプローチとして中長期的に先が見えないときはシーズアプローチとなり、短中期的に見える時はニーズアプローチとなるという違いだけです。すなわち企業における研究開発は、顧客視点での目的と評価手法がマッチングしていないと事業性評価の意味はなくなります。

ステージ(ゲート)法によるテーマの事業性の追捗評価

テーマの事業性評価については技術と市場からだけでなく、資金面では事業戦略（事業ロードマップ）の中での技術や開発テーマの位置づけがますます重要になっています。

実践ＭＯＴでは４つのステージを用いてその進捗を時間軸で表わす方法が基軸ですが、その評価に使われる「ステージ（ゲート）法」は、そのステージの出口ごとにマーケットとのつながりを判定するゲートが設けられていると考えるとわかりやすいと思います（**図2-8**）。

この方法は研究開発進捗の事業性の検証作業として、ロードマップをベースとしたゲートをマイルストンとして用いると相性がよいのです。まずは研究開発者が技術だけでなくマーケットに対しても自立・自律的な発想をすることが必要です。また、マネジメント側にもそれなりの、マーケットベースの判断能力が要求されることがポイントです。

ステージ(ゲート)法の利点と欠点

技術・マーケットが不確定なときに、とりあえず早くスタート可能で研究開発者の満足度も高く、ゲートの設定の仕方も各社・業界の実態で自由で、基本ラインもあり考えやすいところが利点です。

しかしながら、商品開発テーマ用なので、基盤的、要素的、基礎的テーマへの適用はできないのです。そこでは、テーマを絞るゲートキーパーのマーケットセンスとフレキシビリテイがすべてを決めていくので、マイルストンには明確な顧客視点での指標が必要です。

図2-8　ステージゲート法によるテーマ進捗マネジメント

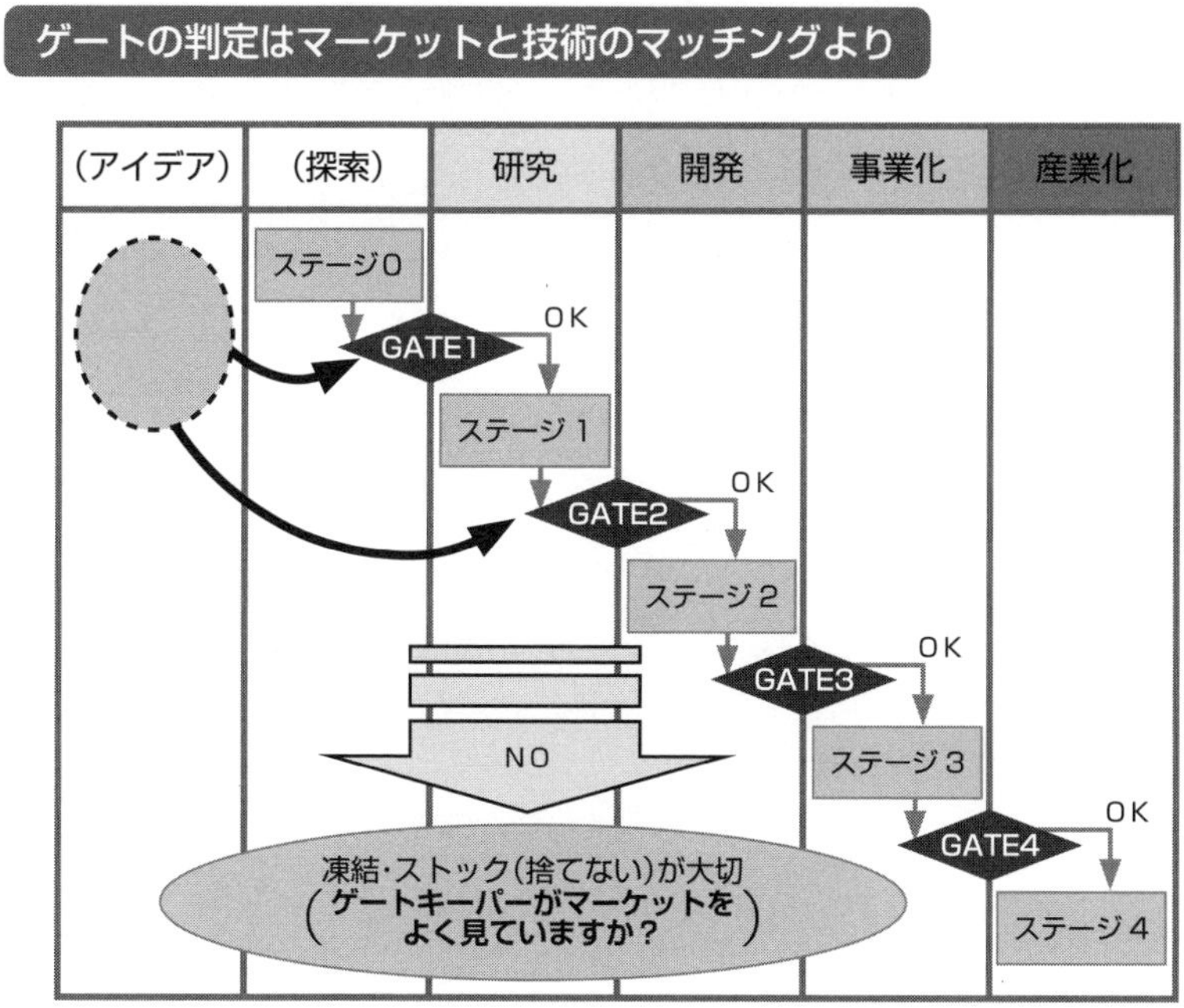

5 ポートフォリオ型の戦略マップの適用

ポートフォリオの意味と内容：軸の選択とポジショニング

戦略的な事業性評価として実践MOTで使えるポートフォリオ法を紹介しましょう。

各テーマの相対的な位置づけ（ポジション）と将来ビジョンを明確にするためのマップとしては、従来からPPM（プロダクト・ポートフォリオ・マップ）、SWOT（強み、弱み、機会、脅威）など多くの評価・分析法があります。これらはもともと既存事業の競争力を評価してきたもので、現時点の比較をする上では大いに役に立ちます。

そこでは事業ポートフォリオから技術ポートフォリオへの移行や統合化、絞込みの時には、相対的位置付けが利用できます。

ポートフォリオと研究開発のマネジメント

次に未来をベースにしたポートフォリオマップについて、分析、評価の現状と新しい方法を述べると共に、ロードマップとのかかわりを解説していきます（図2-9）。

ポートフォリオでよく使われるのは2軸の分布図ですが、それ以外にもさまざまな図式での表現方法が提案されています。たとえば円グラフ分析とか複合的分析等です。それぞれ特徴があり、用いる目的（用途）に応じたパターンと使い方があります。

研究開発テーマを事業のポートフォリオマネジメントと関連づけて考えることで、企業の経営層とのコミュニケーションが可能になります。すなわち研究開発者側においてもこのようなポートフォリオを積極的に用いて、研究開発テーマの未来の事業的位置付けや意味をアピールすることが重要となってきています。

図2-9　ポートフォリオ分析によるテーマ評価

ロードマップは時間軸を示すものであるが、
ポートフォリオはある時点の空間軸を示すマップである

	位置づけ	方法の例	目的
ポートフォリオ	ポートフォリオとは現在の位置づけ（ポジション）とビジョンを明確にするためのマップ	例：PPM（プロダクト・ポートフォリオ・マップ）、SWOT（強み、弱み、機械、脅威）	空間的に相対的なポジショニングを可視化することで経営的判断とマネジメントを行ないやすくする
ロードマップ	ロードマップとはビジョンやターゲットに至る方向性とその目標値（マイルストン）を明確にするためのマップ	例：事業ロードマップ（ビジネスプラン）、技術ロードマップ	時系列的に相対的なポジショニングを可視化することで経営的判断とマネジメントを行ないやすくする

具体的には、ポートフォリオは、複数のロードマップにおける、ある時点（たとえば10年後の未来）での相対的な比較が可能となります。

すなわち、ポートフォリオとは、研究開発テーマが企業の将来のビジョンやターゲットとどう関わるかの方向性の分析手法です。マネジメントツールとして未来のある時点での目標値（マイルストン）を明確にすることで、バックキャスト型で相対的に可視化でき、経営者とのコミュニケーション上、大変重要なマップになるといえます。

事業性を評価する戦略マップ（TIG法）の概要と活用

事業の視点で研究開発や知財、新規事業テーマの有効性や進捗度などを可視化することは重要です。実践MOT（技術経営）における事業化戦略の可視化に役立てるためのマネジメント・ツール（ポートフォリオ型の評価・分析手法）が、筆者らが開発した事業戦略マップ（TIG法）と呼ばれるものです。

このマップはいくつもの実践事例を経て現場で役

立ってきており、参考としてその概念と事例の一部を紹介します。

そのポイントは、研究、開発テーマや製品・商品の開発プロジェクトを戦略的な事業化の実現可能性で判断し、相対的に整理する方法です。すなわち各種のテーマを絞り込む手法で、技術軸を一義的に使わない手法です。

戦略的に整理するとは、経営上の資源の優先順づけ、再配置などを未来ベースで検討可能なように可視化することです。このため経営層などが技術の詳細について判断ができなくても、事業の将来とマーケットの立ち上がり状況をにらんだ軸でポートフォリオ的な戦略議論が可能となります（**図2-10**にそのイメージを示しました）。

図2-10　TIG法に使用するマップの内容

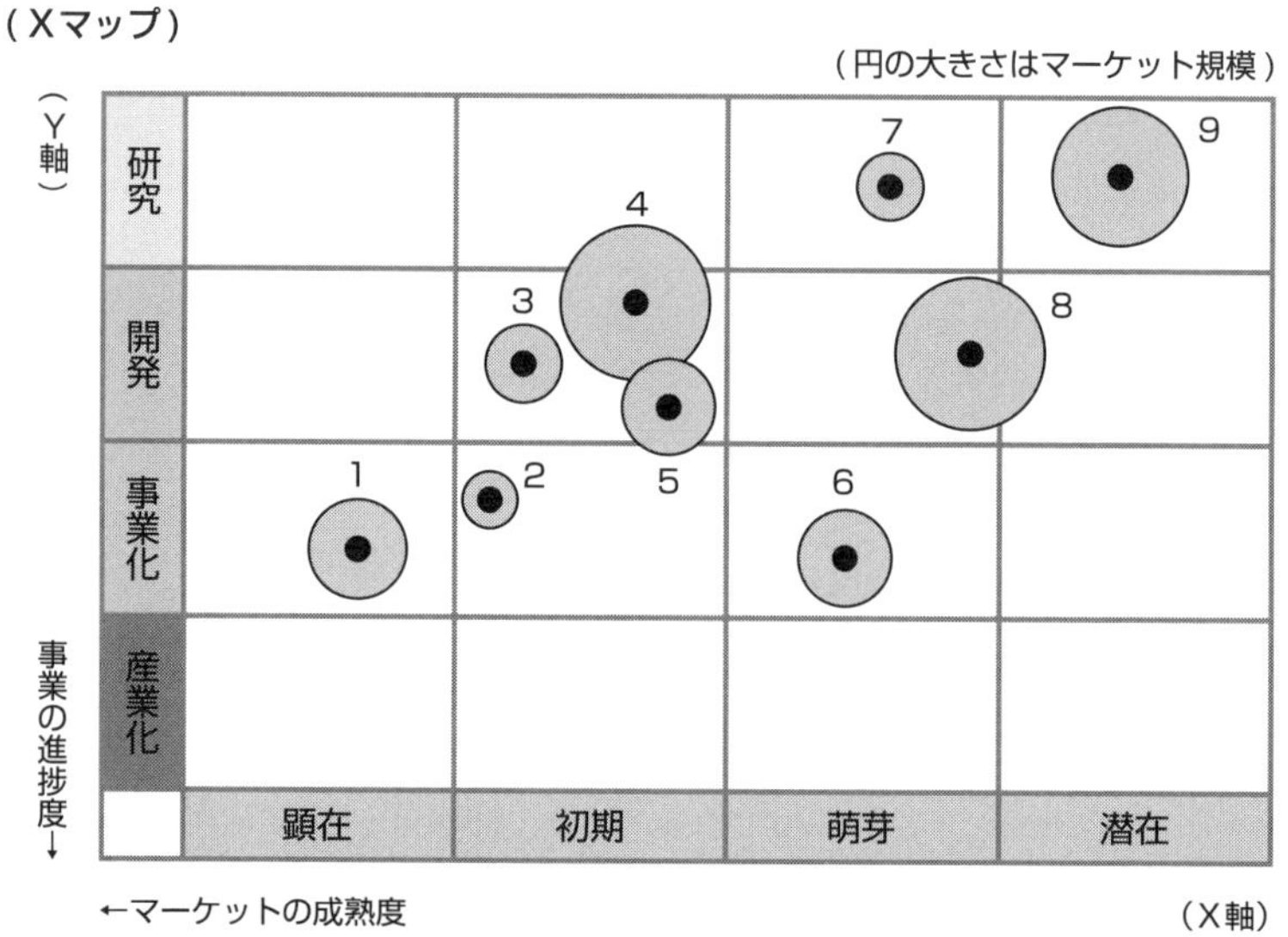

コラム2
大企業病はプロジェクトによって治るか？
評論家から当事者意識への転換は可能か

よく言われるように、大企業病というのは、大きな組織の内部にいれば当たり前のこととして気がつかない場合も多いのです。これらは、大きな組織の中での我が身を守る手段でもあったのです。

ここでは、筆者自身の国内／海外の開発・事業化プロジェクトやベンチャーとの共同開発経験からの反省をこめた「これではプロジェクトはできない——身近な大企業病」をまとめて検証したいと思います。

① 管理的な仕事の多さと手段の目的化

内部資料の体裁に時間をやたらかける、すなわち目的と効果を考えずに、内部手続きの遵守のほうが大切と考えることです。このベースには親方日の丸体質があるのですが、本人たちは気がつかないことが多々あります。

自分でやれば済む仕事（コミュニケーション、手配、調査など）をだれかにやらせてトラブルがおこり、その対応がまた仕事になって仕事量は増殖します。それを無駄な仕事とは思わないのも症例です。

② 金銭感覚と時間感覚のマヒ

大きな企業では自分の私的な費用で仕事はおこなわないし、やってはいけないのです。このため、仕事がらみの費用は1円、10円といえども経費請求の対象となり、また少額でも個別に伝票を起こすことが正しいこととなります。しかし、伝票処理の作業経費を考えないのが大企業病であり、会社の予算の消化は大胆に、しかし個人の立替請求は詳細にということになってしまいます。

時間についても、給料が自動的に振り込まれるので、自分の時間の浪費はもちろん、他人の時間までを浪費させても何も感じないという症例も生じます。結論が出なくても参加することに意味があるというような時間の使い方となります。

③ 評論家体質、リスク回避、言い訳体質

知識を披瀝するが評論家的に他人の仕事の問題点を指摘することがもっとも賢いやり方と考えています。自分はいつでも安全サイドで自分が何かをやるとは絶対にいわないのです。

火の粉がかかりそうになると、難しい理由をならべて、結果的に自分でやらない方向で纏めてしまうのが典型例です。リスク回避は完璧であり、予防線から始めます。問題が起こると「前に問題点は指摘したので、俺のせいではない…」と責任転嫁するのです。この傾向と対策を長く続けると、常に「できない理由は山ほどある」状態に陥ってしまいます。

④ 分担至上主義などの症例のいくつか

大企業のなかで管理職として長くやってきた場合には、他人への依存症状が当たり前となります。役割分担と指示命令系統のなかで安住してきたので、悪気はありません。内部ではこのようですが、社外、例えば、中小企業や下請け企業の人材は格下と思ってしまうことも多いのです。

この根底には、管理職を長くやっていると、自分で物事の本質を考えなくなる、考えていても手配師となって、実務を行なうよりは外観をきれいに取りまとめるのが仕事と勘違いすることがあります。

組織の規模が大きくなるほど、これらの傾向が強くみられるのは世の常です。

技術のマネジメントとテーマのとらえ方

① ハイテクとローテクをマネジメントする

先端技術とビジネスの結合 ⟷ ハイテクとローテクの結合

（ハイテクの限界）　（ローテクの活用）

実践ワークシート① ハイテクとローテクをどのように組み合わせるか

- 現在の技術は統合化されているか：
- 先端技術の課題：
- 組合せ方針は明確か：

② 研究開発テーマの分類と進捗マネジメント

企業のＲ＆Ｄテーマとは ⟷ どのように評価するか

（事業化を目指すものと基盤・共通のもの）　（事業化を目指すＲ＆Ｄテーマはステージ（ゲート）評価）

実践ワークシート② ステージ（ゲート）法を活用しているか

- Ｒ＆Ｄテーマの目的は明確か：
- ロードマップと併用しているか：
- マイルストンのゲートキーパーは適任か：

③ 各種の事業性評価とポートフォリオ分析

表での文章表示 ⟷ ポートフォリオ図示 ⟷ 円グラフで図示

（定性的な表示）　（一般的表示）　（軸は限られる）

実践ワークシート③ 適切なポートフォリオ図を用いているか

- 何のための事業性評価か：
- ポジショニングの軸は決まっているか：
- ポートフォリオを使って何を示したいか：

基本編

第3章

市場・顧客のマネジメント

新事業創出にかかわる開発・事業化プロジェクトのマーケティングとは、すでに存在するマーケットを調べたり、拡大することではなく、未来にどのような製品を創っていくかというイノベーションの根幹にかかわる重要なものです。

そのためにまだ存在してないマーケットでのキャズム理論での区分仮説やその具体的なベネフィット仮説やフェルミ推定による市場規模などを着実にこなすことが必須です。

特に死の谷をのりこえるためにライフサイクルの初期購入層にあたるイノベーター層やアーリーアドプター層へのマーケティングを中心に、自らお客と会い顧客価値をつかむことが肝要です。

1 MOTマーケティングのコンセプトと不確実性

MOTマーケティングと本来のニーズ

市場がなく、まだ製品・商品が存在しないという不確定ななかで未来の顧客価値を追求するのがMOTマーケティングといえます。

すでに商品がある場合、市場のニーズは顕在化されており、それを対象にするのは従来の営業やマーケティング部隊の仕事です。

一般（MBA）のマーケティングやセールス、それとここで取り上げるMOTマーケティングとの比較をプロジェクトの役割を含めて**図3-1**に示しました。

マーケティング本来の意味が変化しているのではなくて、市場環境が変化して時系列的には立ち上がり時期の不確定な顧客価値を探るMOTマーケティングが必要になったといえるでしょう。

図3-1　2種類のマーケティングの実際と対象商品

	対象商品	ポイント	担当実行者
一般（MBA）のマーケティングとセールス （現在のニーズを主体として対応）	**既存商品** （既存事業ベース）	・営業は商品を売ること ・マーケティングはいかに商品を市場を認知させ、市場を拡大しシェアを獲得するための営業準備活動 ・開発した製品や商品がどのような顧客にどのくらい売れるかを推定する活動	営業、マーケティング担当者が分担して実施
MOTマーケティング （未来のニーズを主体として対応）	**新規商品** （開発・事業化ベース、社内起業商品群）	・MOTマーケティングは企業（技術者）の夢と市場の夢をつなげるもの ・何が求められているのかを探し、顧客と一緒に知恵を出す ・ニーズを技術仕様にまで落とし込む作業	プロジェクト、社内起業の実行者が自分で実施

顧客の不確実性と技術要素とのマッチングの実際

不確定な要素の第一がニーズ自体の変化・進化です。環境変化に対応するために、顧客もどんどん変化するのが当たり前です。このため、今の顧客ニーズは次の瞬間には陳腐化していってもおかしくありません。

BtoBの場合の不確定な要素は客先の意思決定者の変化です。実際の購入の意思決定を行なうキーパーソンも変化します。

組織改正や人事異動は日常的に行なわれていて、誰も正確な予測はできません。今日のキーパーソンは、明日は窓際族かもしれないのです。

これらは理屈ではなく、結果として購入時期や仕様、価格の最終的な提示の不確定性さという形で事業化のステージ全般に影響に与えますので定常的な留意が必要です（**図3-2**）。

図3-2　マーケットの不確実性と技術の不確実性のイメージ

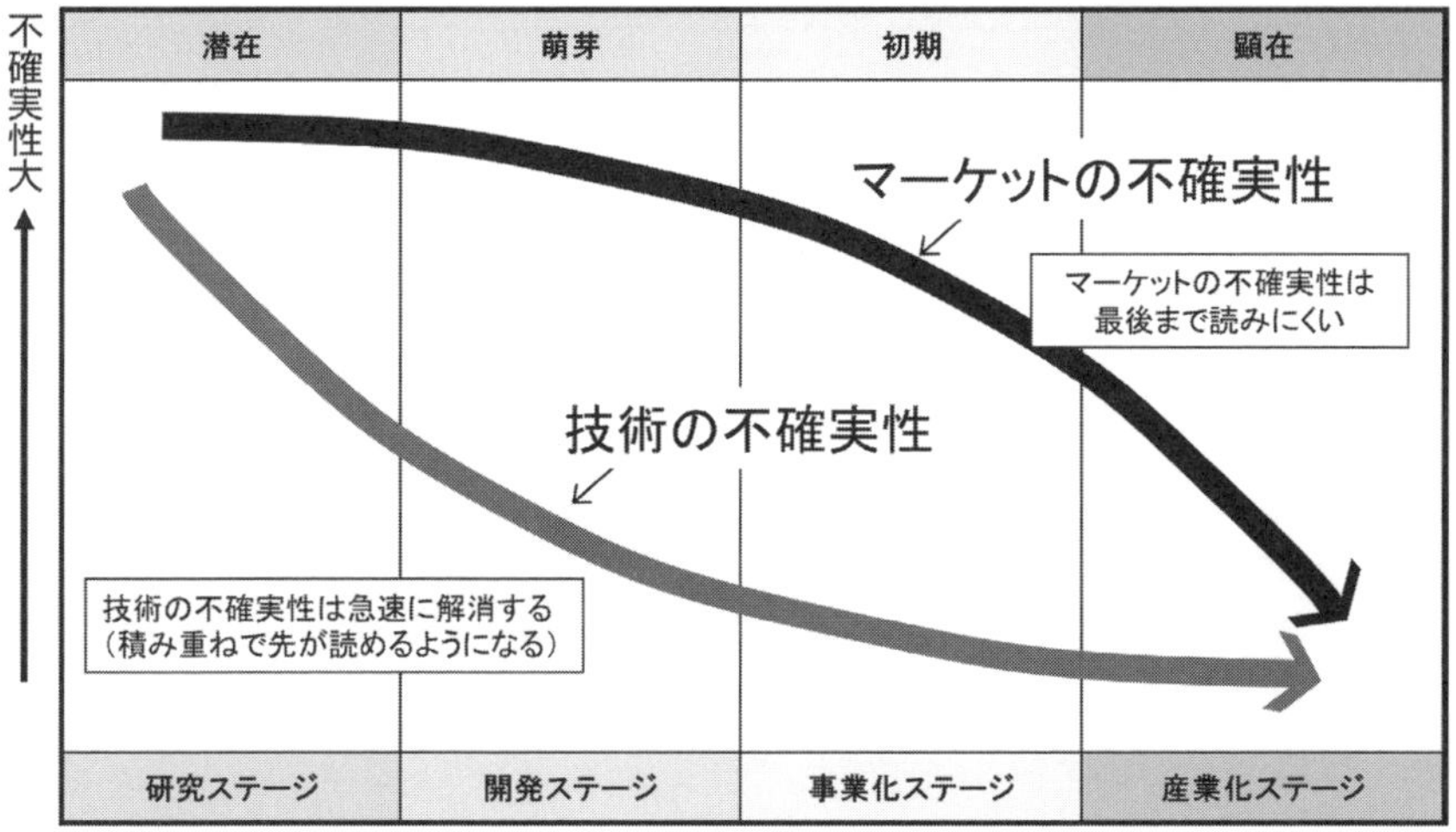

新製品の統計的売り上げ予測：ロジャースの理論（ベルカーブ理論）から

新しい技術がどのように新製品・新商品として普及していくかについては、1960年代に新製品の市場についての詳細な追跡調査をした「ロジャースの理論」があります。

いわゆるマーケット用語でのイノベーター、アーリー・アドプター、マジョリティなどという表現は顧客を時系列的に整理して彼によって定義されました（**図3-3**）。

このような時系列を伴うマーケットの分類に関する考え方はきわめて画期的なもので、現在の統計的なマーケティング理論の基礎となっています。今でもセグメンテーションの初期の市場展開における事業化プロジェクトで、狙うべきところになります。

本書で扱う新規事業化、すなわちイノベーションの初期市場では具体的にはイノベーターとアーリー・アドプターが対象になります。

図3-3　ロジャーズの理論によるベルカーブの例

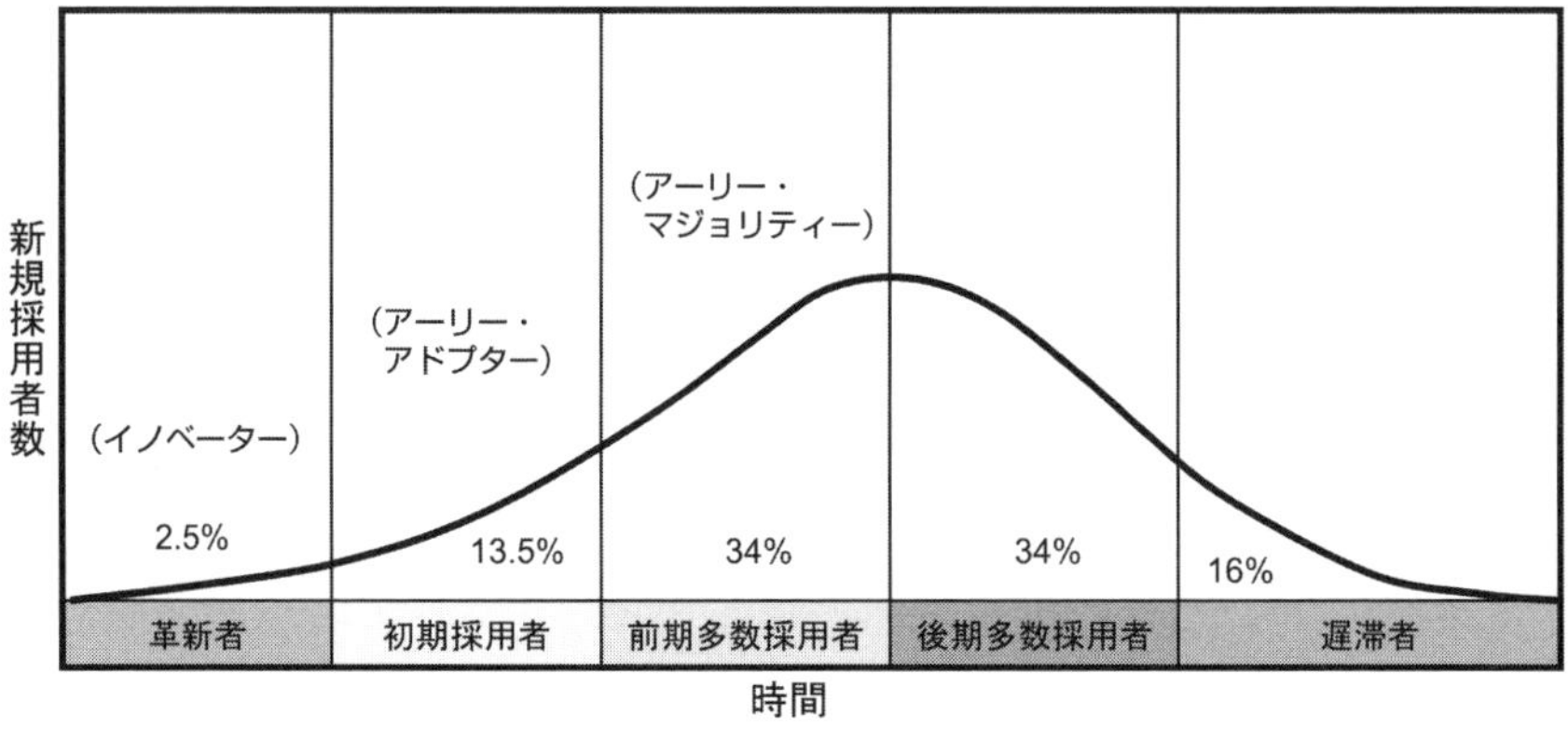

E.M.ロジャーズ　『イノベーション普及学』産能大学出版部刊より引用

2 どの時期の市場区分に着目するか——キャズム理論

開発・事業化でのPLCそれぞれの層の顧客の特徴

ロジャースの分類によるセグメント化された市場の各層の定義と特徴について概説します。開発・事業化では初期の2層の顧客が重要なので、その顧客の特徴をプロジェクト・マネジメント対象の観点で解説します。

この分類によってキャズム理論として使われるマーケットのカテゴリー分け（分類）と曲線の統計的な意味が示されます（図3‐4）。

技術進歩がある場合の市場構成（キャズム理論）

マーケット構造のライフサイクルのなかで、米国のマーケッターのJ．ムーアが技術進化の影響をロジャースの理論に重畳させたものが「キャズム理論」です。かつては、ハイテクのマーケティングにおける顧客層の特徴と呼ばれていましたが、今では多くの商品がこのパターンの中に入ります。いわゆる技術主導の製品に関して、技術の進化が著しいために、テクノロジー・ライフサイクルの影響を受けてマーケットは分断され連続的にならないということです。

それを端的に示したのがキャズム理論の図3‐5で、クラックやキャズムという溝が生じます。これは、ハイテクノロジーを使う顧客というのは必ずしも連続的な集団ではない、色々な顧客の層（塊）が不連続として存在するという考えです。

その結果、これらの層の間に顧客価値＝製品仕様変化に伴う不連続な溝が存在してくるのですが、その中でも越えるのが最も難しい最大の「溝」を「キャズム」と称して明確化したものです。

マーケット構造の不連続さの意味と対応

「キャズム理論」を開発・事業化のプロジェクトの立場で考えると、実は大切なのはキャズムというよりは、最初のイノベーターと二番目のアーリー・アドプターを順番にかつ着実に攻めることです。

各層の特徴についてMOTマーケティングの立場で見ていきましょう。もしマーケットが連続的であれば、マニアを対象に売っていた同じものが、時間と宣伝をかけていけば自然にマーケット全体に浸透していくはずです。しかし、どうもそうはならないというのが技術進化を加味したキャズム理論から得られる結論です。

こう考えると、時系列的に製品仕様のどこを対象に選べばよいのかという判断が必要になります。そのイメージを**図3‐6**に示してみました。

それぞれの顧客層は一見、プロダクトライフサイクルとして繋がっているようにみえますが、全体を通してみるとそれぞれの層は独立した別々のものと考え直したほうがよさそうです。

図３‐４　ライフサイクル進捗に伴うマーケットのカテゴリー分類

顧客の区分け	特徴	プロジェクト活動の視点
イノベーター＝ハイテクオタク（革新者）	この層の最大の関心事は新しいテクノロジーです。何らかのかたちで発信すれば相手から寄ってきてくれます。	単に欲しいでなく、ぜひ試したい、これでなければというキラーアプリを持っているかが重要です。
アーリー・アドプター＝ビジョン先行派（初期採用者）	他者に先んじて投資しようとするビジョナリー集団。イノベーターと同時にめどをつけることが、スムーズな展開につながります。	ビジネスを大きくするうえでは、プロジェクトメンバー全員でここを探索することが大切です。
アーリー・マジョリティー	価格と品質重視派。実利主義であり、商業ベースの普及の鍵を握るグループといえます。キャズムの後になります。	プロジェクトの役割をこえて産業化につなげるために必要な大きなグループです。
レイト・マジョリティー	みんなが使ってるから派。	プロジェクトの対象外です。
ラガード	ハイテク嫌い。ハイテク製品には見向きもしない層です。	プロジェクトの対象外です。

図３‐５　テクノロジー・プロダクトライフサイクル（いわゆるキャズム理論の図）

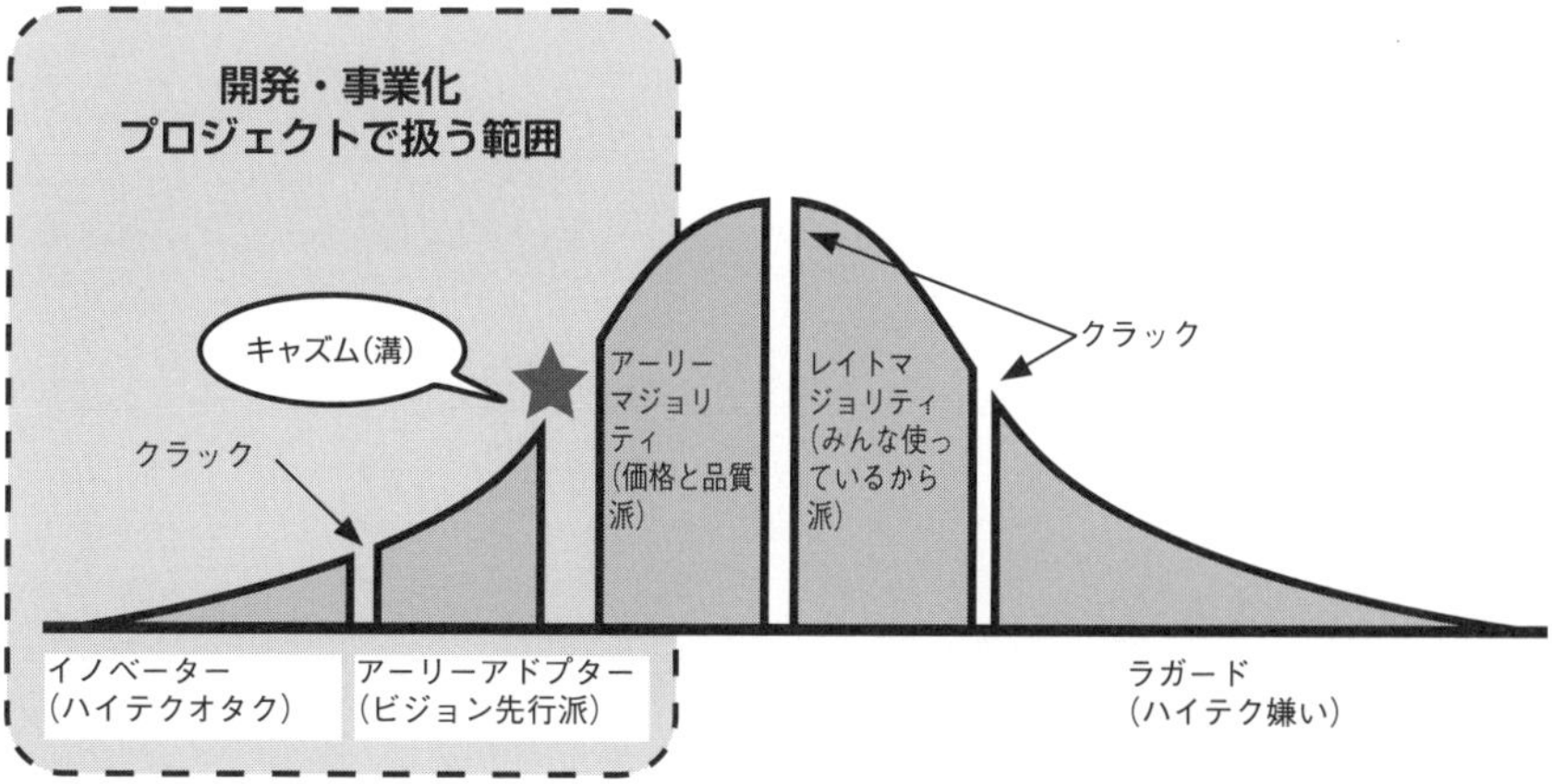

図３‐６　マーケット構造は連続ではない――最初の製品が自動的には売れない理由

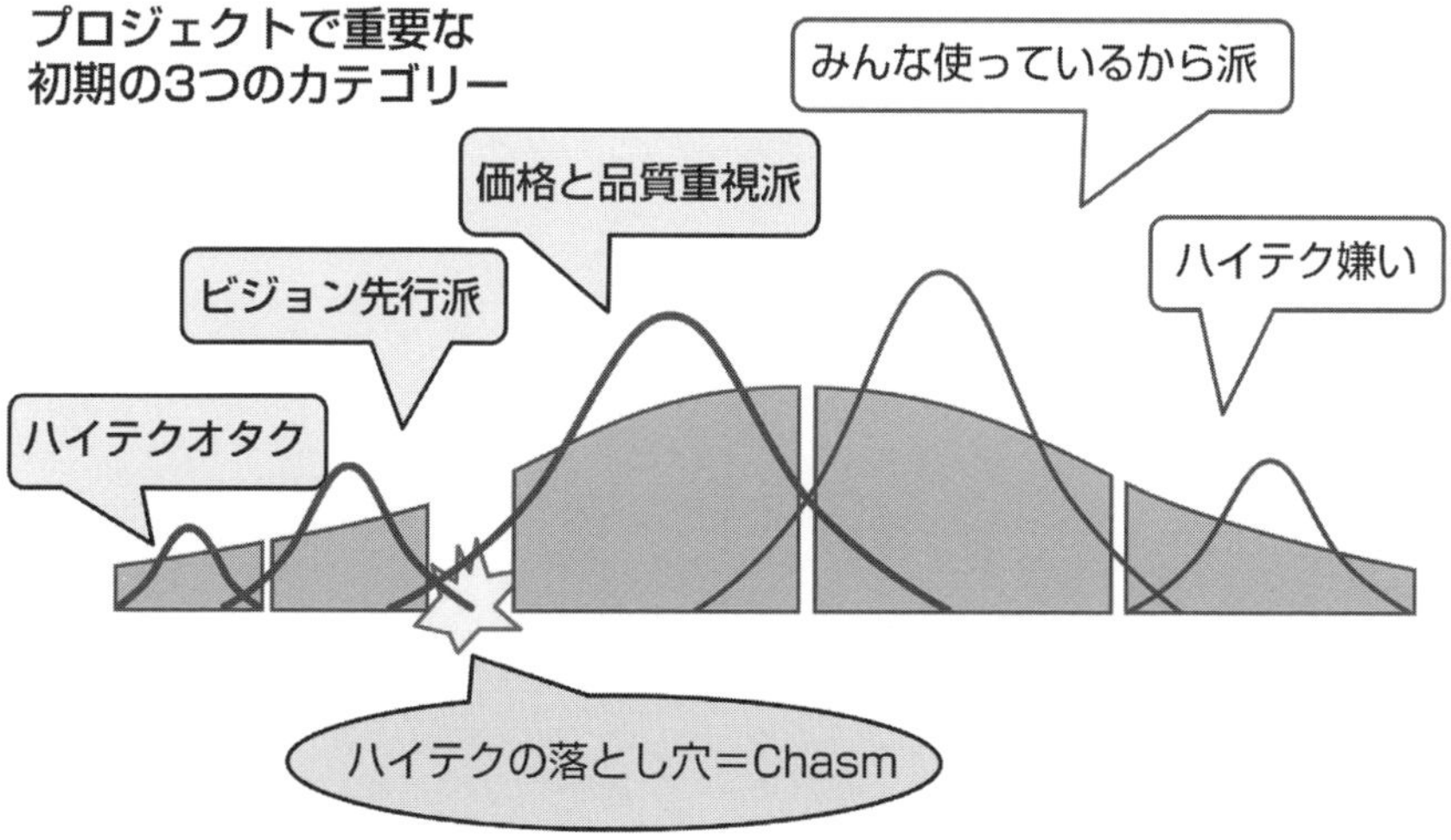

3 開発と事業化初期プロジェクト――顧客価値の明確化

開発・事業化における顧客側からの視点「ベネフィット」

開発ステージではプロジェクト関係者自身がまず行なう行為がＭＯＴマーケティングとなります。事業化ステージにおいては事業開発のプロジェクト関係者だけでなく営業関係者も一緒に行なうことが望ましいところです。

顧客の分類ができても、そのあとの課題は、顧客に何を話すかです。企業が提供するのは機能、顧客が求めるのはベネフィットで、顧客の潜在的なニーズをいかに早く技術仕様とするかがポイントです。

ベネフィットとは製品のスペック、機能と対比させる言葉です。すなわち顧客が嬉しいということを忘れずに、顧客価値を見つめ直すことが必要となります。技術から機能、ベネフィットを通して顧客に結びつく意味を**図３‐７**に整理してみました。

ＭＯＴマーケティングにおける技術とニーズの繋ぎ

プロジェクトにおける技術とニーズのマッチングについて、その関係を段階的に明確にしてみます。マーケティングとベネフィットの関係の基本は顧客に対して技術仕様（機能）で話をするのではなくて、ベネフィット（顧客価値）で直接話すことが重要です。**図３‐８**には技術から顧客までの会話に関するステップを述べています。

まずは技術を機能（製品・技術仕様）へブレークダウン（ＢＤ）します。技術をつかうと何が、どんなことができるかという機能に変換しておくことです。その機能を定量的なかたちで表現しておくのが、技術仕様という形になります。また次に機能を顧客価値、すなわちベネフィットに変換します。これで顧客と直接の対話が可能となります。

図３-７ MOTマーケティングにとってのベネフィットと技術の意味

	市場の対象	ベネフィットの価値	市場ニーズの特徴
①	イノベーター的なユーザー	ベネフィットの最初の入口ステージ（顧客価値に結びついて、初めて技術は評価される）	キラーアプリケーションの存在、ニーズの出現をキャッチ
②	アーリーアドプターからアーリーマジョリティー	ベネフィットの展開・ニッチから成長ステージへスタート（技術はベネフィットに向かって進化する）	キャズム前後の大きい可能性 ニーズのキャッチと展開スタート
③	アーリーマジョリティーにおける拡販と横展開	ベネフィットから機能、スペックの変換ステージ（ベネフィットは周知の事実になっていく）	周知のニーズによる成長、安定市場での展開

市場から見た提案型と下請け型

プロジェクトでの開発や事業化は顧客対応を受け身で行なっていると下請化していきます。これを防ぐには、可能な限りベネフィット（用途）で顧客と自分たちで直接、話をすることです。ベネフィット仮説を持ってお客と接することができれば、必然的に顧客の用途は明確になり提案型のマーケティングになります。

この提案型となるビジネススキームの基本を**図３・９**として示してみました。下請け化を防ぐ提案型マーケティングとはこのことで、営業や第三者を通さずに自分たちで顧客の声を直に聞くことが基本です。

実際に成功している中小企業や開発プロジェクトでは、まさにこのようなベネフィットでのやりとりを顧客候補（例えば新規事業開拓中の大企業）とやっています。

図３‐８　技術とニーズをつなぐ機能とベネフィット（顧客の利便性）

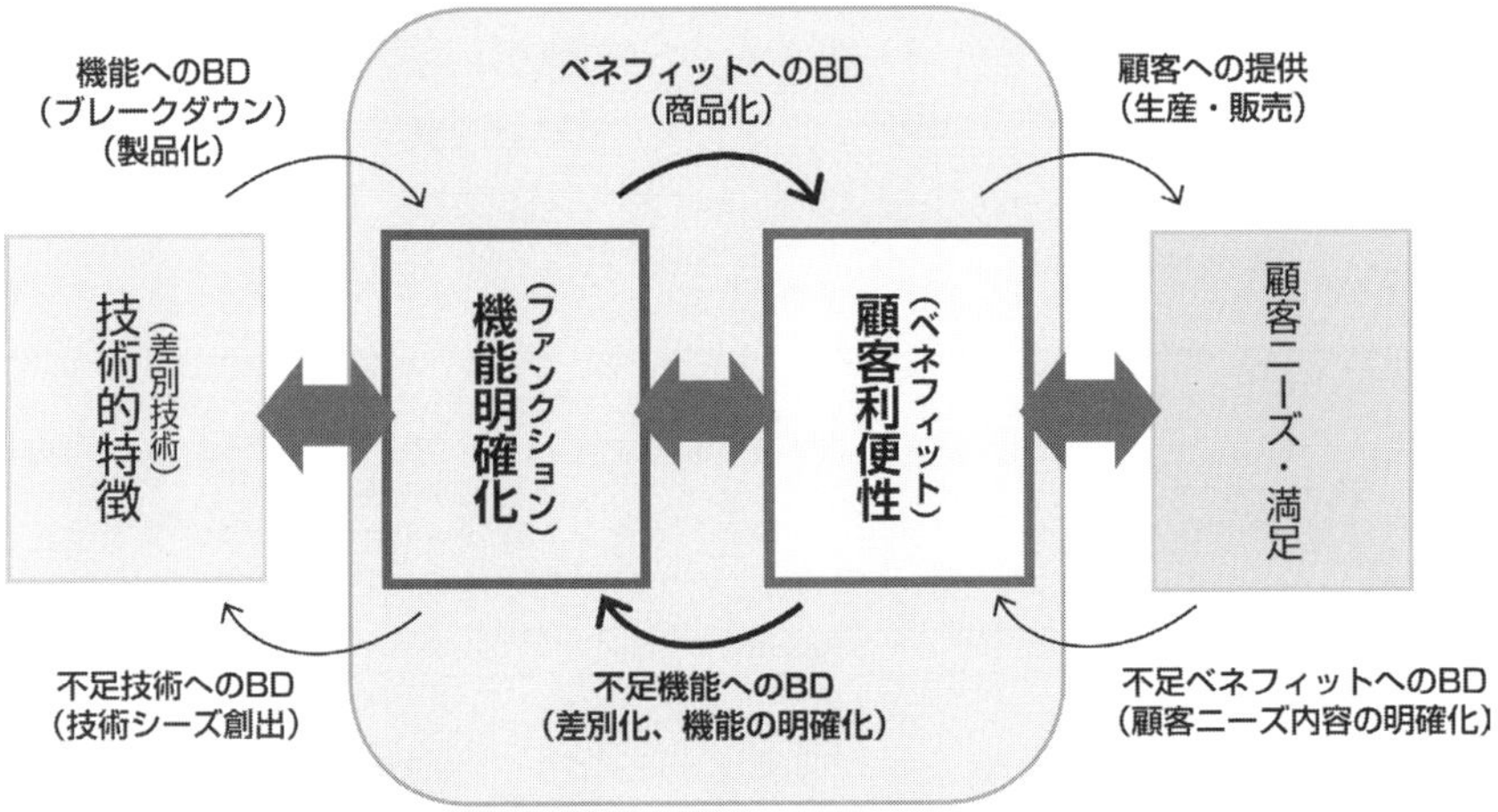

図３‐９　開発提案型マーケティングの基本はベネフィット

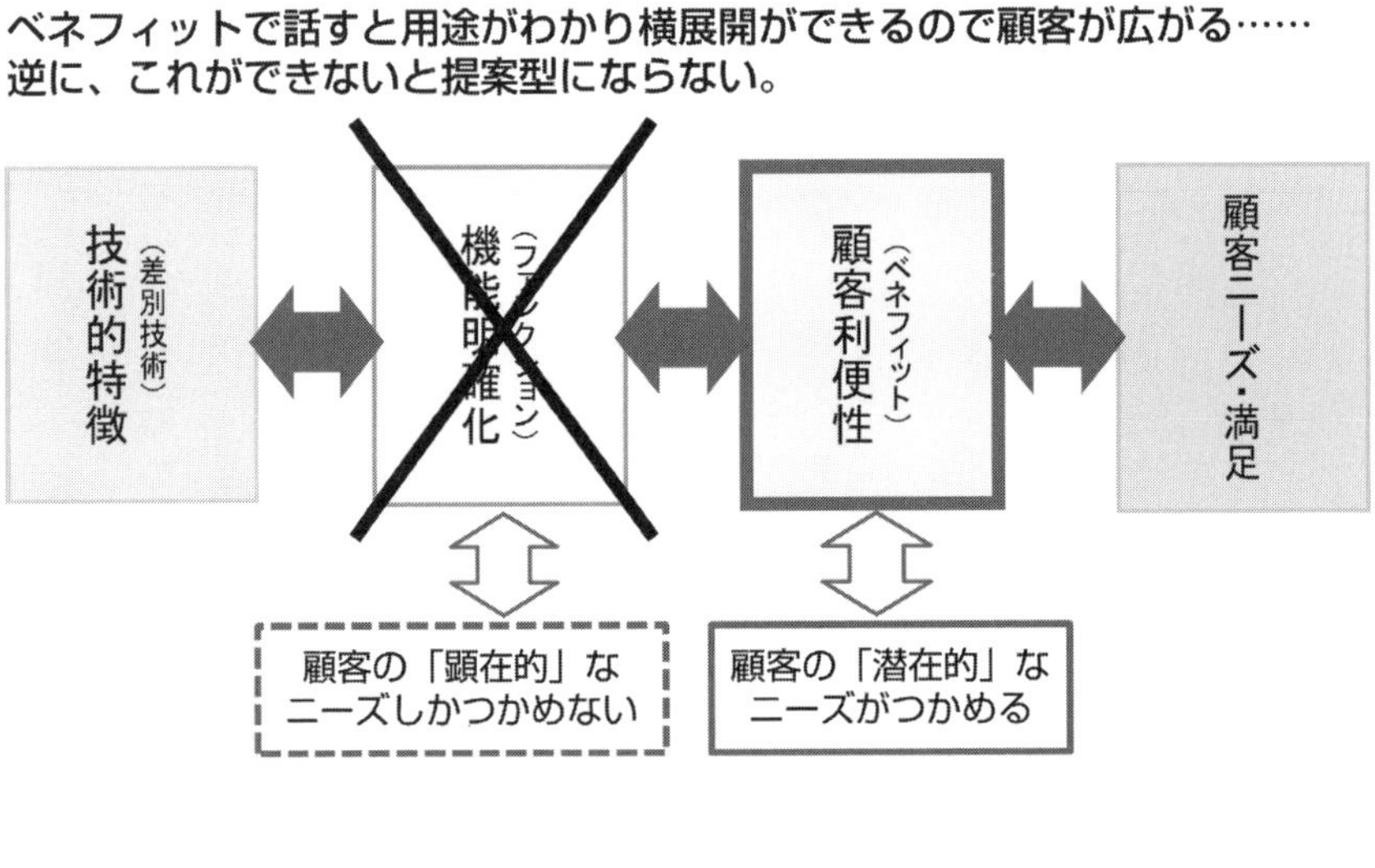

4 マーケット規模の推定――フェルミ推定法

見えないマーケットを推定する

新規事業においては、マーケットは存在しない場合が多いのですが、この場合でも将来マーケットの（定量的）推定は必須です。この推定は算定根拠の明確（論理的）な数値が必要となります。特にビジネスプランを提案する場合には、ロードマップやビジネスプラン（事業計画書）の最も重要な基礎数字になります。

まずはマーケット全体の売上予想です。これはあらゆる市場の可能性を抽出し、市場サイズの最大値を推定するのが手始めです。発想をのばしながら、事業化の機会を検討することにより、技術シーズのマーケットでの可能性を最大限引き出すのがポイントです。

フェルミ推定法の活用による概算の考え方

つかみどころのない物理量を短時間で概算する方法の1つに「フェルミ推定」と呼ぶ方法があります。この方法は少ないデータから仮説構築を論理的に行なうもので、核物理学者のエンリコ・フェルミが得意としていたといわれます。

このような推定法は、米国ではマイクロソフトやコンサル会社の入社問題としても有名ですが、日本では「地頭力」を鍛える方法の1つとして近年有名になりました。

この方法を用いてマーケットのサイズをつかんでいくのを、ここでは基本とします。この推定法の特質上絶対的な正解はなく、あくまで概算を行なうものです。

マーケットの数字を推定するプロセス例

ここではマーケット・サイジング問題としての分類とビジネスへの基礎数学としての取り組み姿勢をまとめてみましょう。

問題のタイプを大きく分けると、①個体数（人口など）ベース、②距離・面積・体積ベース、③収入などの測定値ベース、などに分類して考えるとよいと思われますが、皆が納得する共通な数字（一次情報）の存在が基本ベースとなります。

もう少し具体的に説明していきましょう。まずは、事業構想している売り物としての商品イメージの確定です。イメージをできるだけたくさん出して、それぞれのマーケットを「単価×個数」でフェルミ推定していくことが基本です。

その後、ライフサイクルを仮説として推定し、年度別マーケットに展開したり、シェアを推定して売上予想値を出したり、利益率を見積もって利益数字を出していくといった作業になります。

一方では、その推定の取り組み姿勢としては、正解は存在しない（特に将来見通しの場合）ので、仮説構築がすべてとなります。仮定は明確にして論理はきちんと構成し、また計算式は論理構成を表わすので、記録して必要に応じて示すことが大切です（**図3-10**）。

存在しない未来のマーケットをどのように推定するか

新商品・新規事業プロジェクトのマーケットは現実にはまだ存在しない、不確定で不明なものです。とはいえ、この場合でもマーケットの定量的な推定作業とその結果の表示は必須です。

これをカバーする方法がフェルミ推定法ですが、その応用例を実践的に検討してみましょう。

この推定数字は経営側からみると、とても重要な判断材料（財務上の数値）なので少なくとも算定根拠の明確（論理的）な数値が必要となります。フェルミ推定法における準備から、実施、用途などを整理したのが**図3-11**です。

フェルミ推定はイタリアから第二次大戦中に米国に亡命したノーベル物理学賞を受賞したエンリコ・フェルミによるものです。

その詳細はここでは省略しますが、未来の市場予測などで定量的な推定が必要なときによく使います。現実的にその他のよい方法がないということも背景にあります。

図３-１０　開発提案型マーケティングの基本はベネフィット

「フェルミ推定法」の基礎と活用

少ないデータから仮説構築と論理展開で短時間に定量化

↓

フェルミ推定のプロセス

推定課題	
一時的に使う データベース	
アプローチへの 論理構成	
推定の根拠 （単価）	
推定の根拠 （数量）	
計算プロセス （単価×数量）	
結果	

→

フェルミ推定のキモ

・初期に使うデータベースは
キチンとしたものを使う
（引用できる数字を使用する）

・推定の根拠を明確にする
（論理構成をしっかりする）

・２桁以上の数値は無意味
（計算過程は保管する）

・結果として、１桁の精度でよい

↓

マーケットサイズ、売上、利益推定へ

① 商品イメージの確定→できるだけたくさん（複数）→
マーケット総数の推定（フェルミ推定）

② それぞれのライフサイクルの推定→
年度別マーケットに割り振り

③ シェアの算定（強み、競合などから）→売上の算定

④ 強みのあるものから、利益の算定（５～40%）

事業化後の主要マーケットの数字を推定

マーケットのおおよその規模を出すこと、すなわちマーケットのサイジング問題についての取り組み姿勢をまとめてみましょう。アプローチのタイプを大きく分けると**図3 - 12**に示した5つのパターンとなります。

それは①人口動向ベース、②経済発展のレベルベース、③所得分布ベース、④文化や風土などのベース、⑤その他として男女などの分類や移民の動向ベースなどが挙げられます。

これらは各基本情報をもとに国や地域ベースにおいて分類すると考えやすいと思われます。

いずれにせよ重要なのは一般の人が納得する共通数字を基本データとして、それらをベースとして論理的に計算していくことです。

フェルミ推定実施において大切なのは、より精度の高い数値を目ざすのではなく、説得性や納得性を重視した論理性につきます。

図3 - 11　プロジェクトでのフェルミ推定は未来規模を算出

＜未来マーケットの数字を推定するフェルミ推定法＞

準備

（1）各地域の人口分布、総計数値の今後の動向を仮定
（2）市場の普及度、今後の動向や飽和可能性推定
（3）製品寿命のどこかを仮定し、今後のライフサイクルを推定

↓

実施

計算実施＋仮定条件の検証作業→くり返す

↓

用途

社内外、プロジェクト内部での説得、納得

図３-12　未来の新事業市場についてのフェルミ推定のアプローチ

＜マーケット・サイジング問題ーその分類と取り組み姿勢ー＞

<table>
<tr><th></th><th>アプローチ</th><th>内容</th><th>初期の市場</th><th>事業発展期の市場</th></tr>
<tr><td>①</td><td>人口動向ベース</td><td>成長率、
年齢構成の動向</td><td rowspan="5">ビジョナリー対象：
16%の市場
（2.5%のイノベーターと13.5%のアーリー・アドプター層を狙う）</td><td rowspan="5">マジョリティ対象：
68%の市場
（34%のアーリー・マジョリティーと34%のレイト・マジョリティー層を狙う）</td></tr>
<tr><td>②</td><td>経済発展・成長レベル地域ベース</td><td>地域ベースの動向</td></tr>
<tr><td>③</td><td>所得分布ベース</td><td>所得の伸び、
中間層の動向</td></tr>
<tr><td>④</td><td>宗教、文化、風習、
歴史ベース</td><td>タブー、
傾向の動向</td></tr>
<tr><td>⑤</td><td>その他</td><td>男女別、移民、
特殊事項の動向</td></tr>
</table>

コラム3
キャズム理論を応用したマーケットの事例

キャズム理論の市場に基づいて具体的に想定顧客を割り振る時の注意事項について筆者の実際の経験からいくつか述べてみます。

まずは想定する顧客の業界について全体像をつかむことが第一歩です。特にイノベーターの会社や部署はどこかということを時系列を俯瞰して全体から見ていくことです。

イノベーターはその業界での巨大で安定的なビジネスをエンジョイしている会社でなく、新しいことを仕掛けることに情熱と努力を費やしている業界のチャレンジャー企業という場合が多いことになります。

①潜在的な市場の区分への実際の顧客の割り付け事例

例えば1990年代の日本で、筆者が先進液晶関連装置を電気業界に展開していた具体的事例として考えてみましょう。当時は液晶の製造メーカーが10数社あったのですがSONYがイノベーターに相当していました。その近くにエプソンやサンヨーもイノベーターとして、挑戦型企業として存在していました。

一方ではキャズムの超えたあとの企業はいわゆる伝統ある大企業がずらっと並んでいました。例えば日立、東芝、松下（パナソニック）などです。その前に位置づけられるのがアーリー・アドプターで、どちらかといえば比較的新しい会社、または専門化した企業ということで、当時はLG、サムソン、カシオ、シャープ、パイオニアなどが存在していたのです。どの産業分野でも、このようにまずは業界の中の企業別にその顧客の特質を分類することが可能でしょう。

②各企業の中でのキャズム理論にもとづく分布の存在

一方では、各企業の中の部署についても、上記のキャズム理論は適用できます。特に大きな企業の場合には部署間での役割分担が進んでおり、例えば同じSONYのなかでも、イノベーターに属している部門として新事業開発部門などもあれば、工場の調達部門のように、いわゆる実績がないと購入しない（できない？）部門も一緒に存在していたのです。

このあたりは、あとで考えると企業の全体構造やビジネスチェーンをよく知っている営業関係者と共有することが重要でした。このような顧客の分類が見えていないと、仮定のアプローチを手当たり次第に行なっても最適な顧客層に遭遇することがむずかしかった、といえるのです。

またさらに細かくいえば、顧客の同じ部署、例えば新事業の開発部門のなかでも同じようなさまざまな人の集合体とも言え、その中での分類が必要となることも多いのです。最終的には人に依存して分布しているといえます。

③フェルミ推定による市場規模の納得性の向上事例

市場予測の方法についても若干経験をのべましょう。

フェルミ推定をどんなに精密にしても、未来のことは「正確な予想」はありえないのです。このため、経営者や上司を説得するのは容易ではないというのも事実です。ではどのように考えて推定の資料を作ればよいのでしょうか？　実際の担当者が悩むところはこの点です。

筆者は、検証が難しくて意見が分かれると思われる数字のところには、最終決定権限者に予め相談をして、その判断の数字をうまくアレンジして用いました。自分の意見は控えめにそれぞれの根拠を示しながら、判断をあおぐという根回しを行なうということです。

市場・顧客のマネジメント

① MOTとMBAのマーケティングの違いを明確に

MOTのマーケティング (技術(テーマ)・マーケティング)	⇔	MBAのマーケティング (セールス・マーケティング)
(ニッチ・マーケティング)		(マス・マーケティング)

実践ワークシート① 技術者のマーケティング(MOT)を明確にする

- なぜMOTのマーケティングが必要か：
- 対象顧客は明確か：
- イノベーター、アーリーアドプターを分けているか：

② 顧客のニーズをベネフィットとして捉えること

製造側の機能・仕様	⇔	顧客のベネフィットと嬉しさ
(技術仕様)		(買う嬉しさ)

実践ワークシート② 顧客のベネフィットを提案するのがベスト

- 顧客のニーズは：
- その中の機能・仕様は：
- 顧客のベネフィットと嬉しさは：

③ フェルミ推定でまだ存在しないマーケットを推定する

商品コンセプトの仮説構築	→	フェルミ推定の方法論	←	マーケットの仮説構築

実践ワークシート③ フェルミ推定を使ってマーケットを定量化する

- まずなにが必要か：
- 製品イメージの顧客仮説は：
- 論理的な計算の実施は：

展開編

第4章

プロジェクトとベンチャー組織

不連続のマネジメントへの挑戦

　イノベーションを起こすためには、既存組織の持つ分業やヒエラルキー体制の組織から切り離していく必要があります。

　開発と事業化は対象の技術と市場は違っても、両方とも不確定な因子を多く含む破壊的・創造的な作業といえます。言葉を変えるとイノベーションのプロジェクトとは「不安定をマネジメントする活動体」になるのです。

　これらをうまく行なう社内のしくみが、アドホックな組織として不連続性が高い場合に対応するベンチャー的な体制の「プロジェクト」組織といえます。

1 管理とマネジメントの明確化

管理とマネジメントの違い：分業的組織対応からプロジェクト対応へ

日本において、管理（Administration）とマネジメント（Management）はよく混同されています。これは、課長をマネジャーと呼んだり、マネジメントレベルの階層の職種をひっくるめて管理職と呼んだところからくる誤解・混乱だと思われます。

もっとも日本における製造業組織体制は、最近まで工場体制そのものであったといえるので、実質的にも「管理」が最優先で必要だったという事情もありました。

この両者の経験的な比較を**図４‐１**に示しました。方法論的な違いをいえば、管理とは（管理される側の個別の特性を無視して）、全体の最適化や共通・標準化をはかることです。このことは、例外というものを極端にきらうこと（≒新しいことは生まれない）になり、必然的に各種の官僚化（≒融通がきかない）の土壌となります。

一方、マネジメントは工場管理とはまさに反対で、統一的・均一的に管理するのではなくて、個別にそれぞれに対応していく方法論といえます。「何を創るか」という本書のプロジェクトのマネジメント（目的がイノベーション）の場合に適した方法論です。

管理から個別マネジメントへ：不連続のマネジメント・レベル

プロジェクト体制は不確定要素のある業務をマネジメントする場であり、イノベーションを目指す4段階のステージのなかで、特に開発・事業化のステージにあてはまります。

各ステージにおける不連続レベル（ブレークスルー度）と時間経過（予測可能性）を比較したものを**図４‐２**に示しました。図中に示したように、産業化段階

図4－1　管理とマネジメントの違いの例

	対象の組織例	対象組織	体制と枠	資金の獲得	人への対処とイメージ
一般企業組織〈管理〉	既存の工場、軍隊などの大型組織	・ピラミッド型 ・鈍いレスポンス	・一律に規則などで縛っていく ・短期の目標値が必要	・前年ベースの予算申請 ・共通の経費での処理	・管理（しめつける） ・はみだしを嫌う ・倉庫管理（物品管理） ・規制
プロジェクト〈マネジメント〉	開発、事業化プロジェクトなどのアドホックな組織	・フラット型（プロジェクト型） ・クイックレスポンス	・個別にいかに生かしていくかでコントロールしていく ・行き先や目標が必要	・提案・申請ベースで目標達成、リターンベース	・良いところをほめる（おだてる） ・はみ出しを認める ・動物管理（生物の飼育） ・育成

図4－2　「不連続のマネジメント」レベル：各ステージでの相対的なイメージ

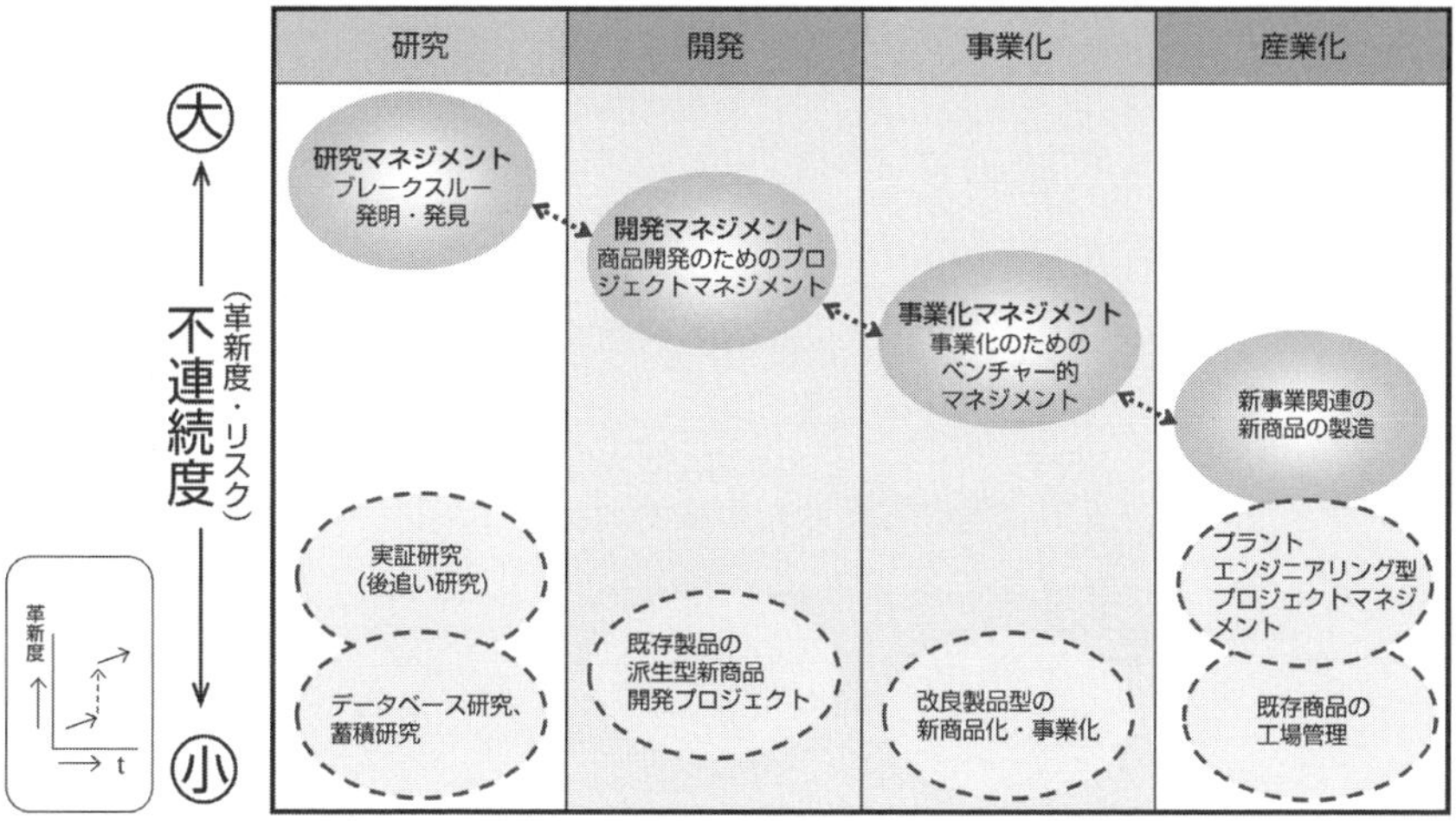

（生産管理が主体）においては進捗の予測可能性（管理性）は高いのですが、開発・事業化における不連続度はその不確実性そのものになります。

人材と知恵の利用を最大優先：先手をとるマネジメントの必要性

実際のプロジェクトのマネジメント・業務管理について述べましょう。

プロジェクト体制においては、その活性化・強化のために、組織の肥大化を防止し、簡素な構造（組織は基本的にフラットであることが必要条件）を念頭において人の配置を行ないます。

マネジャーにとって最も大切な仕事は、**図４－３**に示したような不連続を乗り越えたビジネスコンセプトと行動の方向、目的をあらかじめ考え実行することにあります。「戦略の失敗は戦術では補えない」「迅速に全員の知恵を生かして一歩前を行くこと」とはマネジメントの本質をよく示しています。プロジェクト・マネジメントではさらにこの上をいくことがあります。

図４－３　開発・事業化ステージのマネジメントと産業化（生産）ステージの管理の違い

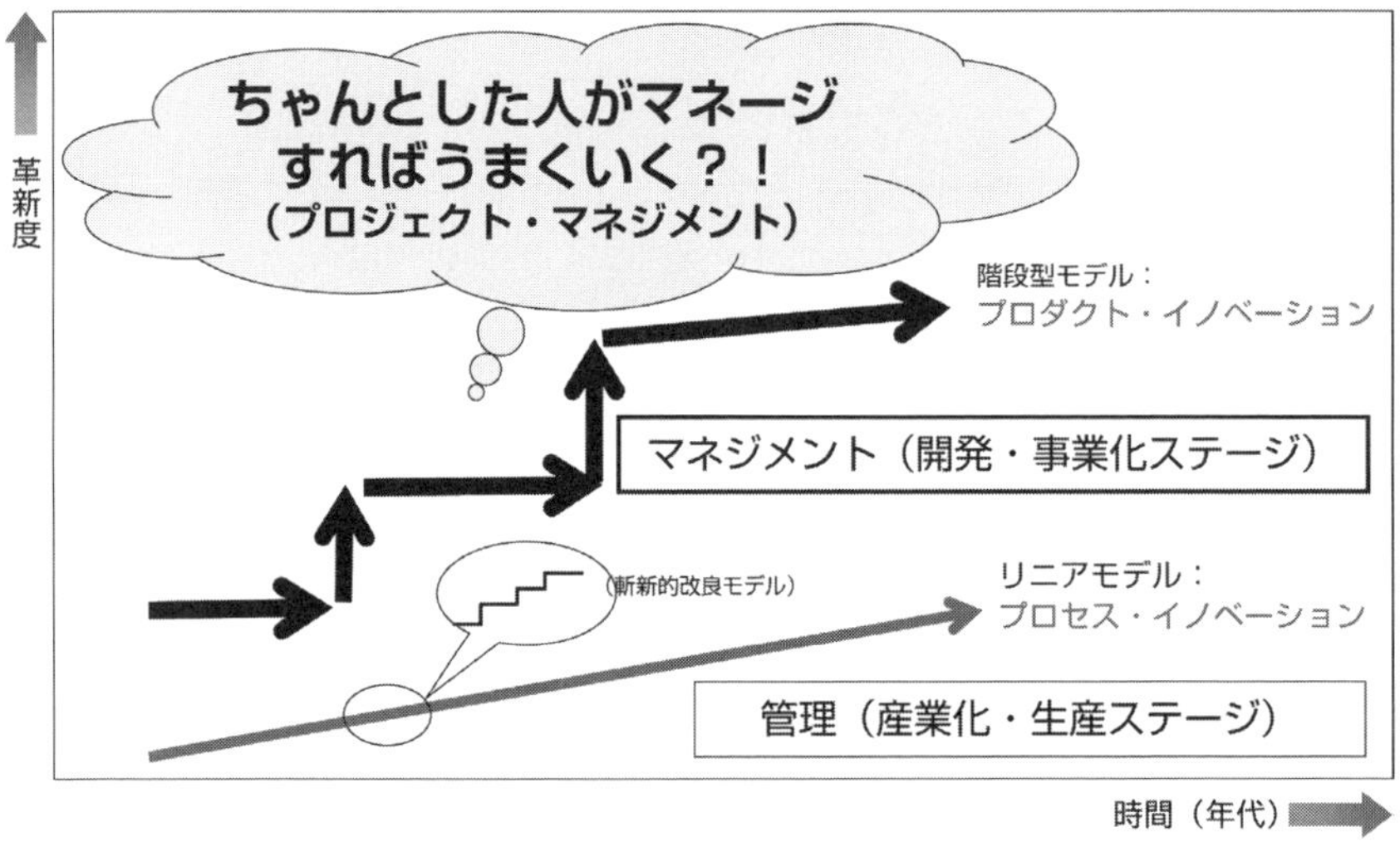

図4-4 ピラミッド型とプロジェクト組織のマネジメントスタイル

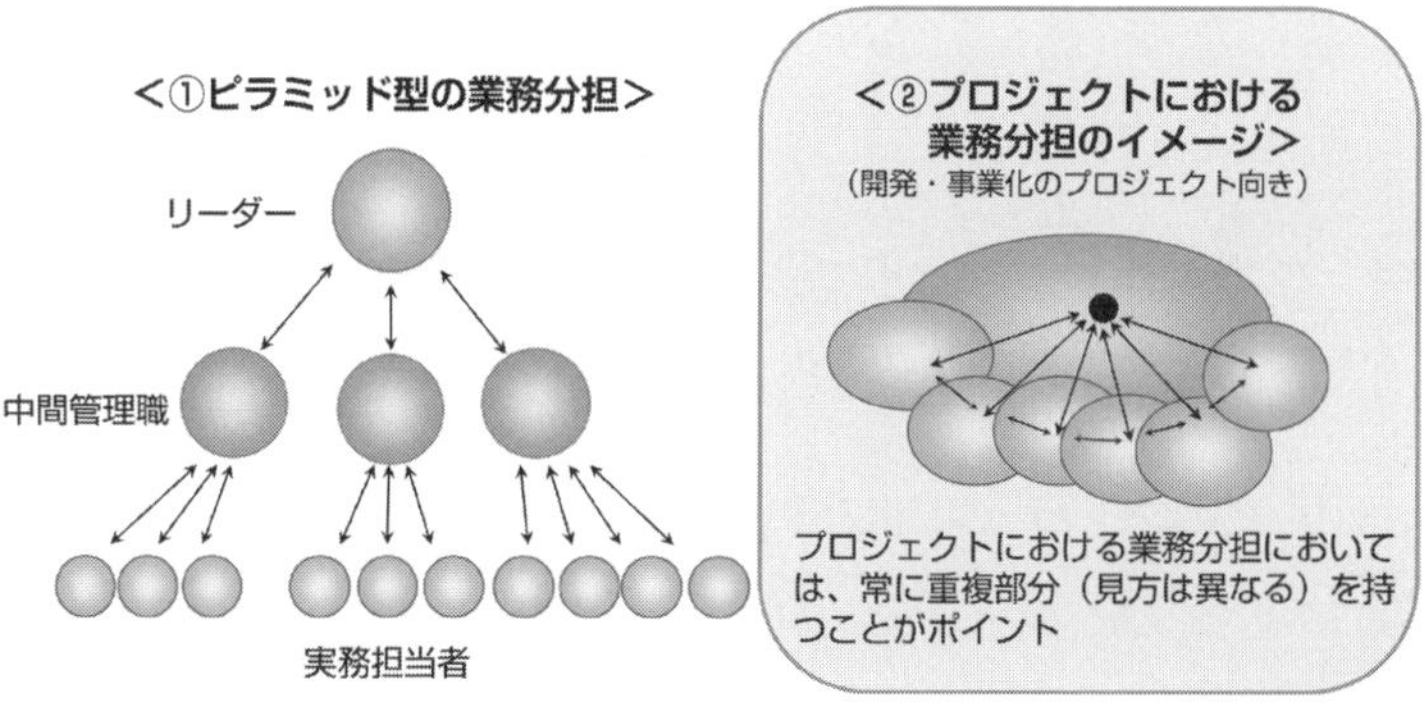

プロジェクト・マネジメントの前提とメンバーの資質

企業内起業を目的としたプロジェクトの場合、マネジメントスタイルは「操作型」でも「放任型」でもなく、「共・協働型」となります（**図4-4**）。

このときの、プロジェクトマネジメントはマネジメント側からみると先手・予防型、メンバー側からみるとサポート型となります。

大切なのは、メンバーの仕事のベースや質を決定する前に未来からの全体像の共有化をすることです。PMはそれをもとにしたリソースの配置が必要ですが、特に人的資源に関する考え方を明確にします。

プロジェクトメンバーの行動様式、基準として何が望まれるか、許されるか、工場管理との自主性、自己責任、迅速性などの違いの区別を明確化することが大切です。

業務・プロジェクトの管理とマネジメント：組織体制はフラット型

プロジェクトの基本組織・体制はフラットな文鎮型（なべ蓋型）です。一般の組織体制であるピラミッド型は、工場などにおいてよく見られる伝統的なものですが、その情報伝達方法は階層や分割構造を持つ管理向きのものです。

生産現場のように、大方の作業の方法論がマニュアル化されて、作業者個人の意思やわがままを許せない業務においてはそのような管理は必要なものです。しかし開発現場のような、方法論が確立されていないアドホックな現場においてはそぐわないものです。

このような組織と従来型のピラミッド組織における情報伝達の流れの比較を**図4-5**に示しました。

既存の事業系のように、先が見え安定化している組織では、指示・命令系統が重視されますが、何が起こるかわからないときは現場を第一にする必要があります。この組織を実際に運営するのは、「管理」ではなくて「マネジメント」であることはいうまでもありません。

プロジェクトにおけるマネジャー（PM）と組織構造との関係

開発・事業化のプロジェクトでは、答えはどこにあるか不明なことがほとんどです。答えを探しているときは、当然ながら答えに近いところに組織の意思決定者が存在するのが、効率が良いのです。

イノベーションを実現しようとするときは、新しい顧客価値が答えですから、顧客に直接接しているメンバーに近いところがPMの位置になります。フラット型組織構造では、答えに近づいて接触面（インターフェース）を拡げており、結果的にも答えを獲得しやすい適正組織という結論になります（**図4-6**）。

既存事業のピラミッド型組織構造では、すでに顧客ニーズが見えています。方向や内容を皆が了解しているので顧客と離れた分担体制になります。

図4－5 ピラミッド型組織とフラット型組織の情報伝達の違い

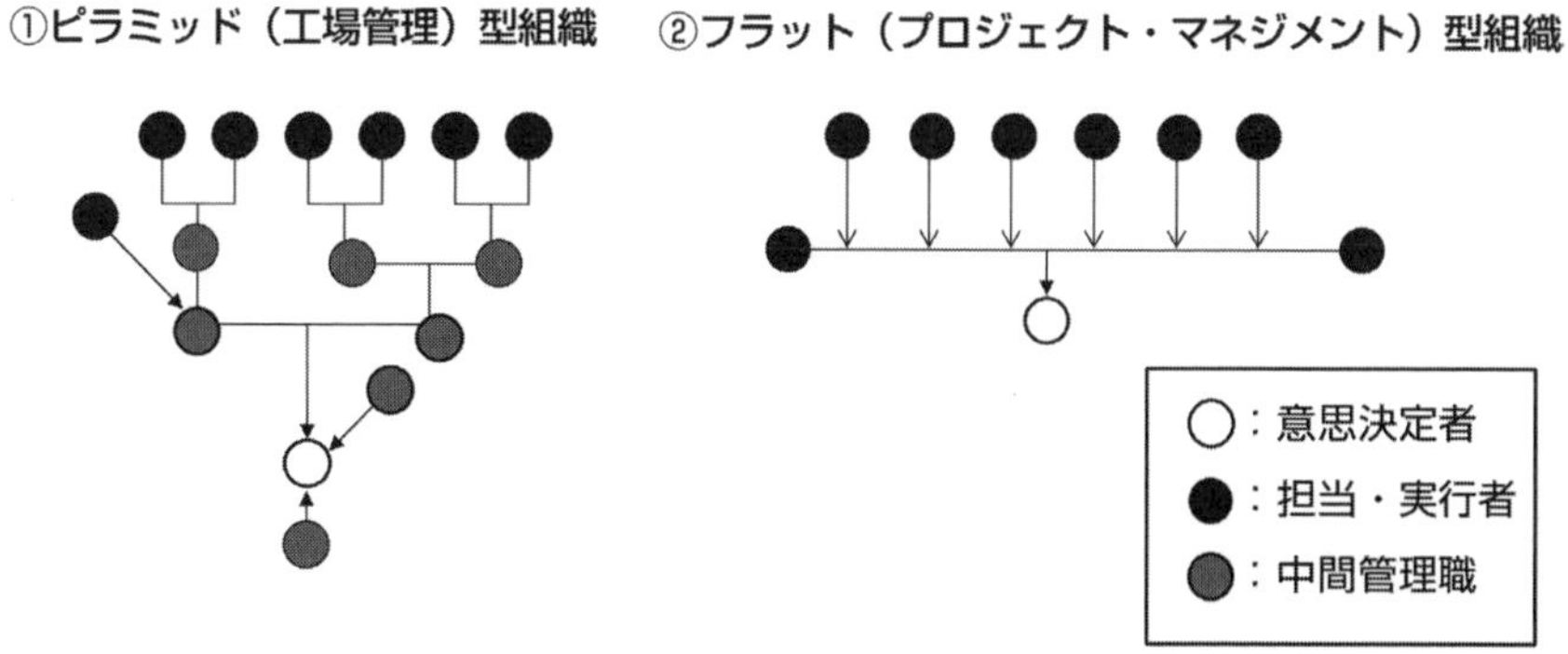

図4－6 組織の答えはどこにあるか？

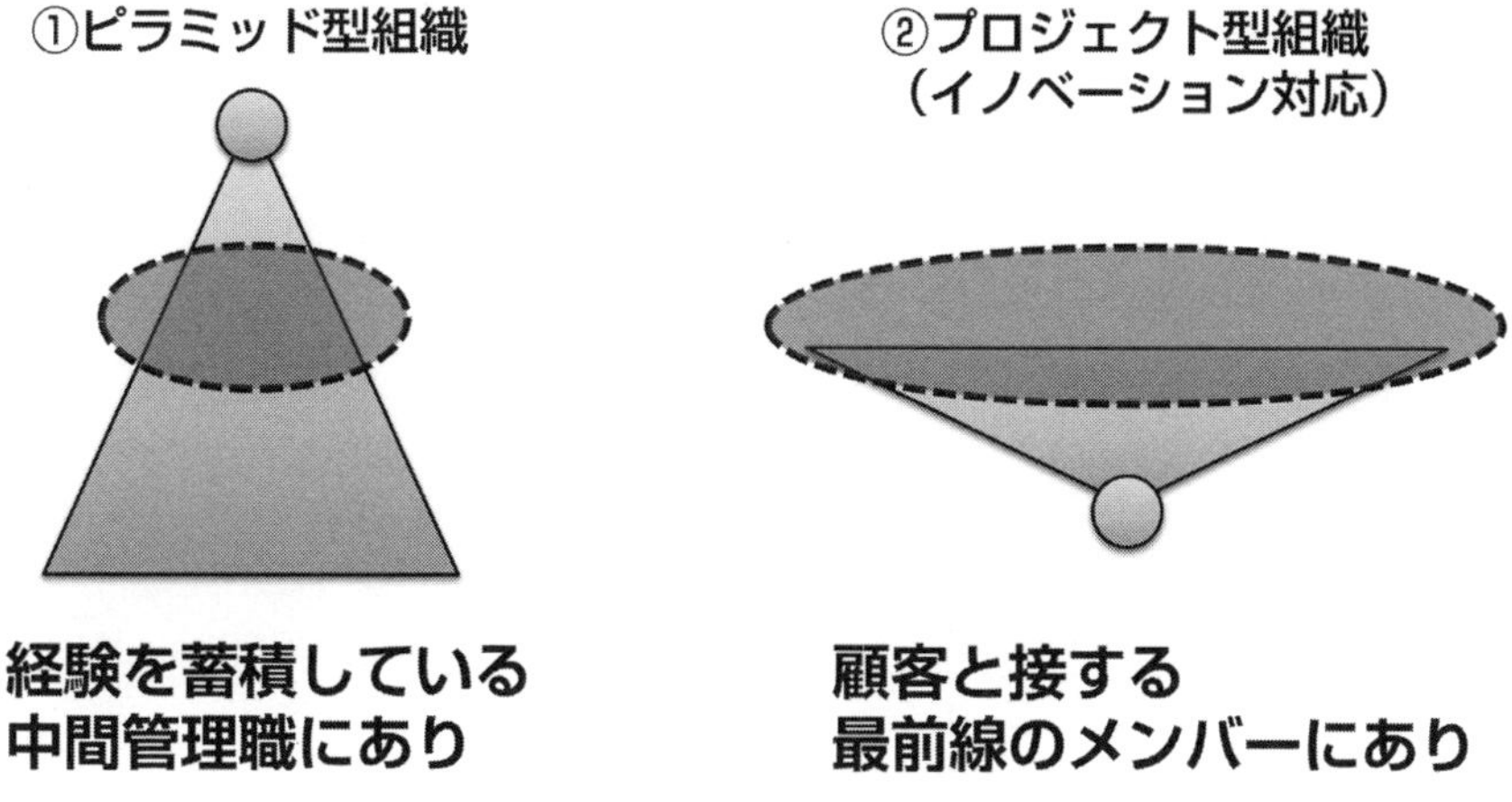

3 開発・事業化ステージでのプロジェクト・マネジメント

開発ステージの位置づけ

開発ステージを時間的に俯瞰してみましょう。プロダクトライフサイクル的にはまだ上梓前の水面下です。MOTでいう4つのステージ全体から見ると、**図4‐7**に示したように技術の完成度の向上を図ります。不確定性をいかに下げておくかということが次の事業化へ進むための重要な位置づけとなります。

この時の開発マネジメントのポイントは、プロジェクト全体の開発目標と現在の位置のズレを明確にし、その内容をメンバー全員に周知させること（目標は変化していくことを含めて）が第一です。

ここでPMは、開発の目標仕様をどこで妥協するかの判断を行ないます。すなわち優先順位づけ、どこで何をやり何をやめるかということの共有化が重要です。

開発から事業化のマネジメント（製品を商品にするマネジメント）

事業化ステージのポイントは、開発ステージでの技術にかかわる不確定性から、顧客の不確定性に視点を転換することです。PMはその意味で事業化の目標を顧客視点で明確にし、顧客価値を中心にして、メンバーに何をもって事業化達成かを周知徹底させることです。また主要な顧客を選定し、そこへの売り込みを戦略的に実施することで、顧客の優先順位と製品の優位差の把握、適正価格で購入してくれる顧客と関係を持つことなどです。

図4‐8には開発と事業化における不連続度のイメージを同程度と示してありますが、その内容は大きく変化していきます。

図4－7　プロジェクトによって乗り越える「死の谷」のイメージ

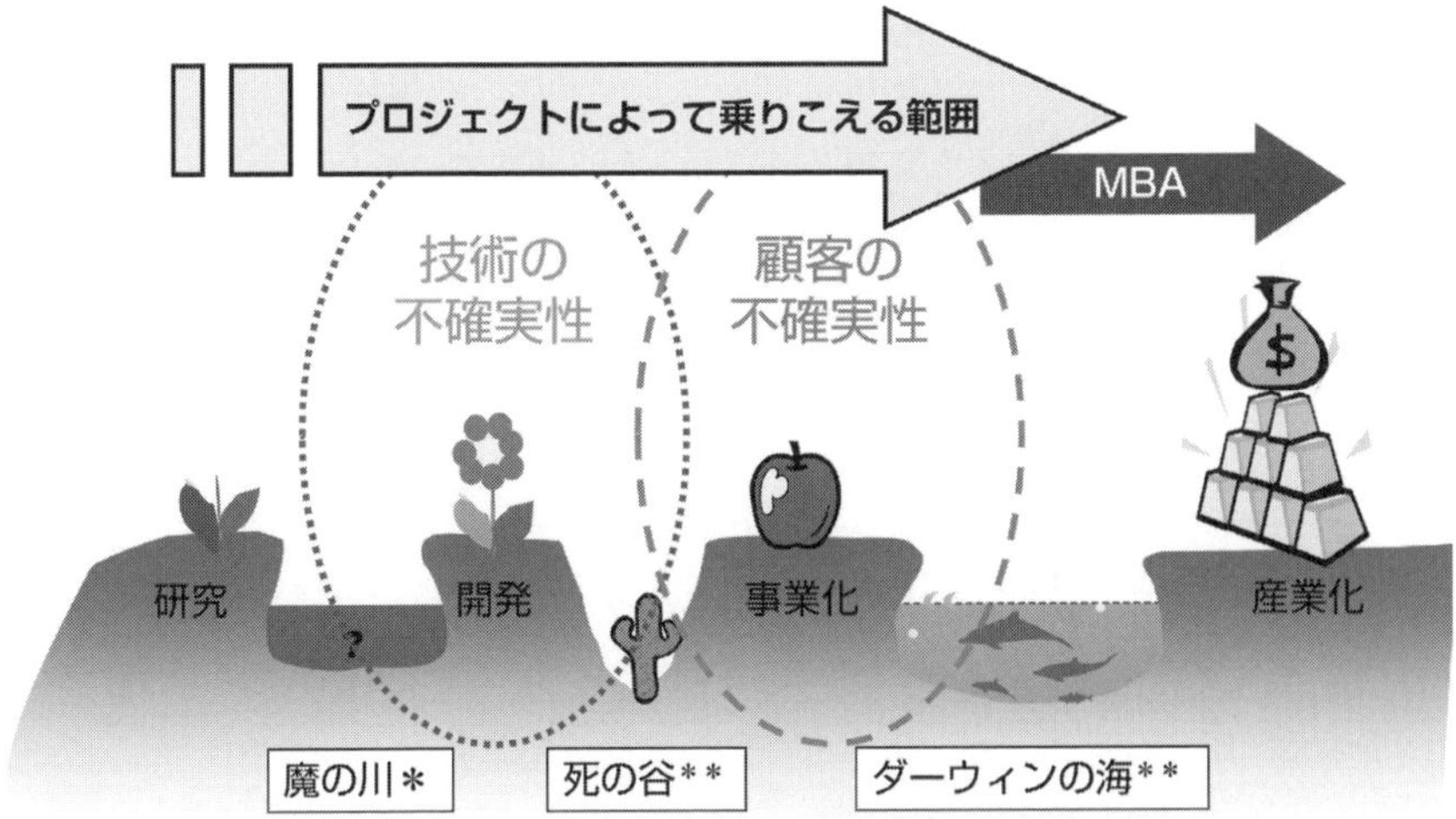

（＊出川：技術経営の考え方、光文社刊、　＊＊ＮＩＳＴより引用　）

図4－8　「開発・事業化プロジェクト」のマネジメント・体制の狙い

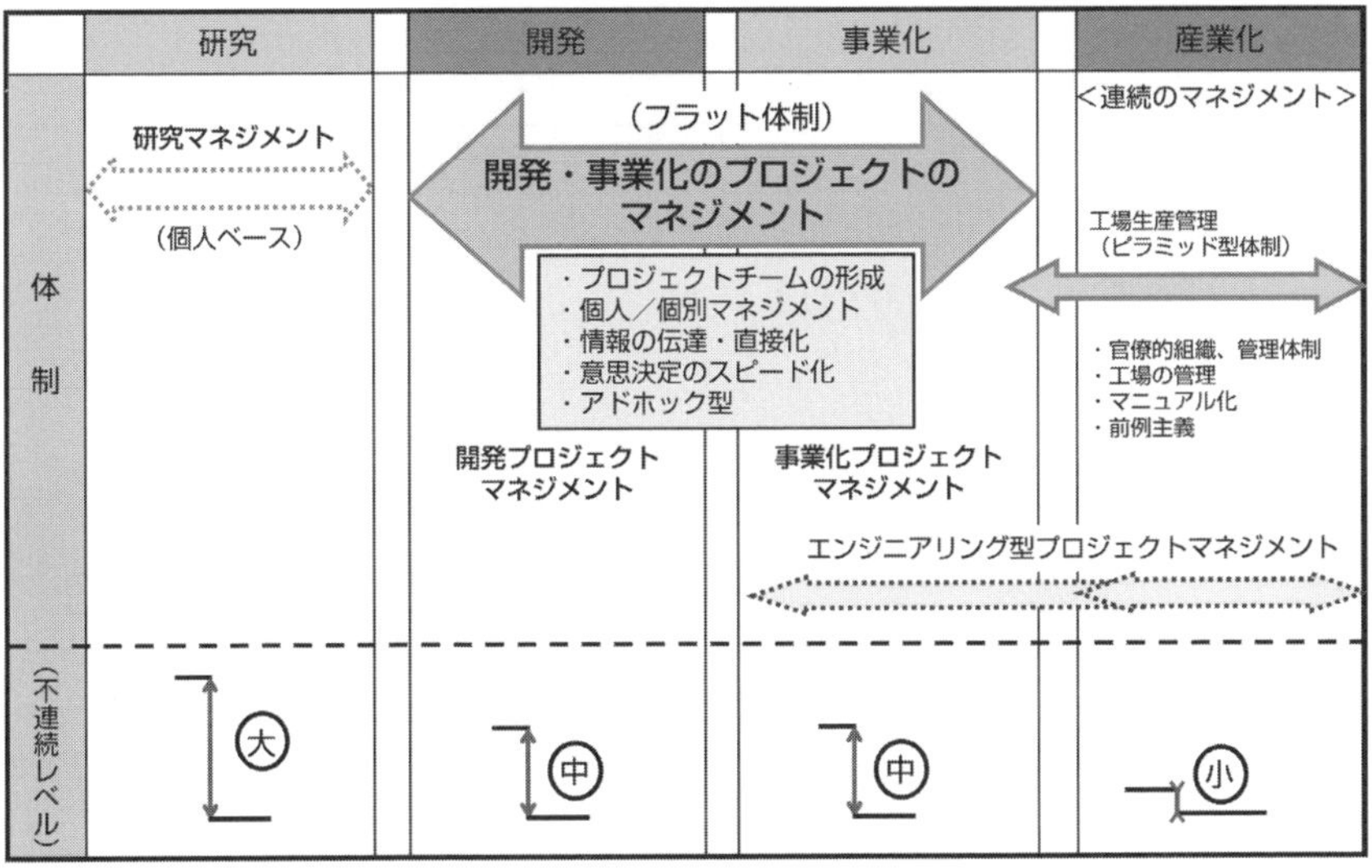

開発から事業化への
プロジェクト・マネジメントの変化

開発と事業化ステージでのマネジメントの変化イメージを図4・9に総合的に示してあります。

開発では顧客からの価値を技術仕様に落とし込んだターゲットへ向けた収束的な開発を行ないます。事業化ステージではもう一度、顧客を発散ぎみに探索と確認を行ない、最終的に一番可能性のある顧客向けに収束させます。留意点としては、製品の改良による商品化は重点顧客を最優先（集中と選択）することです。

またメンバー個人の適性をきちんと把握し、最適配置する（任命、罷免を含めて）ことが大切です。さらに、プロジェクト組織の外との関係（社内での上下左右）の円滑化、プロジェクト内部の横のコミュニケーションの促進（壁をなくすこと）も必要です。

当然ながら、製品・目標仕様の重要度について（顧客ニーズ）自ら熟知することなどもポイントとなります。

図4－9　事業化への各ステージとマネジメントイメージ(例)

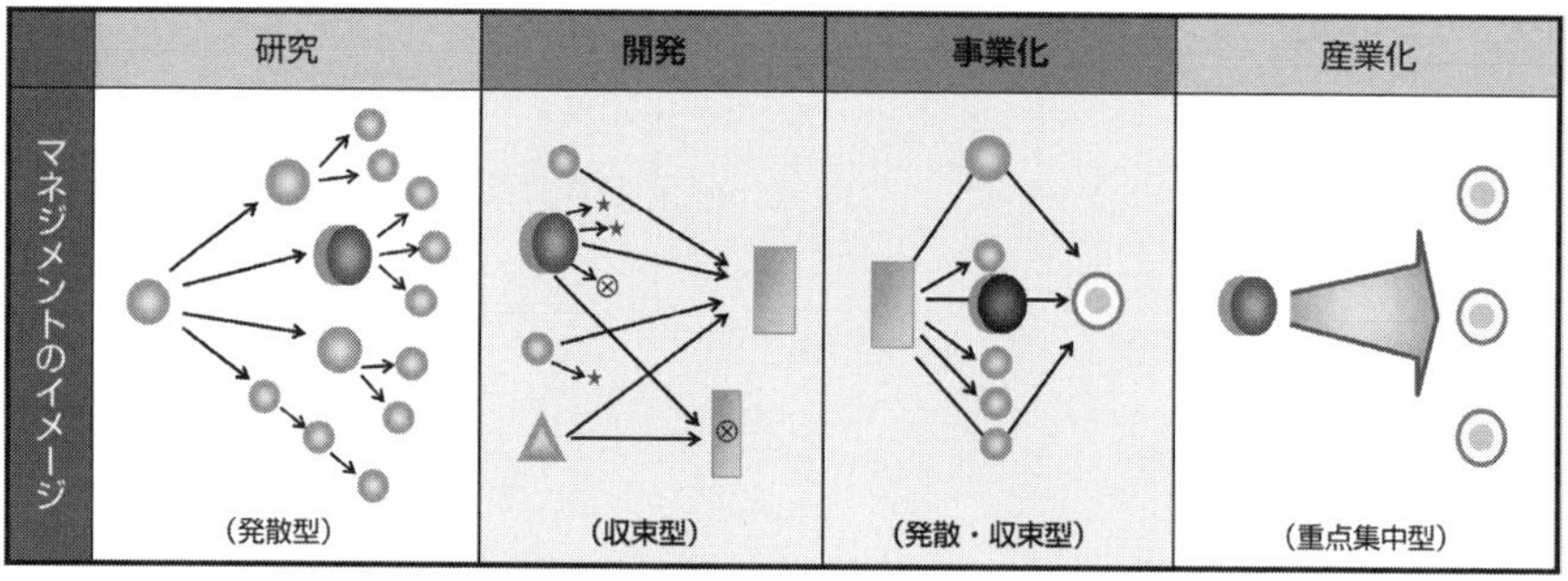

4 大企業の中のベンチャー的組織——コーポレートベンチャー

コーポレートベンチャーの分類

コーポレートベンチャーは、会社主導の組織体として、人・モノ・金のすべてが会社の経営下におかれます。一般には運営上以下の2つに分類できます。

①社外ベンチャー：社外に位置する独立企業体です。資本金は通常一〇〇%親会社が持ち、あくまでも親企業によって主導されていることが特徴です。

②社内ベンチャー：社内組織として位置づけられます。既存の組織の持つ方法論によって運営される、開発プロジェクトとは異なった組織体（社内資本金）になります。

社内であろうが社外であろうが、母体企業の発想の枠から抜け出ることが大切です。しかしあくまで企業の枠の中での起業として、企業内というメリットとデメリットを充分理解した上で利用することがポイントです（**図4 - 10**）。

既存事業と新規事業のベクトルとマネジメントは違う

なぜなら既存のビジネスが主体の企業の仕組みと、新しい開発事業の立ち上げプロセスはベクトルが逆行するところが多いからです。これまでの経営者の発想が、「既存（主力）事業での経験の積み重ねを重視する」「リスクを冒さない」ことに重点を置いているためです。

企業の中で行なうコーポレートベンチャーの場合、研究開発の遂行上および結果に対する個人的なリスクがかなり低いことは大切なポイントです。成果がある程度見えていればマネジメントのリスクも小さく、担当者のリスクはさらに小さいのです。

技術者にとっては思い切った新事業開発への展開をやらなければ、大企業に在籍して研究開発をする意味はない、と言うこともできます。

コーポレートベンチャーの成功ポイント

コーポレートベンチャーといえどもベンチャー組織である以上、新規事業におけるスピードと売上高という2点のポイントについて最大限考慮しておくことが重要です。

第1点はスピードで、通常の大組織の中では、継続的に大きなリスクを伴う決断ができにくいのです。たとえばよくあるのは、投資決断の迷いと遅れで勝負が終わってしまう「社内の壁」です。追加投資の決断は迅速に行なう必要があります。

また売上高については、マーケットに新規参入企業がはいってくるというのは、先住している既存会社にとって、最初はお手並み拝見とばかりに傍観していいます。しかしある売上高を越えるようになると競合各社が必死に対抗策を講じ始めます。これが「社外の壁」です。

このような内外の壁を越えるためには、コーポレートベンチャーでも、独立ベンチャーと同様かそれ以上のマネジメント能力が必要とされます。

図4 - 10　企業内におけるコーポレートベンチャーとプロジェクト、独立ベンチャー体制

組織		段階	起業家の個人リスク	起業時の人物・金の確保		
				人材	設備	資金
①開発プロジェクト		研究・開発	部署の移動リスク	比較的選択の余地あり	新規、中規模	通常の数倍、期間限定
コーポレートベンチャー	②社内ベンチャー	事業化／産業化	小さな評価リスク	コア人材確保の自由度は最大化	実行責任者の覚悟で決まる	最大規模
コーポレートベンチャー	③社外ベンチャー（完全子会社）	事業化／産業化	リスクは中程度、帰れる場所あり	社内ベンチャーより獲得の可能性は減る	同上、ただし償却見通しになる	立ち上がり返却見込み
④独立ベンチャー（JV を含む）		事業化／産業化	リスク大、帰れる場所はない可能性大	コア人材は確保できる	借入基本な償却見通し内で可能	返還見込み

近年、米国でもコーポレートベンチャーは見直され、注目を集めている

5 大学発ベンチャー企業の勘所

日本の大学発ベンチャーの共通の課題

大学発ベンチャーの大量設立構想からすでに20年以上の年数が経ち、その総設立件数は３０００社超ともいわれています。ここではその特有の課題について検討してみましょう。

共通していえることは、ベンチャー支援の各種優遇制度により、起業時の立ち上げメリットを受けていることです。すなわち、①早期でスムースなベンチャーの設立と補助金、②大学の技術のスムースな移転と各種バックアップ、③インキュベーション施設の活用など、政府や自治体の支援メニューが多いことです。

しかしながら多くのベンチャーは創業から4～5年の時点で、資金やマネジメント不足による「死の谷」の前の「魔の川」に直面する場合が多いのです。この原因は単純に資金獲得ができていないというよりも、ベンチャー内部の時系列的ミスマッチという経営課題が大きいという状況です。

ベンチャー企業の成功へのチェックポイント

大学発ベンチャー企業の立ち上げについては、ＭＩＴ発ベンチャー企業を例にしたシェーンの分析結果が参考になると思います。その内容にいくつかの項目を追加して、現在の日本の大学発ベンチャー企業が研究の域を出ない状況で「魔の川」に直面していますが、「死の谷」を含めてイノベーションを成功させるためのチェックポイント（リスト）にしてみました（**図4-11**）。

その主要な対策はマネジメントレベルの意識と変更、マーケティングの強化による顧客重視、知財マネジメント、リソースを補完するアライアンスとなります。

図4-11　大学発ベンチャー企業のチェックポイント(米国+日本)

＊S.シェーン著『大学発ベンチャー、新事業創出と発展プロセス』（中央経済社刊）をベースに出川が追加した

		チェックポイント	判定
＊人材	常勤起業家	□ 社長と主要メンバーは専任か？	
	発明者コミット	□ 発明者が専任でない場合のコミットと信頼関係は十分か？	
	マネジメントチーム	□ CEO／CTO／CFO他のマネジメントチームが機能しているか？	
＊技術	コア技術	□ 差別化されたコア技術は明確か？	
	製品開発技術	□ 製品化、生産技術の知識はあるか？	
	プラットフォーム技術	□ いわゆる基盤技術(ローテク)は確保されているか？	
その他MOT項目	知財の確保と集約	□ 知的財産が一元管理されているか？	
	ビジネスプランの存在	□ 明確で更新されたビジネスプランが共有化されているか？	
	市場に関する知識	□ 狙う市場を理解しセグメント化されているか？	
	アライアンスの有無	□ 各ステージでのアライアンスと将来目的は明確か？	

ベンチャー企業に必要な経営的要素とその役割

ベンチャー企業において最低限必要な3つの経営的要素があり、通常はその役割を分担して行ないます。

CEO（Chief Exective Officer）は経営のトップであり、最終意思決定者、経営責任者です。CTO（Chief Technology Officer）は技術の最高責任者です。CFO（Chief Finance Officer）は財務の最高責任者です。

多くの大学発ベンチャー企業の場合、技術シーズ指向でスタートすることが多く、特にマーケット側のニーズ把握能力と財務上のマネジメントが弱く、企業として致命的になりやすいのです。

経営を何人かで行なうためには、企業の環境条件や未来ビジョンを同一のレベルで理解することが必要になります。それぞれの専門知識は別にして、経営陣には全体概要と対象マーケットと資金状況を明確に把握し、マネジメントして対処する知識と能力が要求されます。

コラム4

プロジェクト《P》・マネジャー《M》に望まれる資質

プロマネ（PM）の資質を考える一助としてベンチャー企業の社長との類似性についてみていきましょう。日米で成功しているベンチャー企業の社長とは、筆者の経験上では出身が技術者かどうかにかかわらず下記のポイントに長じていることが共通して認められます。

① 性格的・気質的な個人の素質

・楽観的なものの見方（プラス思考視点で現在と未来を見る）
・完成するまでの執念（簡単にあきらめない、徹底的に行なう）
・時間軸の正確性（レスポンスの速さと約束の正確性）

⇓起業ということは「先が見えない」「不安要素がたくさんある」「理屈からはみ出すことが多く管理が難しい」などと否定的な表現で語られることが多いのですが、逆にいうと「可能性が多い」「考えてもいなかったイノベーションやブレークスルーが得られる」「社長（プロジェクトのPM）は創り上げる愉しみ」などという肯定的な面を見ることが重要性です。

② マネジメント上での能力、実践力

・世の中を広く見渡せる人（1つのことに集中しながらも全体としては大局観を持つことができること）
・各種の交渉ができる人（周囲の組織や人とのネゴによって、自分の組織の最適成功条件を得ることができること）
・マネジメントができる人（管理ではなくてマネジメントができること）

⇓平たくいえば、中間管理者や技術者と企業経営者はかなり違う資質が要求されると表現してもよいのです。よく言われることですが、一つに集中しやすい、堅い人、論理的すぎる技術者は必ずしも良い経営者にはなれないのです。ベンチャー企業は技術もさることながら顧客、メンバー、資金などについて何が起こるかわからない不確実な世界で、早く確実に対応しながら走らなければ成功はおぼつきません。

③ ベンチャーの社長と社内プロジェクトの共通点、相違点

実際に成功しているベンチャー企業の社長の特徴をあげてきましたが、企業内起業としての開発・事業化のプロジェクトのＰＭにも、ベンチャー企業の社長とほとんど同じ資質が要求されるのは、ある意味で当然です。ＰＭは言い訳無用の世界であり、そうしないと限られた期間内でのプロジェクト目的の達成はおぼつかないのです。

企業の中といえども、プロジェクトとして行なうことは従来の企業における分担作業的なルーチンの作業と異なります。まさにベンチャー企業の社長と同じ、自ら考えてすべてを自己責任で行なう役割であるとの認識のほうがよいでしょう。

一方では社内のＰＭの権限と責任についていえば、上位、マネジメント側にも、体制が不明確なままに、責任だけを与えて、権限は一切ないようにしている面もあります。ＰＭはそのような場合、キッチリと提言の上、解決（Ｎｏ Ｅｘｃｕｓｅ）しておくことが必要です。

ベンチャーの社長の大切な仕事に「出資者との権限と責任の分担」という作業がありますが、企業内では、出資者＝経営者と考えると、ＰＭについても同じたぐいの大切な仕事の一つです。

第4章　まとめと実践ワークシート
プロジェクトとベンチャー組織

① プロジェクトの目的と管理とマネジメントの違い

管理（Administration） ⟷ マネジメント（Management）

（既存ルーチン組織・大組織など）　（新規ブレークスルー組織、小組織）

実践ワークシート① プロジェクトの目的と意味、体制は明確か？

- 目的は明確になっているか：
- 体制とステージは合っているか：
- マネジメントと管理は区別されているか：

② プロジェクト・マネジメントの理解

大企業の分業体制 ⟷ フラット体制プロジェクト

（モノ造り、ピラミッド体制）　（もの創り、フラット体制対応）

実践ワークシート② プロジェクト・マネジメントは行なわれているか？

- 現状のプロジェクト体制の分析：
- 既存の体制から隔離されているか：
- その理由と今後の対応策は：

③ 大学発ベンチャー企業とそのマネジメント

新技術だけで商品化？　兼任体制での経営？　不明確な顧客ニーズ？

（既存技術、製造技術等も必要）　（専任経営者とマネジメントチームが必要）　（時系列的なニーズのマイルストンが必要）

実践ワークシート③ 大学発ベンチャーの死の谷を越えるポイント

- 経営マネジメント人材は十分か：
- 市場価値主体になっているか：
- オープン・イノベーションとは：

展開編

第5章

プロジェクト・マネジメントの実際

費用とタイム・マネジメント、会議など

現場におけるイノベーションを目的とした場合、実践 MOT の実現の場として「プロジェクト型組織」は必須になります。まずは開発と事業化の間にある「死の谷」の克服を運営面として「ヒト、モノ、カネ＋情報（コミュニケーション)」からみていくことにします。

もともと死の谷は米国のベンチャー企業が当初の資金調達だけでは資金難に陥り潰れることを言いますが、このことが同様に開発・事業化へのプロジェクト・マネジメントの実践上の基本ポイントになると考えられるからです。

1 予算・費用の算出と確保

死の谷を超える条件は資金的マネジメント

開発・事業化のプロジェクトにおいては、初期予算、追加予算、また必要経費、売り上げ、補助金の獲得など、多くのお金に関するポイントがあります。まずはここの出入りの基本を理解しておきましょう。

研究、開発ステージから事業化ステージにはいるときに必要な資金量と、調達可能な資金についてのイメージを**図5-1**に示しました。

図にある「死の谷」とは、初期投資を必要量に比較して集めやすい（期待が大きい）時期が過ぎて、資金の絶対量が足りなくなる状態のことです。まだビジネスの先行きが見えない段階で事業化ステージに進もうとして必要資金が急増するときに、なかなか資金が集まらないことで生じるギャップが示されています。

死の谷を乗り越える予算マネジメント

死の谷を乗り越えるためには、一般的に以下のような3つの対応策が考えられます。

①**資金（予算）を多量に集める**：できるだけ初期資金を多めに集める、または国などの助成金、補助金の獲得を進めて死の谷への準備資金とする。

②**経費を削減する**：開発や事業化における必要資金を減らす。特に開発・事業化段階での設備投資は相対的に大きいので、まずは社内、つぎに大学や外部企業とアライアンスをすることによって設備を充足します。

③**売り上げを早く増大させる**：事業化ステージでの売り上げを早く実現することです。このためには開発ステージの時点であらかじめ顧客候補を明確化しておくことが重要です。

図5-2に具体的な対応イメージを示しました。死の谷の克服には基本的な経営努力が前提です。

図5－1　(日本型) 死の谷の発生(資金ショート) イメージ

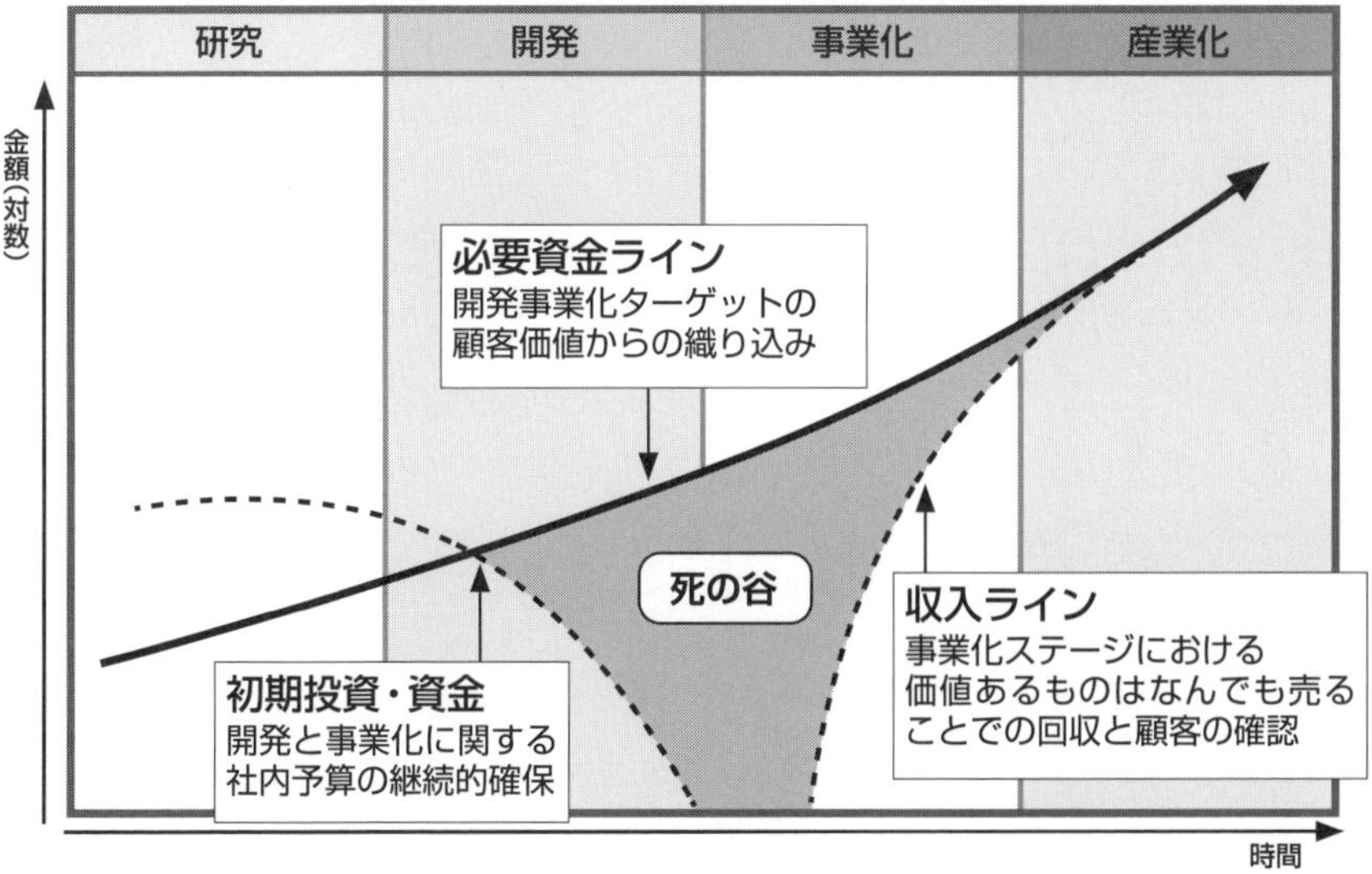

図5－2　日本型死の谷の防止(資金ショートを防ぐ)の考え方

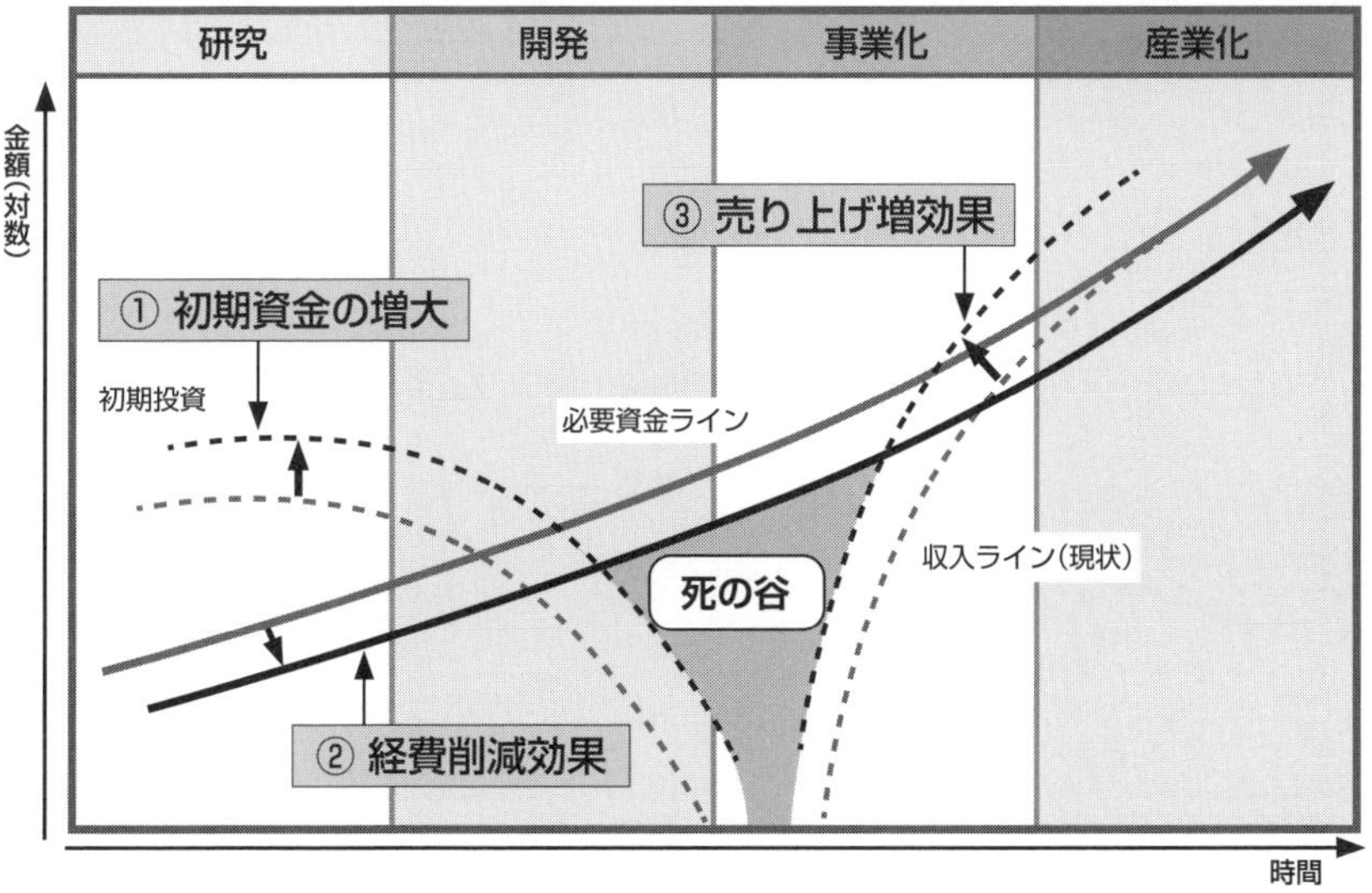

死の谷に対する追加の施策：必要資金シフトと収入シフト

死の谷の一般的な発生原因としては、事業化プロジェクトの運営に必要な資金量の急増に比べて、売り上げが予想外に伸びないということにつきます。

これに対応する新たな二つのポイントがあります（図5 - 3）。これらはオープン・イノベーション的発想と重なります。

第一のポイント（A）は、協創で必要資金量の減少をはかることです。具体的には評価、分析、製造などのインフラ系の設備は借用することです。このために公的機関、大学、社内、他社などの設備をはじめなんでも活用するというオープンな意識が必要になります。

第二のポイント（B）は共創としてあらゆる顧客価値を明確に対応して、開発を進めることです。公的な買い上げとか、社内・関連企業向けの確実な商品の開発と売り上げを確保することも大切です。

図5 - 3　死の谷を防ぐ各種具体的追加施策イメージ

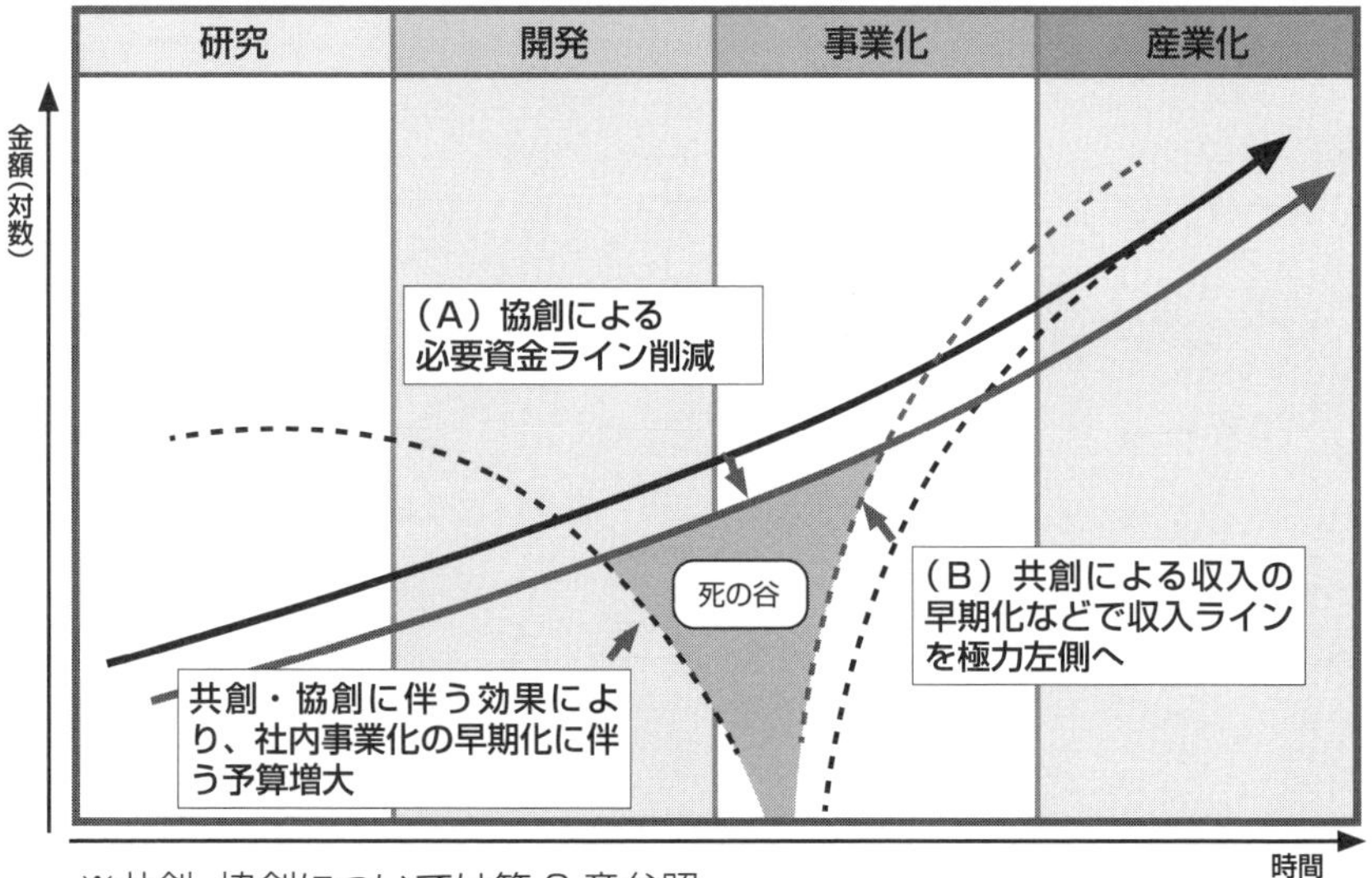

※共創、協創については第６章参照

2 ミーティング・会議の活用法

プロジェクトにおける会議（ミーティング）の意味

プロジェクトを運営するために社内外の会議は必要ですが、それは見方によればコストそのものです。

既存事業の支援を主としたターゲットが明確な時の会議では基本的なスタンスを変える必要があります。すなわち共有化と上意下達の会議から、皆で対等に知恵を出す会議への変化です。

不確定の中で効率よく行なう会議（プロジェクトミーティング）のポイントを整理しておきます。さらにいうと、会議の開催通知とＡＧＥＮＤＡ（議案）は一対のものです（**図５・４**）。

ＰＭはメンバーで何を議論して何を決めるかをあらかじめ明確にしておくことが大切です。会議の参加者には全員役割があり、それを書き物で渡しておくことも実務上必要です。

図5 - 4　既存組織とプロジェクトの会議――その違いのポイント

	目的	参加者	事前準備・議事録	会議の発言・コミュニケーション形態
既存の体制での会議	上意下達（周知徹底の場）	関連部署のメンバー（できるだけ多くの参加者）	・上層部が基本的な内容を作成、事務局が分担して伝える準備 ・議事録は開催の記録ということで、事務局が作成	一方向（わからないことがあれば質問、議論は少ないほうがよい）
開発・事業化プロジェクトでの会議	**不確定な未来の方向性や具体的な役割の決定**（決める議論の場）	**関係するメンバーのみの出席**（聞いているだけの人は出席不要）	・**主催者は明確なAGENDA（議論項目）を準備し、参加メンバーはそれに対する対案・データなどを用意して参加** ・**議事録はPMが作成、指示書となる**	**双方向の議論、コミュニケーションの場**（議論に参加しない人は出席する意味がない）

実際の会議のAGENDAの中身と準備

プロジェクトのマネジメントとは人・物（技術）・金の把握と対応といえます。限られた原資の配分と資源のフォーカスをどうするか、優先順位を合理的に実行することがポイントとなります。

まずは事前課題のリスト、すなわちAGENDAの重要性です。事前に①だれが、②何をどのように、③いつまでを明確化して会議に臨む必要があります。**図5-5**にはその具体的な内容とポイントを整理して示してあります。

このときPMは自分の判断だけでなく、実行担当者のプロジェクトメンバーからの報告・見通しを重視することが必要になってきます。メンバーの資質の把握は大前提であり、メンバーの希望的観測に基づいた業務遂行については注意が必要です。特に曖昧な答えの本質を見抜き適切なフォローアップをとることは双方にとって大事です。

議事録の作成はPMの責任であり、単なる記録ではなくプロジェクトの指示書と心得るべきものです。誰がどういう分担で何日までに責任を持って何をするかということを明確にしていない議事録は意味がありません。

会議における市場と技術的課題と期限などの扱い方

市場と技術については、プロジェクトメンバー各自の思いがあり、まず事実関係を明確にしておかないと議論ができません。人によってデータの前提条件、結果の認識がバラバラのことがあると思うべきです。

課題が難しい程、価値は高いことを理解することが基本です。また自分だけで解決しようとしないでパートナーの積極的利用も必要になります。

図5-6には開発ステージと事業化ステージそれぞれでの市場課題、技術課題の捉え方とプロジェクトでの対応を整理しています。

いずれにせよ、各ステージに応じて、将来の目的を共有化して、皆で知恵を出し合い、顧客価値を実現することが、市場創成＋最小限の技術開発となります。

図5-5　AGENDAの準備とその内容のイメージ

	項目	内容	ポイント
会議へのAGENDA	①だれが（役割）	PMは出席者とその役割を明確にする	必要な人だけ、必要な部分だけ出席させる
	②何を、どのように（進捗）	何を議論していくか、それぞれ明確なデータをベースにして事前にイメージしておく	本当に必要な会議・ミーティングか事前によく検討し、流れをイメージしておく
	③いつ、どこまで（結論）	何を決める会議か明確化してから、どうしても必要なときだけ開催する	会議での決定・周知事項はプロジェクトにおいての指示・共有・コミット事項となる

図5-6　会議における市場と技術的課題の捉え方と対応

	市場課題の捉え方	技術課題の捉え方	プロジェクトでの対応
開発ステージ	まだ存在しない潜在市場が第一。イノベーター市場を狙って対応する	未踏・先端技術をベースにその実証と実用化に尽力する。 既存のハイテクや基盤技術との組み合わせも考慮する	顧客価値視点でどこまでできるか、技術の可能性について見通しを明確化しておく
事業化ステージ	先駆的なイノベーター市場と、ビジョナリーのいるアーリー・アドプター市場に対応していく	実証された技術を顧客価値とつなげる。 社内外のハイテク、ローテク（基盤）技術を組み合わせることで現実化する	各レベルの顧客のニーズを熟知して、提供できる内容（性能、費用、納期など）を時間、空間的に明確化していく

3 スケジュール管理と必要なポイント

プロジェクト・マネジメントでは時間管理が基本中の基本

一般的なプロジェクトのアクションプランとなるスケジュールに関しては、ガントチャート、PERTなど多くのスケジュール管理の方法（プロジェクトにおける時間管理手法）が開発され利用されています。

しかし開発・事業化のマネジメントでは不確定性が高く、なかなかスケジュール通りにいきません。このためロードマップとかビジネスプランを用いて、自分でマイルストンなどを工夫しながらフレキシブルな適用が必須です。

世の中にはプロジェクトの進捗管理を効率良くおこなうソフトウエアも多数あります。しかしイノベーションのような試行錯誤に向いていない場合も多いので、必ず自分で使って試したうえで用いるようにしたいところです。

ロードマップ、ビジネスプランからスケジュールへの落とし方

ロードマップ、ビジネスプランの時間軸への展開は、時間短縮がお金に直接つながることに注意が必要です。

このため具体的には、全体のロードマップ（スケジュールになる前）は必ずPMが自分で作ることが必須です。事前にロードマップにおける達成目標（ターゲットとマイルストン）を経営者などと共有化します（図5-7）。

次に予算配分権を持っている相手と、そのギャップをうめるべく、リソースの配分を受けたところがスケジュールのスタート点になります。ここはプロジェクトではPMが明確に定義します。

予算とスケジュールの会議における共有化

予算の使用状況（金額・内容）は常にプロジェクト

図5－7　ロードマップ、ビジネスプラン、スケジュールの視点とプロジェクトでの役割

	作成目的とスパン（時間軸）	プロジェクトにおける活用のポイント
ロードマップ	3～10年 （未来やマイルストンの共有化）	未来のターゲットからの視点（バックキャスト型）。 リソースを獲得するまでのギャップがあるものと、すでに配分を完了したものがある。 しっかり未来を見つめるメンバーと共有する。
ビジネスプラン	3～5年 （事業計画）	リソースの配分を受ける前のビジネスプラン（提案版）と配分を受けた後のビジネスプラン（約束、コミット版）の2つがある。 事業化の内容を明示してコミットしていく。
スケジュール	日にち単位から、月、年、数年から5年単位まで （アクションプラン）	現在からターゲットをみていく視点（フォアキャスト型）。 時系列的なコミットを明確化し個別の課題を解決していく。

メンバーで共有化することで費用削減の意識が高められます。調達の依頼、管理についても、何がいくら必要か、その調達は誰にどのように依頼するかを皆で明確にしていくと、遅れは少なくなります。

特に、中長期の5年（ロードマップレベルやビジネスプランのレベル）は、リソースの配分などの面で中途半端な場合も多く注意が肝心です。まずは2～3年（中期スケジュール）、1年（単年度スケジュール）の短中期のものを作ることが大切です。

現実的なスケジュールの管理・対応は、一カ月、半年、1～2年（プロジェクト全体）単位での作成、改訂を行なうことで、今何をやるべきかという共通意識が高まります。PMはスケジュール表の修正にはメンバー全員の承認を取り、徹底をはかるべきものです。

スケジュールは最後は日にち単位まで細かくなりますが、何回か行き来して担当者責任も明確にしていくことが必要です。メンバーは自分のなかのイメージづくり、メンバーとしての目標・戦略・戦術の共有化、周囲・上司への説明資料にして一石三鳥としていきます。

4 各ステージでのマイルストン設定と開発・事業化

マイルストンの設定とリスクマネジメント

不確定・不確実性の中で次へ進む橋頭堡として、マイルストンは唯一の道しるべであり、経営層、同僚・メンバーへの共有化とリスク回避というマネジメント上の基本ツールとなります。

各ステージにおけるマイルストンの設定が、メンバーの努力目標の達成と遅延防止のための現実的な方法にもなります（**図5－8**）。

定期的、継続的なプロジェクトミーティングにおいて、メンバー全員のマイルストンの明快な理解が必要です。このことで次のステップの意思決定や予算配布・支払いの迅速化につながるツールとなります。

研究のマイルストンと開発・事業化のものは違う

よく「研究開発におけるマイルストン管理」という

図5－8　事業への4ステージにおけるマイルストンの意味

ステージ	基本的な考え方	ロードマップでの活用	ビジネスプランとの関係
研究	希望内容と期待するポイントを表示	技術の可能性を明確にする	事業への可能性を明確化する
開発	リソースの分配の獲得と次への展開をするポイント	ベネフィットを明確化する	開発の進み方と顧客を明確化する
事業化	顧客や市場の動きを確認しながら次への判断をするポイント	機能と仕様を明確化する	資金と必達、事業の進み方を明確化する
産業化	事業到達規模を明示するポイント	売り上げ／利益を明確化する	事業撤退も視野にした進み方の判断を明確化する

表現が使われます。しかし、研究と開発の区分けができていない場合でのマイルストン設定作業には十分な注意が必要です。よくある失敗ケースとして、実際にはまだ開発に移っていないのに、研究から開発ステージに入ったということにして、強引なマイルストン管理で研究をコントロールしようとすることがあります。

開発マイルストンの設定段階では、すでにマーケティングにより顧客ベネフィットが明確になっていて、顧客ニーズによる仕様とつながるのが理想です。

事業化のマイルストン設定は顧客の求める商品ベースとなりますが、そのうえでプロダクトライフサイクルにもとづく顧客の購買ステージに合った設定が求められます（図5‐9）。

プロジェクトでの開発スケジュールのリスクヘッジの例

開発・事業化プロジェクトの評価基準はマイルストンの達成・突破です。

この目標は現在のレベルを連続的に引き上げるだけでは達成できず、ブレークスルーによる不連続なレベ

図5‐9　開発ステージ、事業化ステージにおけるマイルストンの意味

ステージ	マイルストンの意味	マイルストンの設定と対応
開発	開発品の技術的完成度をベースとする。 その機能達成度の基準は顧客価値（ベネフィット）をブレークダウンしたものとする。	マイルストン設定段階ですでにマーケティングがある程度済んで、顧客ベネフィットのターゲットが明確になっている必要があります。 開発のマイルストン設定とは顧客ニーズによる仮仕様設定そのものです。
事業化	顧客価値にあった製品仕様であること。 その顧客の質やカテゴリーを区別した時系列的な扱いが必要。	プロダクトライフサイクルを熟知したうえで、イノベーター、アーリーアドプターなどの顧客のステージにあった商品のマイルストン設定が求められます。

ルの突破が必要となる場合がほとんどです。逆にいうと、ブレークスルーが不要な開発プロジェクトはイノベーションではないといえます。

ＰＭは、このような不連続のレベルに対する引き上げの必要性をきちんと把握して、そのリスクに対する手をあらかじめ打つことが必要となります。具体的なリスクヘッジの方法は代替案をいくつか用意しておくことです。

図5 - 10には求められる技術へのブレークスルーのレベルに対するリスクマネジメントの例を示しました。

想定されるプロジェクトの達成レベルには、理想的な目標（パターンＡ）とマイルストンの最低限の目標（パターンＢ）が存在します。どちらの場合でも何がしかのブレークスルーが必要となります。

その一方で、最悪の場合にそなえて迂回路をちゃんと準備する（パターンＣ）のです。ここでは自社だけではなく世の中の技術を集めることで達成できるように工夫することがポイントとなります。

図5 - 10　プロジェクト・マネジメントのリスク管理（開発技術の例）

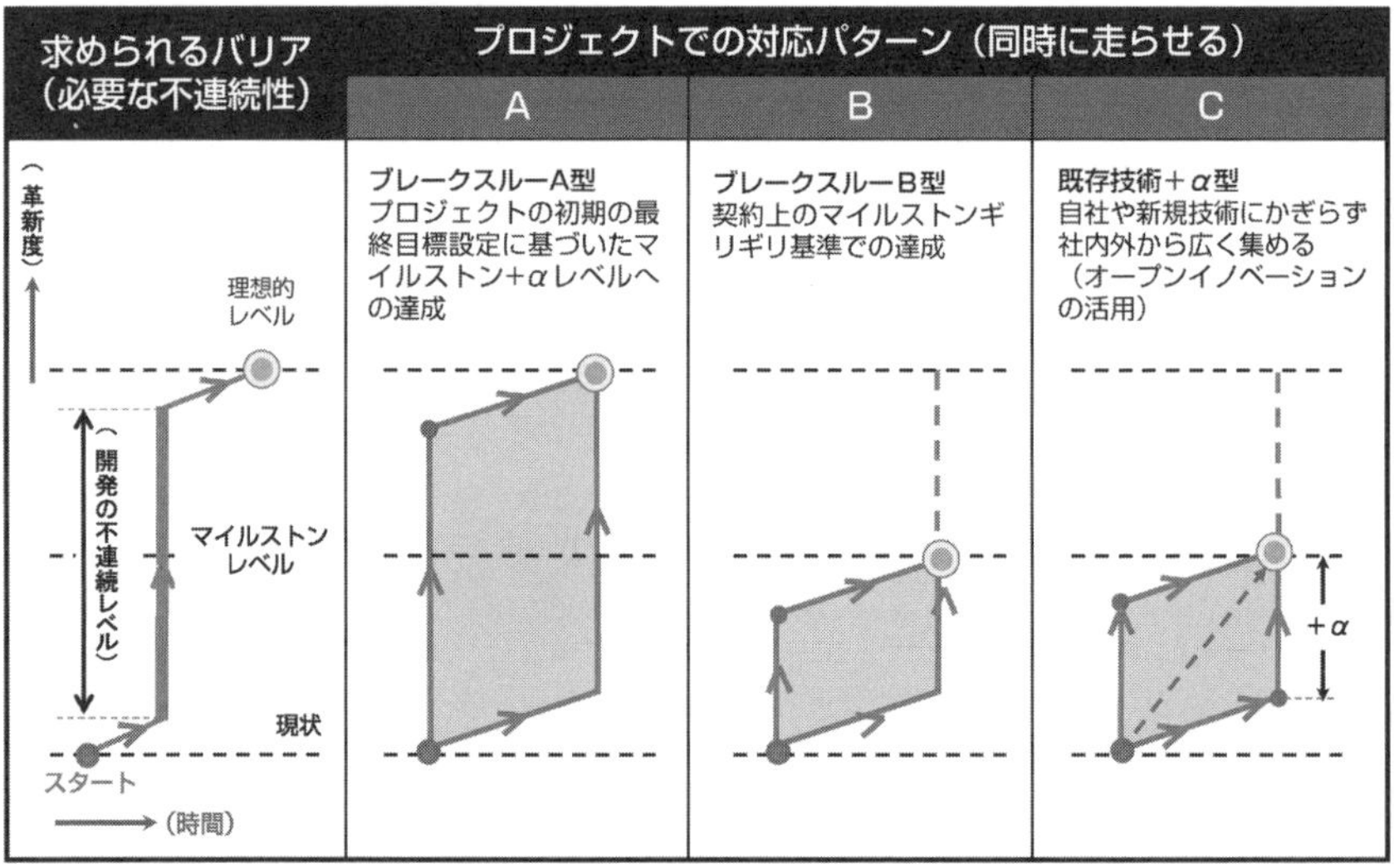

5 プロジェクト・マネジャーの勘所

PMの業務：組織・体制などの環境整備、権限と責任

プロジェクトで最も大事なのはプロジェクトの責任者（プロマネ、PM）の役割です。その仕事は〝No Excuse〟であり、自分がすべての結果に全責任と権限を持って事に当たる意識（誰も自動的に助けてくれない）が基本です。PMの業務内容は、**図5-11**にのべる3点です。

PMは自分でリスクをとる覚悟が必要ですが、それができにくい場合もあります。この場合でも、あきらめずに「責任と権限が一致した体制」を継続的につくっていくことも仕事です。

開発と事業化は不確定要素が非常に多い業務なので、舵取りが臨機応変にできるように全体を見回し、かつ敏感に全体の動きを感じることがPMの仕事となります。また、業務に不連続的な要素が多く、メンバーに

図5-11　PM(PL)の基本的業務

① 戦略・ビジョン策定と周知徹底

② 組織・体制などの環境整備

③ 人材・人事の配置、育成と評価

とっても不安要素が多いということであり、ＰＭは常に明るく楽観的にふるまうことが大切です。

課題の発見と対応：人、金、スケジュール

開発から事業化ステージでの最大課題は不確定さの克服です。

まず技術面での対応として、課題が多く難しい程、付加価値は高いということを常に意識することが大切です。そして自分だけで解決しようとしないでパートナーの積極的利用を行ないます。

メンバーのベクトルの一致、把握、補充、除外、調整もＰＭの責任です。適材適所の判断は早い手が必要で、手遅れはＰＭとメンバー双方が不幸になります。先手をとった手配で、言い訳を許さないマネジメントになるのです。

予算の調達・管理については、いくら必要か、その調達は誰にどのように依頼するかを明確にすることが重要です。関連してスケジュールの管理・対応として1カ月単位、半年、1～2年（プロジェクト全体）の作成、改訂を指揮します。

以上の点は**図5‐12**に整理してあります。

開発・事業化のマネジメントとは：進み方と進め方

プロジェクトにおいては、「きっちりやること」が重要ではなくて、「ちゃんとやること」が大切です。ちゃんとやるという意味は結果を大切にする「マネジメント」を意味しています。

この「ちゃんとやること」の意味について解説しましょう。マネジャーはプロジェクトの「進めかた（HOW　TO）」ではなくて「進み方（WHAT、WHY……）」を見ていくことが大切になるということです。これは言葉でいうと簡単ですが、実際にはＰＭだけではなくメンバーも努力し、さらにセンスと勘も必要になるのです。

そのポイントは**図5‐13**にまとめました。企業内のプロジェクトでは顧客対応と同程度に社内のリソース配分・活用に留意するべきです。

図５-12　PMの業務としての人材と費用、スケジュールの勘所

課題	基本的な考え方	PMの具体的なオペレーション
ビジョンと人材のマネジメント	メンバーの把握、補充、除外、ベクトルの一致、調整、課題の発見、解決まではPMの責任	メンバーのベクトルが揃っていないと大きな障壁となるので、メンバー間の目標の違いをなくしていく
予算の管理・調達	予算の調達・管理：いくら必要か、その調達は誰にどのように依頼するか明確にする	組織における資金、予算のキーパーソンの把握と交渉、その責任と権限の一致
ロードマップの共有化とスケジュールの作成	ロードマップの作成と周知：マイルストンまでのスケジュールの作成、改訂の指揮	最終ターゲットとマイルストンの共有化を十分に行なう。スケジュール表の修正、短期修正などはPMが率先して行なう

図５-13　PMのプロジェクトの進め方への対応ポイント

		要点	具体的なマネジメント対応
①	顧客対応	自分で顧客の生の声を聞き、市場から直接情報を得る	市場動向の直接的な知識を得ることは競争優位性の確保において最大の自信と力になります。PMが客とまともな話ができなければ、プロジェクト全体でも智恵も出ないし、開発・事業化プロジェクトの戦略策定もできないのです。
②	社内のリソース対応	限られた原資（人、技術、予算など）の配分とフォーカスを行なう	PMは前向き（投資、消費）と後ろ向き（節約、切り捨て）のリソース配分のバランスをとることが大事です。これを会社やプロジェクトのメンバーにも理解させることがモチベーションの維持に必要となります。

コラム5

事業化のための開発マイルストンの実務例

開発プロジェクトでは、到達すべきマイルストン（MS）を仕様として明確にしていきます。以下に大企業とベンチャー企業間で行なった具体的なマイルストンの例として、開発期間18カ月、受託費用総計800万ドル（開発費600万ドル、ライセンス料200万ドル）のモデル例を示します（この事例は筆者の経験例のイメージです）。

①　契約と支払いの全体像とそれぞれのマイルストン（MS）の内容

（Ⅰ）MS0　100万ドル：契約発効時、契約金

「開発はリスクをともなうもの」との認識が依頼側、受託側の企業に共通の認識。契約金としてのリスクマネーは先払いとなる。

（Ⅱ）MS1　100万ドル：10週間後、中間進捗報告（具体的なマイルストン設定はない、契約金の後払いのようなもの）

MS0とMS1はベンチャー企業にとっては、部品発注や人件費などの開発をスタートさせる上での最低限必要な前受け費用となる。

（Ⅲ）MS2　150万ドル：5カ月後、システムレイアウト・設計完了

5カ月後のMS2で、実質的に最初の評価を伴うMSの達成判断を行なう。この段階で実際の装置外観図面やシステム設計図、安全仕様、重量配分などのデータが出てくる。ほとんどの部品のベンダーの選定などが完了し、一次のベンダーリストができている必要あり。この段階からターゲット仕様の試験内容などの打ち合わせが始まる。

（Ⅳ）MS3　50万ドル：9カ月後、システムの組立て完了

装置部品のハードを含めたシステム関連図（ファミリーツリーと呼ぶ）をベースに全部の部

品がそろっていることを確認する。部品などの納入の遅れ、対応状況や全体の再調整なども可能となる。

(Ⅴ)MS4 50万ドル:12カ月後、ハードの完成と手動運転完了

判定基準は、ハードの完成とマニュアル運転の完了報告。手動運転の結果、もっとも大切なコア技術のプロセス部分の性能を確認していく。また最終仕様の確認書としてターゲット仕様の試験方法についても合意する時期である。

(Ⅵ)MS5 50万ドル:14カ月後、自動化調整運転実施(開始)

完成に近づき、マイルストン確認の頻度が上がる。自動で装置を動かして、双方で合意した最終のターゲット仕様の確認を行なう時期。仕様をクリアしたかどうかは大変重要なポイントとなる。

(Ⅶ)MS6 100万ドル:16カ月後、耐久テスト開始、データをだして18カ月で完了

マラソンテストの段階。依頼側にとっては実質上最後のチェックポイントであり、これ以降は実質的に改良ができなくなる。確認しながら、ソフトやハードのバグをどんどん手直しして、貴重なデータが集積されてくる時期。

(Ⅷ)MS7 200万ドル:18カ月後、ライセンス料(完納後、出荷)

最後の出荷前のチェックです。マラソンテストでの課題抽出に基づき、その対策などを十分に検討し最終性能を確認して検収とします。ライセンス料を実際に払った後、製品の工場出荷となる。

②言いわけを許さないマイルストンと即時の費用支払い

マイルストンが達成できないときには、契約により受注側の責任は明確で費用支払いがストップされます。一方で、発注した方も見る目が甘かったと社内で問題になることも多々あります。このため、双方に万全の目配りと言いわけを許さないマネジメントが必要となります。

第5章　まとめと実践ワークシート

プロジェクト・マネジメントの実際

① 死の谷を克服する基本とマネジメント

死の谷を越えるマネジメント → ①経費削減 ②資金獲得 ③売上増大

（製品：技術ベース）→（商品：市場ベース）

実践ワークシート①「死の谷」についてシミュレーションをする

- 直面する「死の谷」とは：
- 課題は何か：
- 対応方法は：

② マイルストンとスケジュール管理

ロードマップのマイルストン ↔ スケジュールの目標管理

（バックキャスト型の共有目標）　（フォアキャスト型の必達目標）

実践ワークシート② ロードマップとスケジュール（アクションプラン）の使い分け

- マイルストンは明確か：
- スケジュールはマイルストンとリンクしているか：
- コミットすべきは何か：

③ ＰＭの役割と勘所は

ヒト：人事 ↔ モノ：市場と技術 ↔ カネ：獲得と配分、節約

（全体のマネジメントとコミュニケーション）

実践ワークシート③ ＰＭの具体的なアクションプランは？

- 人材マネジメントのポイントは：
- 市場と技術のポイントは：
- 予算の獲得とマネジメントは：

展開編

第6章

オープン・イノベーション(O.I)のマネジメント

共創と協創

かつての日本が得意であった「自前主義」だけではイノベーションは生まれにくくなっています。なぜならば商品や事業のライフサイクルが短くなっていることに対応したすばやい顧客価値の実現が求められるからです。

オープン・イノベーション（O．I）とは単に一緒に開発や事業化を行なうことではありません。外部と一緒に知恵を出して新しい価値、すなわちイノベーションを一緒に起こす・やり遂げることです。この結果として達成スピードが速くなり顧客満足度が上がったり、費用低減などの効果があるのです。

ここでは共創と協創ということを明確にして実際のプロジェクト・マネジメントに役立つ視点で整理していきます。

1 新事業展開とO.Iの必要性と位置づけ

オープン・イノベーションの必要性：共創と協創

オープン・イノベーションには共創（顧客と一緒に新しい価値の商品をつくる）と協創（アライアンス相手と価値ある製品をつくる）との2種類があります。

企業収益の源泉が、顧客価値を商品・サービスとして提供するという「（プロダクト）イノベーション」の時代になりました。その実現には、自社や自部門だけの取り組みだけではない手法として「オープン・イノベーション（O.I）」が求められています（図6-1）。

分担・協業の時代から共創・協創への変化

自前主義（クローズド・イノベーション）の時代においても、自社内にないリソースを外部に求める取り組みはなされてきました。しかし、それは明確な作業仕様を指示・実行する「分担・協業」となっていたのがほとんどです。

分担・協業とは、例えば商品実現に必要な原材料や部材を外部から調達したり、効率や費用上から試作や製造を仕様を明確にしたうえで外部企業に発注・委託する場合です。

顧客のニーズが明確であり、それに応える商品をその要求仕様通り、間違いなく迅速に作れば良かったときは、このような分担が成り立っていたのです。しかし、商品として何を作るのか不明確のときは、試作品といえどもやみくもに作るわけにいきません。顧客に受け入れられる「顧客ベネフィット」を明確にする必要があります。

顧客ベネフィットは、個別の顧客ごとに異なる価値を考えていくことが必須となります。そのためには、プロジェクト側で、それぞれの顧客を良く知り、顧客自身が気づいていないニーズの掘り起こしから行なう

図6－1　オープン・イノベーション：共創と協創の進化イメージ

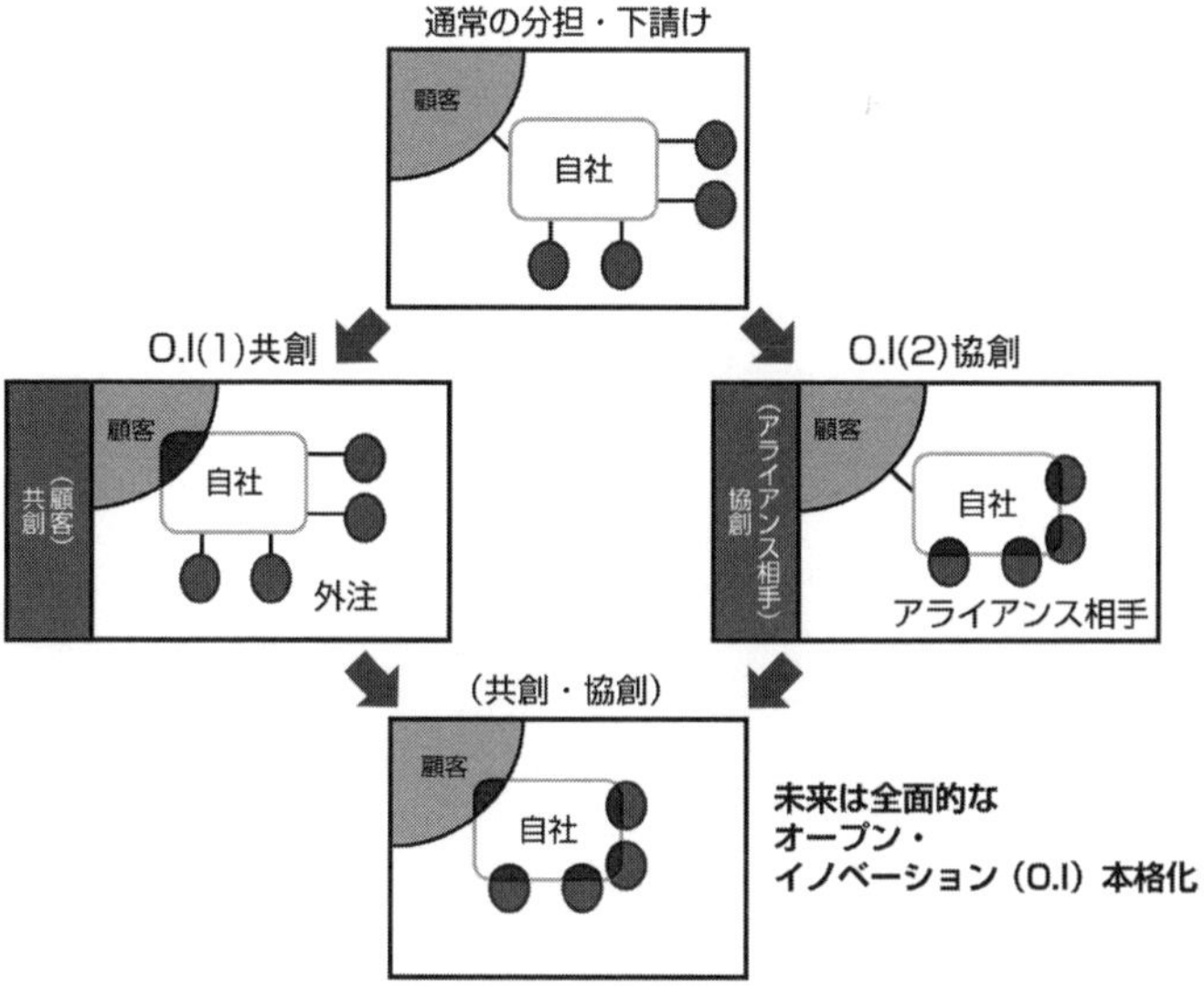

図6－2　オープン・イノベーションの位置づけ

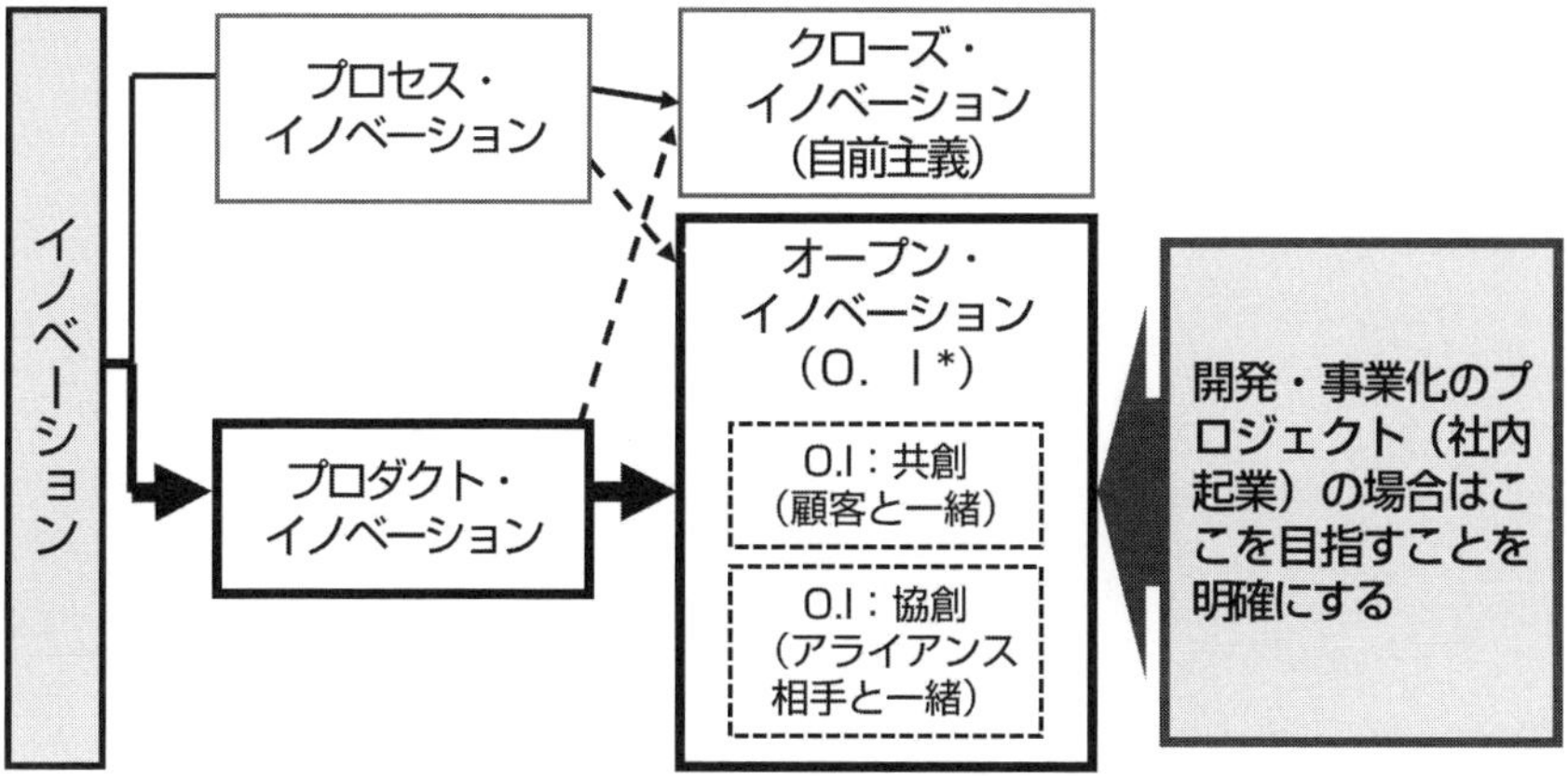

（※単なる役割分担としての委託・下請けなどは含まない）

必要があります。

それを実現するために必要な技術を自社で新たに開発するよりは外部に求めます。より積極的に外部の相手（大学や公的研究機関、ベンチャー・中小企業から大企業まで規模とは関係なく企業）とアライアンスを組みながら価値を「協創」することになります。

いわゆるアライアンス相手との連携による価値協創です（**図6‐2**）。

オープン・イノベーションの位置

近年は技術の進歩が極めて速く、ひとつの技術の変化がビジネス全体を変えてしまう時代です。そのためスピーディな「新製品・新商品の開発が重要」であり、そのためのO．Iの必要性が再認識されています。
O．Iの前提は自分の立ち位置（ポジショニング）を明確化することです。現在では優良企業の多くは業種によらず、自社の得意な分野とステージを絞り込みつつ収益を出しています。プロジェクトの場合でも同様で、ＰＭは全体をライフサイクル的に考えていくものです（**図6‐3**）。

アライアンス相手を探索する場合に最も大切なのは、自社の立ち位置と、補完関係にあるアライアンスの内容・目的の特定です。これを間違えると双方の補完どころか内部競合を起こしてしまい、アライアンス相手との関係はＷＩＮ‐ＷＩＮにならないで、破綻します。

図6‐3　期待されるイノベーションの役割、その PLC 上の位置づけ

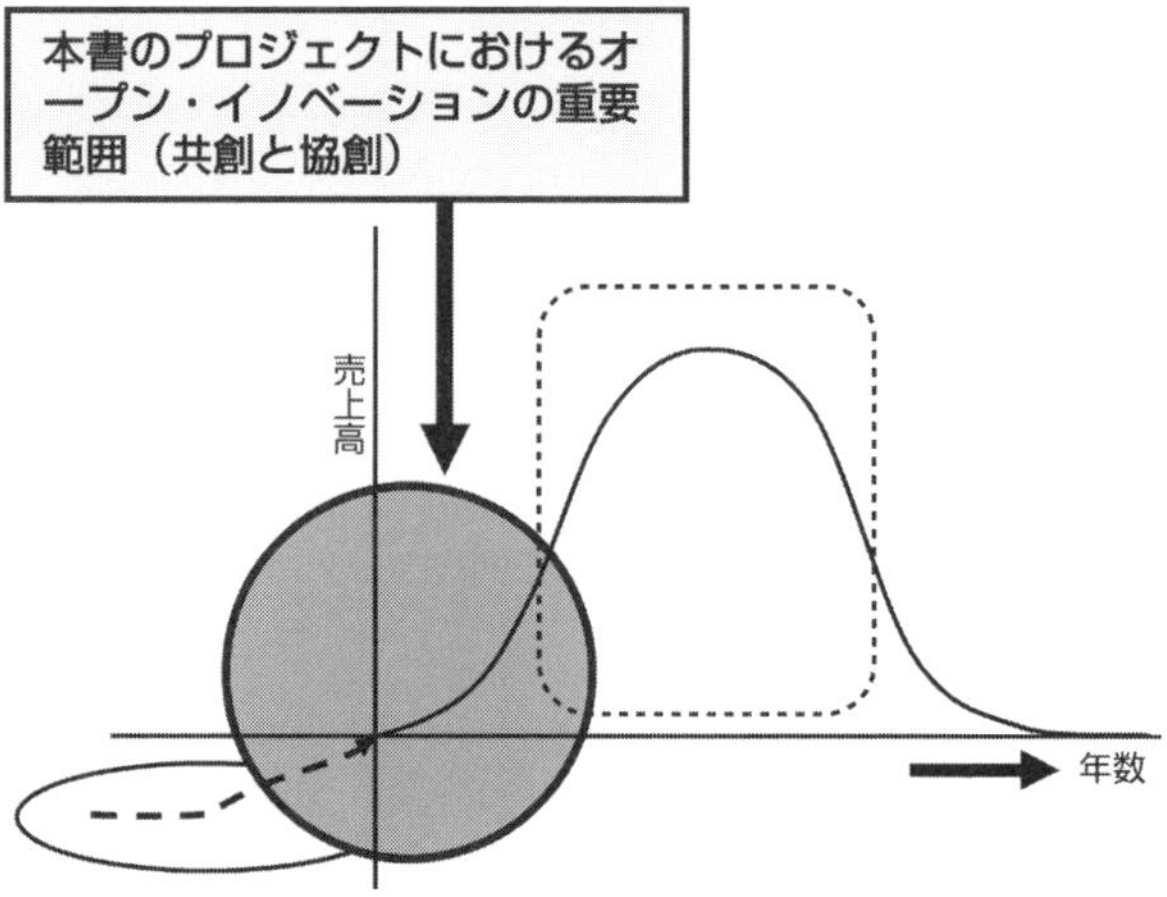

2 プロジェクトにおける補完・分担関係

プロジェクトにおけるO.Iの意味再考

大きな企業の既存事業では役割分担によって効率を追い求める体制にあるので、視野が狭くなる傾向があります。しかし新規事業推進部署としてのプロジェクトでは既存の枠組みから市場、技術ともにはみ出すことが求められ、またそれができなければ意味がありません。いわゆる多様性の確保ともいいます。

そのためにはPMとメンバーは、普段から、少しずつでも自分の空間や時間軸を広げておくことが大切です。まずは広い視点（魚眼・鳥瞰）をもつことが肝要で、その視点でもって全世界から共創や協創の相手を探し、コミュニケーションする必要があります。

このようなプロジェクトにはO．Iを組み込むことによって、コミュニケーションのスピードや顧客価値の理解を得られます。従来の組織での考え方を乗り越えるうえで大きな意味を持ちます（**図6-4**）。

図6-4　プロジェクトにおけるオープン・イノベーションの意味

費用（コスト）
- 全費用を考えると社内の場合の1／2ですむ
- マイルストン未達のとき随時に中止できる

人材（専門家）
- 専門家集団であることが原則
- 人材の移動は頻繁に起こる
- オープンな起業家精神そのもの

スピード（納期）
- 社内の場合の1／2の納期で完成させるのが目標
- 言い訳を許さないマイルストン管理

コア技術の保有権
- 明確な権利の移転契約
- コア技術と周辺技術の明確化とドキュメント化
- きちんと確保される

時系列的なアライアンスの典型例

新規事業展開としては、企業内起業としてのタイミングを逃さない開発投資やアライアンスなど数多くの新たな経営的意思決定が必要です。

このとき、必要な変化に対応した意思決定のスピードを持つのは、プロジェクト体制でなければほとんど不可能といえます。

図6-5に事業成功への時系列である各ステージごとに必要なアライアンス相手の例を示しました。その必然性は開発ステージと事業化ステージに集約されてきます。

アライアンスの双方とも、事業性としての顧客価値や各ステージごとの目標と方法論の違いについて、共通認識を持つことが大切です。

もちろんビジネス展開という意味では、各社各様のさまざまな展開の可能性がありますが、その中でも、典型的な例を示してあります。

空間的なアライアンスの典型例

通常、アライアンス相手は必要性があって探すものです。新事業開発をターゲットにすると、自社の持つ原資からのスタートというよりも、まずアライアンスの存在が可能かによって新規展開の判断をすることもあります。このように戦略的な判断をする必要も起こってきますので要注意です。

ここではアライアンス相手との空間的な補完関係を3種類に分類した考え方を**図6-6**に示します。この図はアライアンスを探す・組む場合に「どことおこなうか・しないか」という判断のベースとして筆者が考案し実際に使ったもので、プロジェクトでのポイントも付記しました。

この連携パターンは各種の組織間の典型的な相互関係を示しています。人間同士の関係でも同様のパターンがあるといわれています。

図6-5　アライアンス相手と開発・事業化ステージをターゲットにする

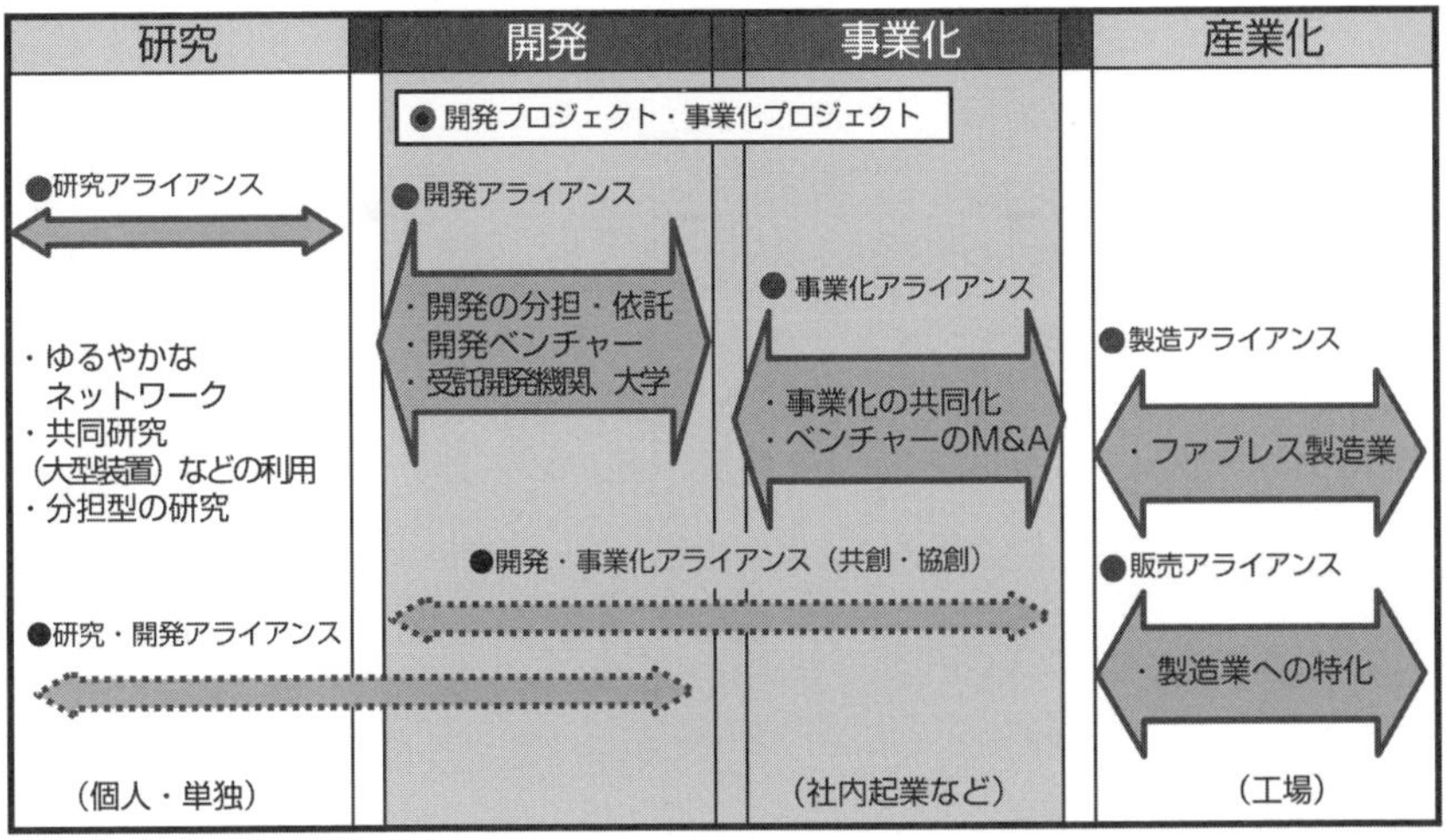

図6-6　プロジェクトにおける技術をベースにした事業化への連携パターン

	実行者	（1）補完型パターン（TO FILL）	（2）共同展開型パターン（TO ADD）	（3）新規展開型パターン（TO CREATE）	プロジェクトでのポイント
商品の最終イメージ	プロジェクトや産業界（企業）				協創としてプロジェクトがリードして行なう範囲
共同研究や開発の成果	（共同作業範囲）				協創としての途中の共同で行なう範囲
補完すべき技術リソース	大学やベンチャー企業				相手の所有する技術シーズそのものの範囲

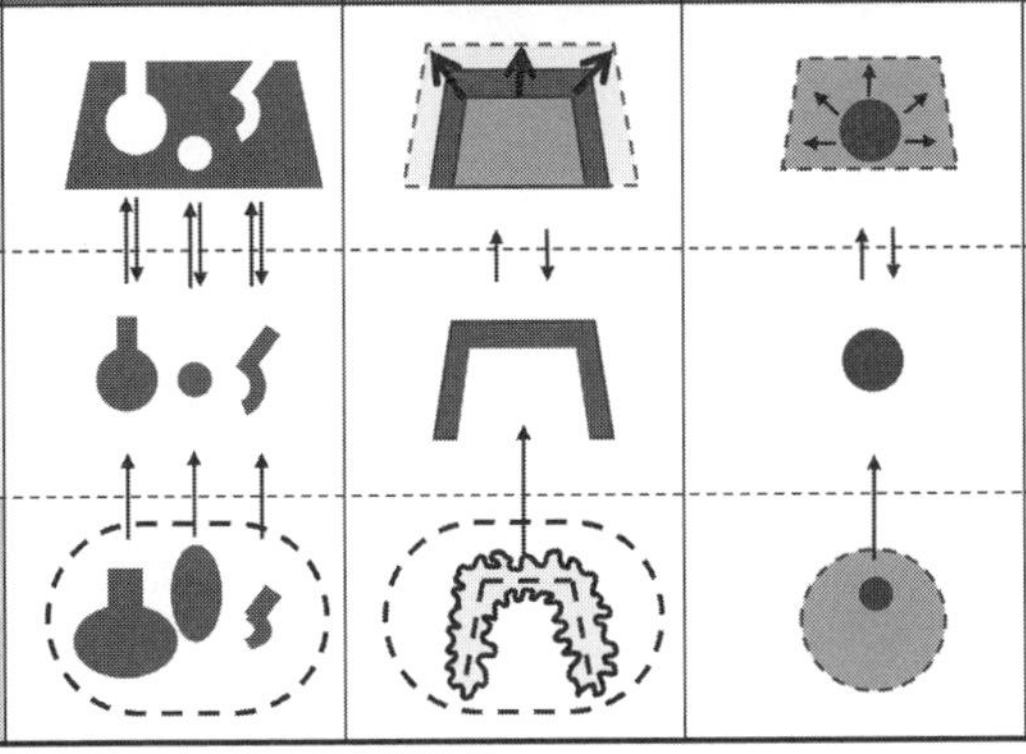

3 パートナー型での信頼関係

オープン・イノベーションにおけるパートナーシップ

プロジェクトを進めていく上で重要なポイントは信頼関係になります。そのためには、①共同して物事を進める「重なり」を増やすこと、②進捗が思わしくない原因を相手側に押しつけないこと、さらに③立場を超え、相手の立場で考える（比率を上げる）という基本的な姿勢が大切です。まさに共同（一緒になって）、協働（役割を越えて考え・動く）することです。

大切なのは共創していく顧客との間や、協創していくアライアンス相手（企業）との間において共有スペースをつくることです。これが2つの組織の間のオープンな「インターフェース」となります（**図6-7**）。この考え方は社内同士でも同様に重要です。

大企業におけるプロジェクトのソルーションと信頼関係

大企業のよさを生かし、かつよくないところを排除するシステムがプロジェクトやコーポレートベンチャーの仕組みであると述べてきました。この特徴を企業規模別に、イノベーションを起こすMOTのキーワードの観点から比較したのが**図6-8**です。

課題は企業の責任者がマネジメントの違いを意識できるかどうかにあり、実務的には信頼関係とは「約束を守る」こと、「レスポンス」をきちんとすることに集約されます。

プロジェクト・マネージャ（PM）としての相手との対応

信頼関係に関係して、PMの重要な視点を4点列挙しておきましょう。

図6－7　オープン・イノベーションにおけるパートナーシップとインターフェース

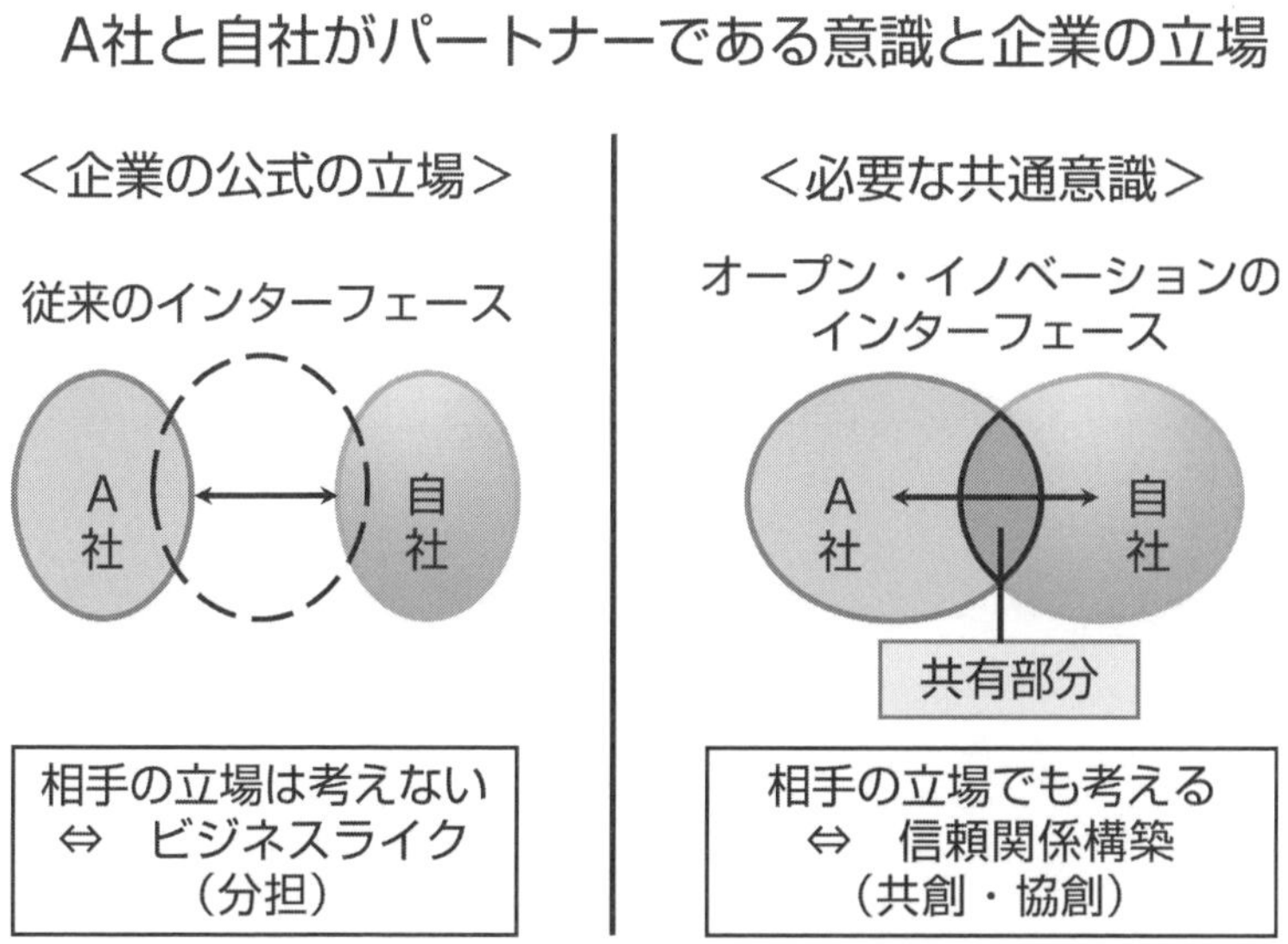

図6－8　MOTのキーワードと企業内起業によるO．Iのソリューション

		起業家精神	スピード・体制		イノベーション（プロダクト）	アライアンス戦略	知財戦略	ニッチマーケット対応（～30億位）
			意思決定	開発マネジメント				
大手企業	現状	×	×	△	△×	△×	○	△
	O.I実施	○	○	○	○	○	○	○
		開発・事業化のプロジェクトの目標レベル						
中小企業	開発型	○	◎	◎	○	○	○	◎
	下請型	○	○△	△×	△×	△×	×	○△
ベンチャー企業（理想形）		◎	◎	◎	◎	◎	◎	◎

※伝統的な大企業の例

①開発者の視点を失うな：

たとえば「これだけでは不十分だ、これでは（会社に）説明できない、データが足りない」というスタンスではだめです。「よくぞ、ここまでやった」との開発者の視点で対処することが重要です。相手の成果は謙虚に認めたうえで、色々な疑問点を明確にしていく態度が信頼関係を築きます。

②技術課題への対応：

特に技術課題が多く、難しい程、考え方によっては価値は高いことを重視することです。ただし顧客とリンクしていることが前提です。また、課題は自分だけで解決しようとしないことも大切です。ここでパートナーの積極的利用と信頼関係が必要となります。

③市場課題への対応：

不確定な市場については、正解はありません。時間的なタイミングは顧客でもわからないことが多い出来事だからです。だからこそPMは、自分自身の目と足で、顧客・市場を全体と個別に判断して率先して自分の意思で決めていくことが最重要となります。

④プロジェクトのパートナーとの信頼関係構築：

実はこれが一番大切なのです。そのポイントは、常に要求ばかりするものではありません。それがないと、プロジェクトは進まないのです。共同プロジェクトの場合には双方が相手の立場に立ちすぎる位で丁度良いのです。

4 産学連携とそのマネジメントの勘所

プロジェクトにおける産学官連携の意味と役割

企業と大学が目的を共有化して欠落空間を補うのが産学連携（協創＝アライアンス）の基本です。

プロジェクトが新規事業展開に踏み込んだ場合、革新的な分野であればあるほど技術シーズが不足します。この不足分を効率よく大学から調達できれば企業は事業化への開発スピードが上がり、結果として顧客価値も上がるというメリットが生じます。

しかし、単なる役割分担では昔からの共同研究と変わらないことになります。分担型の共同研究や開発でイノベーションを起こそうとすると、必ずといってよいほど双方の文化や考え方の相克が発生します。もともとの組織のミッションが異なるため、新たに共有の目的を定義しなおす必要が生じるからです。

このため、学側、産側双方において、共有化した目的をもつことで、オープン型イノベーション（協創）発想を持つ目的と手段（プロセス）の理解が必要となります（図6-9）。

産学連携として役割分担から協創によるWIN-WINへ

従来の産学連携は、研究ステージにおける役割分担の範疇での連携でありO．Iとはいえないものでした。開発・事業化ステージにおいては協創の連携イメージで整理します。

イノベーションの最大の障壁である「死の谷」は「製品」を「商品」として移れないところにあります。ここを一緒に乗り越える（アライアンスの形成）のが、オープン・イノベーション、協創です。顧客ニーズを見据えながら一緒に知恵をだしていくことが必要です（図6-10）。

このため、大学側への企業からの期待は顧客ニー

図6－9　大学・産業界とのO．I．の役割イメージ

組織＼ミッション	イノベーションへの期待	開発・事業化プロジェクトでの役割	本来の役割（優先順位）
大学	イノベーション時代の新しい発想での教育・研究体系の構築	事業化を見すえた開発での連携 研究から開発への移行	教育→ 研究→ （地域）共同産業支援
産業側	新商品・新事業の創出 （顧客側の場合と提供側の立場の双方がある）	開発・事業化での連携 （死の谷の克服）	生産（販売）→ 開発→ （地域）共同研究
官公庁	日本・地域のイノベーションによる産業振興	開発・事業化における共通の開発・ルールの処理	産業支援として補助金、助成金などの資金の配分

ズ（価値）を共有した「開発ステージでの連携」です。事業化ステージに入れば、企業にとってここから先はビジネスの世界となるので、目的を共有化する開発ステージを一緒に行なうことで産学連携の協創は大成功といえます。

産官学における判断基準と価値（W－N）の違い

産学共同展開の現場においては、往々にして相互の理解はすすんでも、思考形態や判断基準に違和感を感じることも多くあります。これは産官学における論理と判断基準が違うことによると考えられます。それぞれの思考を理解すると摩擦は残ります（図6－11）。

① 産側：「適否」の判断が主体。顧客価値を得るのに適した商品の提供でビジネスは成り立つ。

② 学側：「正否」の判断が主体。科学・技術の世界として理論的、または現象的に正しいかが重要になる。

③ 官側：「当否」の判断が主体。法務、法律関係と合う判断、過去の蓄積、事例の集積による前例主義の判断が重要。

図6 - 10　開発ステージを中心とした産学の協創イメージ

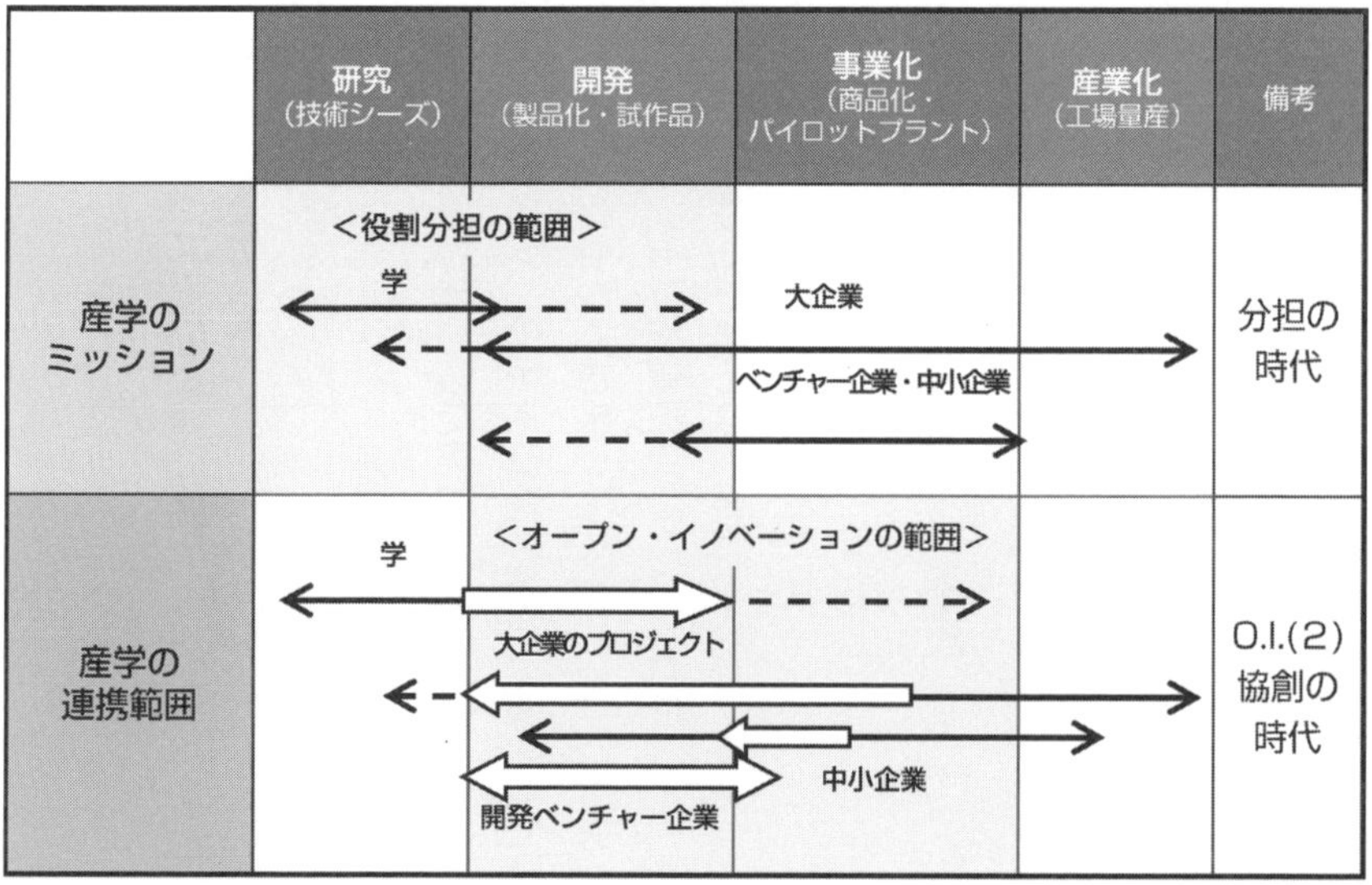

図6 - 11　プロジェクトに対する産官学の判断基準と価値(WIN)

	学官連携の成果（ＷＩＮ）の例	判断基準
産業界の ＷＩＮ	新規製品による顧客獲得、 新技術シーズ獲得、 売り上げ・利益増大	適否
大学の ＷＩＮ	教育成果（学生、学位授与）、 研究成果（論文、特許）、 産学連携（企業指導、地域貢献、 研究費の獲得……）	正否
官のＷＩＮ （国、自治体 の産業振興 関係）	国・地域・県・市などの産業振興、 人材の定着、 ネットワーク形成、 産学連携の振興……	当否

コラム6
アライアンス展開の具体例
ベンチャーと大企業

開発を委託し成功した実例をモデル化して述べます。米国のベンチャーD社は創立以来「開発請負型業務」をやってきました。しかし今回は違うフォーメーションを望みました。それは日本の装置製造メーカーM社との「開発協創型プロジェクト」でした。

① 協創による共同開発モデル事例

それぞれの協創関係をモデルとして示したものが下の図です。この図に示されているように、両社のプロジェクトは全体としてM社のプロジェクトマネジャー（筆者）下におかれました。それぞれのプロジェクトは、同一のマイルストンを目指して、日米両国で同時に走るというものです。こ

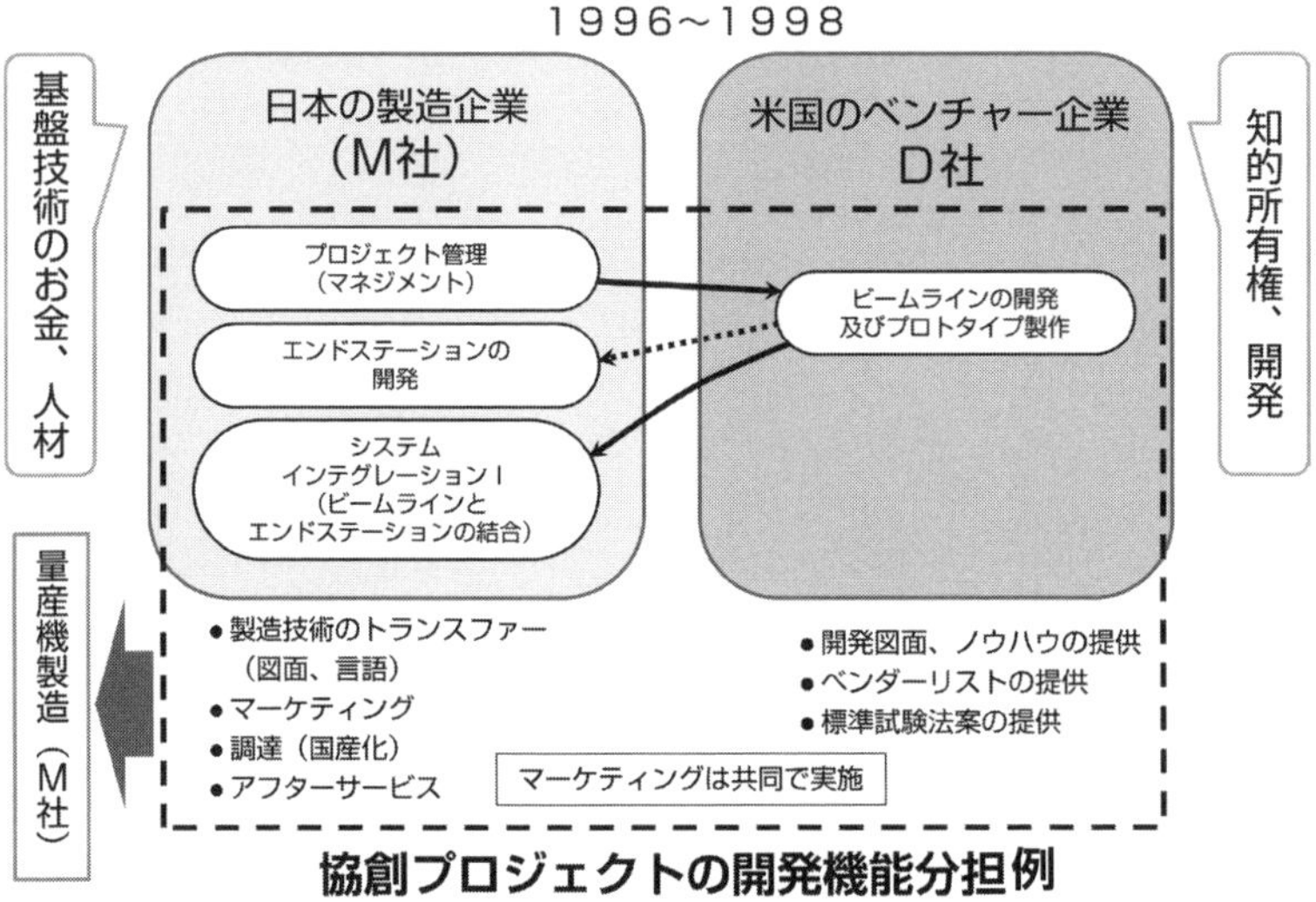

協創プロジェクトの開発機能分担例

（米国開発ベンチャー企業との協創型の開発プロジェクト）

の場合は下請の開発委託ではなく、両社の強みを持ちよってマーケティングも共同で行ない最終的に1つの製品をつくるという、協創型の開発プロジェクトとなりました。

結果として、当初の想定以上のパフォーマンスの装置開発と技術の移転を、短期間に完了したのです。協創による共同開発完了後も日本側M社の得意な改良を重ね、D社も驚くほどに完成度を向上させました。すでに、2年目にして主要部分の国産化および独自開発ステージに入っていました。

②契約の事前交渉から企業やプロジェクトが学ぶこと

この契約の場合、筆者らは、社内法務部署と連携しながら文面の詳細検討を行ないました。それと同時に先方（ベンチャー企業）とも直接面談しながら、実際に条項に異議があるところについて「どういう背景でこの文面は出てきているか?」「この場合については、我々はこういう心配（リスク）があるから、この条項では納得できない」という打ち合わせを1週間みっちり行なったわけです。これを、最後はビジネスがうまくいくか（顧客視点ではどうか）という視点でお互いが納得できる契約案へと到達したのです。

この作業を通じて、お互いの立場を理解し信頼関係が築けました。一方的な主張を言い合うだけだったり、「こちらが発注者側だから、ベンチャー企業（受託者）側は言うことを聞くのは当然」といったような姿勢での契約打ち合わせではあとあと無理が生じます。こうなると杓子定規的になって仮に契約がまとまっても、「言われたこと（契約にあること）だけ、機械的にやっておけばよい」になり、ノウハウのスムースな技術移転などはとてもおぼつかなかったと思われます。

この協創が残したものは、技術の移転だけでなく、開発や契約のやり方、プロジェクト・マネジメントなど数多くのものがありました。

オープン・イノベーション（O・I）のマネジメント

① アライアンスの基本的取り組みと儲け方

空間的マッチング ⟷ 時間的マッチング

（補完、共同、創出の内容）　（どこのステージでの連携か）

実践ワークシート① 連携（アライアンス）構築の目的とマッチングは十分か

- 最終目的の共有は：
- 空間的マッチングは：
- 時間的（ステージ）マッチングは：

② オープン・イノベーションとアライアンス展開の実際

オープンの理解 ⟷ クローズドの理解

（誰に対してどの程度クローズドか）　（誰に対してどの程度オープンか）

実践ワークシート② オープン・イノベーションは両者にメリットと痛みを伴う

- メリットの理解は十分か：
- デメリットの理解は十分か：
- 将来の負担と配分が明確か：

③ 産官学の判断基準と共通のステージ

適否判断 ⟷ 正否判断 ⟷ 当否判断

（環境適応、経営）　（論理、技術）　（条文解釈、法律）

実践ワークシート③ それぞれの視点の理解と目的の共有化

- 何のための連携か：
- お互いの視点の理解は十分か：
- どの立場で議論を進めるかの共有化は：

展開編

第7章

事業化に役立つ知的財産のマネジメント

研究・開発成果をもとに、世の中に役立つ新商品を提供しようとした時、いくらそれが優れた技術に基づいたものであっても、先行特許のせいで実現できなくなる可能性があります。また新ビジネス全体も何らかの手段で知的財産（知財）を保護しておかなければ、すぐに真似されてしまいます。

知財は昔は特許と呼ばれており、いわゆる製法特許として作る方法を公開するかわりに、ある年数保護し独占する権利でした。イノベーション時代の現在は知財としてデザインや商標など顧客側の価値に対する権利にも拡がっています。

ここでは、MOT 体系の中での知財マネジメントについて、戦略立案やオープン・イノベーションへの対応を中心に、開発や事業化のスピードを上げるための強力なアライアンス形成の大切な手段としてその実践的な考え方や手法を説明します。

1 なぜ知的財産（知財）戦略とマネジメントか

日本の現状と知財の役割

知的財産とは無形資産の一部です。日本では２００２年に知財立国宣言により重視姿勢を明確に表明し、近年この資産価値は増大しつつあります。

科学技術重視を標榜するわが国としては、知財についての基本的理解のないビジネスは存在しないといってもよいでしょう。しかし歴史的に見ていくと、１９９０年代のバブル崩壊までは、高品質、低コストが、世界の工場たる日本の特徴で、いわゆる製法（プロセス）特許以外はあまり注目されなかったのです。

これからの時代には、知的創造サイクルの必要性がいわれています。これは端的にいうと、発明、保護、活用のサイクルを早く回すことで社会・顧客価値の高い新商品・新事業を創っていくということです。これについて解説していきます（**図７-１**）。

プロダクト・イノベーションと知財の範囲

日本の製造業の「価値」は、新しい商品や事業を創っていくところに移っていることを示してきました。そのコアとなるものが知財とその戦略マネジメントとなります。

プロダクト・イノベーション（もの創り）のパラダイムのなかで必要なことは、顧客側の価値に近いデザイン、商標、著作権などの重要性です。これらも知的財産として、特許と一体で保護することがますます重要になってきています。

時価総額の中で無形資産の占める割合

企業の時価総額における無形資産の占める比率は年々増加し、例えば米国では工場資産や土地などの資産価値が高かった１９５０年代においては、無形資産の比率は20数%程度であったのですが、70年代には

図７-１　知的創造サイクルがもの創り（プロダクト・イノベーション）に必要

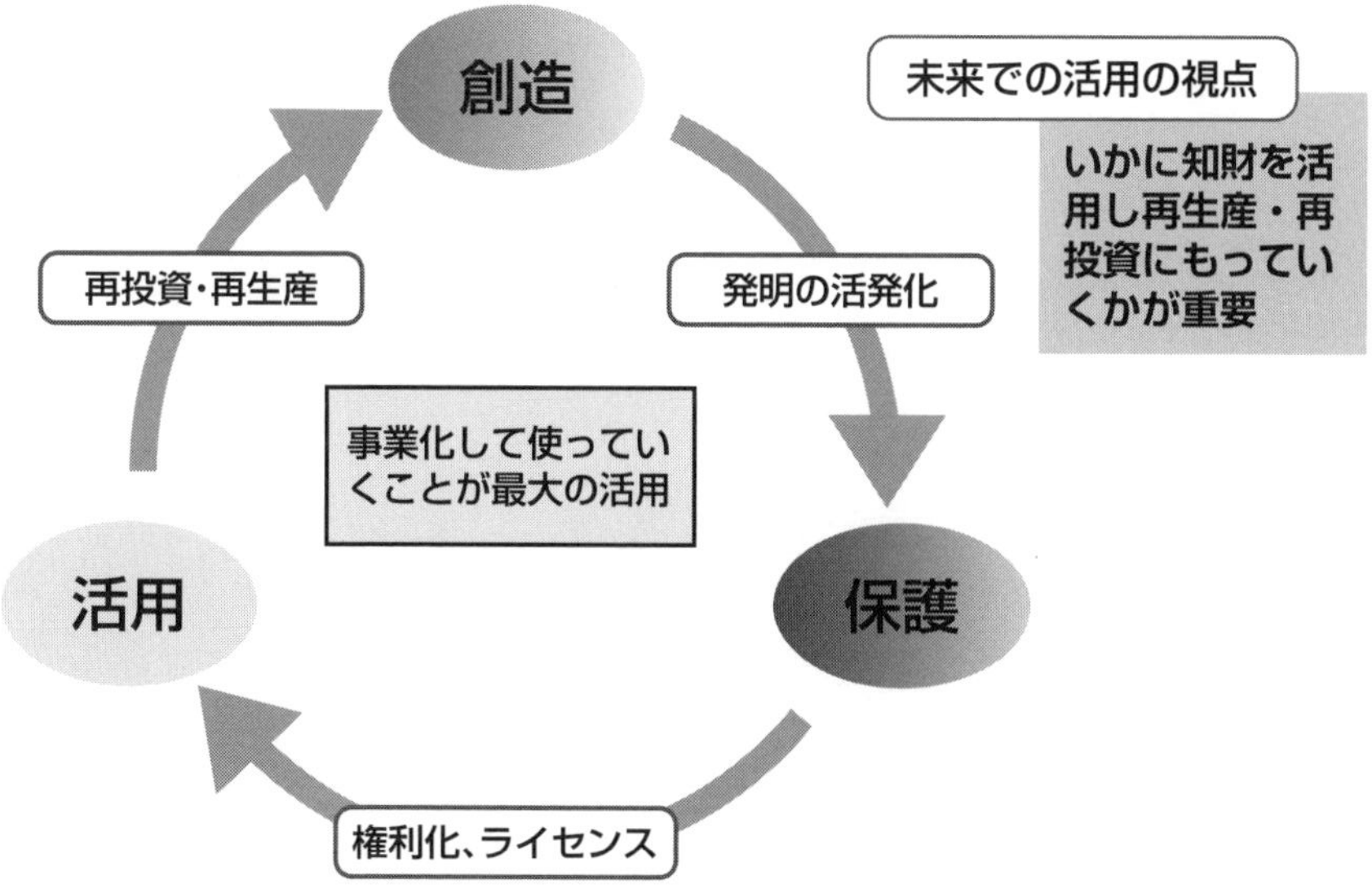

50%、90年代には70%が無形資産といわれています。日本は米国と比べて20年以上遅れているといわれていましたが、２０１０年でその価値の比率はようやく50～70%程度になっています。わが国では今後も無形資産の比率は増大していくと予測されます。

知財マネジメントの戦略的な意味

知財の重要性はよく知られているように、特許と同様に差別性、優先性、独占性などを得るために必要なものという面が強調されていました。これらの意味はどちらかというと、戦術的なものと理解しましょう。

知財をＭＯＴの一部として戦略的、中長期的な捉え方をする場合には違った側面が見えてきます。すなわち中長期的な顧客価値の実現を目的として良い相手と組むための重要な道具です。

すなわち知財の新規事業化の戦略的な意味としては、知財（権）を競合相手に対する「防衛的な」面よりも、事業の（中心の）コアを形成し、新事業やアライアンスを促進するものとした「発展的」な面が重要になっています。

2 知財に関する発想の転換と実践

プロジェクトにおける知的財産の意味

知的財産（知財）マネジメントの元来の目的は、製造業で利益を得る源泉として、製造技術を特許として保護・活用をしていくことです。

一方で開発・事業化プロジェクトでは、顧客価値の実現を第一とするので、独占・排除の理論ではなく、まずは顧客の価値を満足させることを考えます。このため、守りから攻めの知財（特許）戦略が必要になります。また知財は共創・協創相手を見つけるツールになることも期待されます（**図7－2**）。

イノベーションを目的とする知財においては顧客側の価値に近いところを保護することが必要で、デザイン（意匠）、商標、著作権などがますます重要になってきています。また二つ以上の組織が絡んでくるO.Iにおいては、知財マネジメントは必須となってきています。

開発・事業化プロジェクトでの知財

開発・事業化のステージにおけるプロジェクトの運営上の知財の役割を整理してみましょう。従来から研究ステージと産業化ステージでの知財の役割はわかりやすく、例えば研究では発明の権利化であり、産業化では権利侵害とライセンス対応でした。

一方、イノベーション時代においては、特に発明を主体とする研究ステージから開発・事業化のステージにおいても知財の役割が大きくなっています。それは、①顧客との共創・協創に基づく知財戦略の立案、②知財に立脚した協創戦略立案と、それに基づくアライアンス相手の選択、そして③事業展開に必要な応用発明の展開、競合排除です（**図7－3**）。

これらは事業化成功のため開発や事業化のステージにおける知財の重要性が非常に高まっていることを示しています。

図７-２　イノベーションのプロジェクトに対する知的財産の意味

商品改良・プロセス重視時代の知的財産（特許）の意味

〈基本的に造るための権利確保〉

・実用新案、改良特許、プロセス特許

・これまでの考えを許容できる範囲で進化させる：改善、改良

・プロセス革命・改善の権利確保、独占、排他

新しい知財マネジメントの必要性

（プロダクト）イノベーション時代の知的財産

〈基本的に創ったものの権利確保〉

・特許（発明）による技術シーズの確保から商標、著作権、ノウハウへ

・人が考えていないような革新的アイデアをもとに顧客価値確保へ

・オープン・イノベーションへの手段として：差別化、独占からアライアンスへ

図７-３　開発・事業化ステージにおける知財の役割への期待

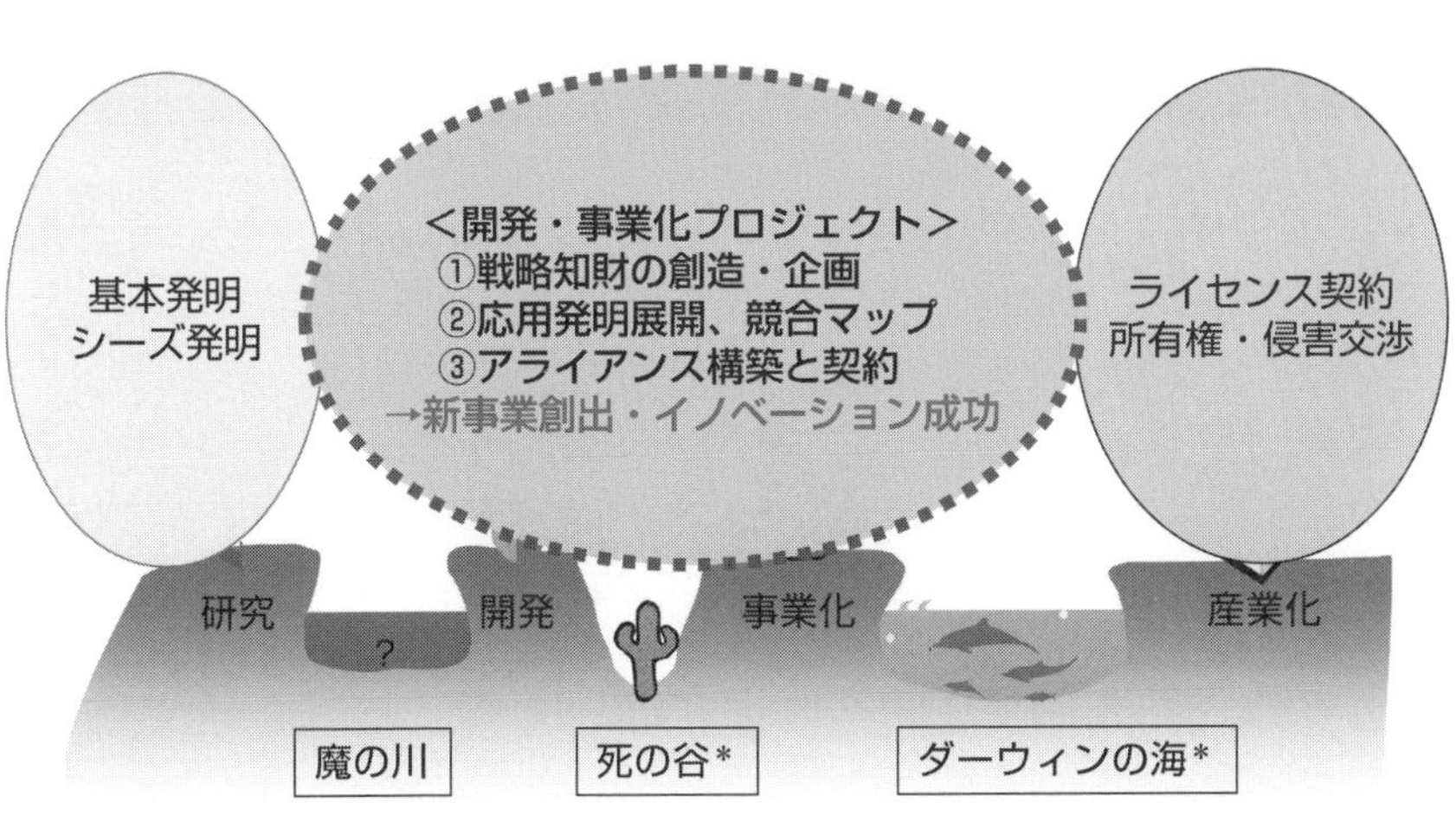

（　※ＮＩＳＴより引用　）

開発と事業化ステージでの知財マネジメントの勘所

開発と事業化の両ステージに知財がきちんと対応することで、イノベーションを主導していく源泉となります。以下にその実践的なポイントをイメージとして示します（**図７-４**）。

①開発ステージでの知財：このステージのマネジメントは基本的に集束型になりますが、知財に関しては全く異なり、出て来たアイデアを発散させ、周辺出願として押さえていくのです。これらの知財が継続的な新規商品へと拡大再生産ができるベースとなります。

②事業化ステージでの知財：このステージでは顧客とのやり取りで、製品を商品に仕上げます。アライアンス相手との協創話が出てくるステージでもあります。一方で、製品を商品にするこの段階では、お客さんから色々なアイデアがいただける時期でもあります。

これらをうまく知財化してマーケットサイドの可能性を押さえていくことで、特許に守られた競争力のある事業化や産業化の展開が可能になります。

図７-４　開発・事業化プロジェクトにおける知財マネジメントイメージ

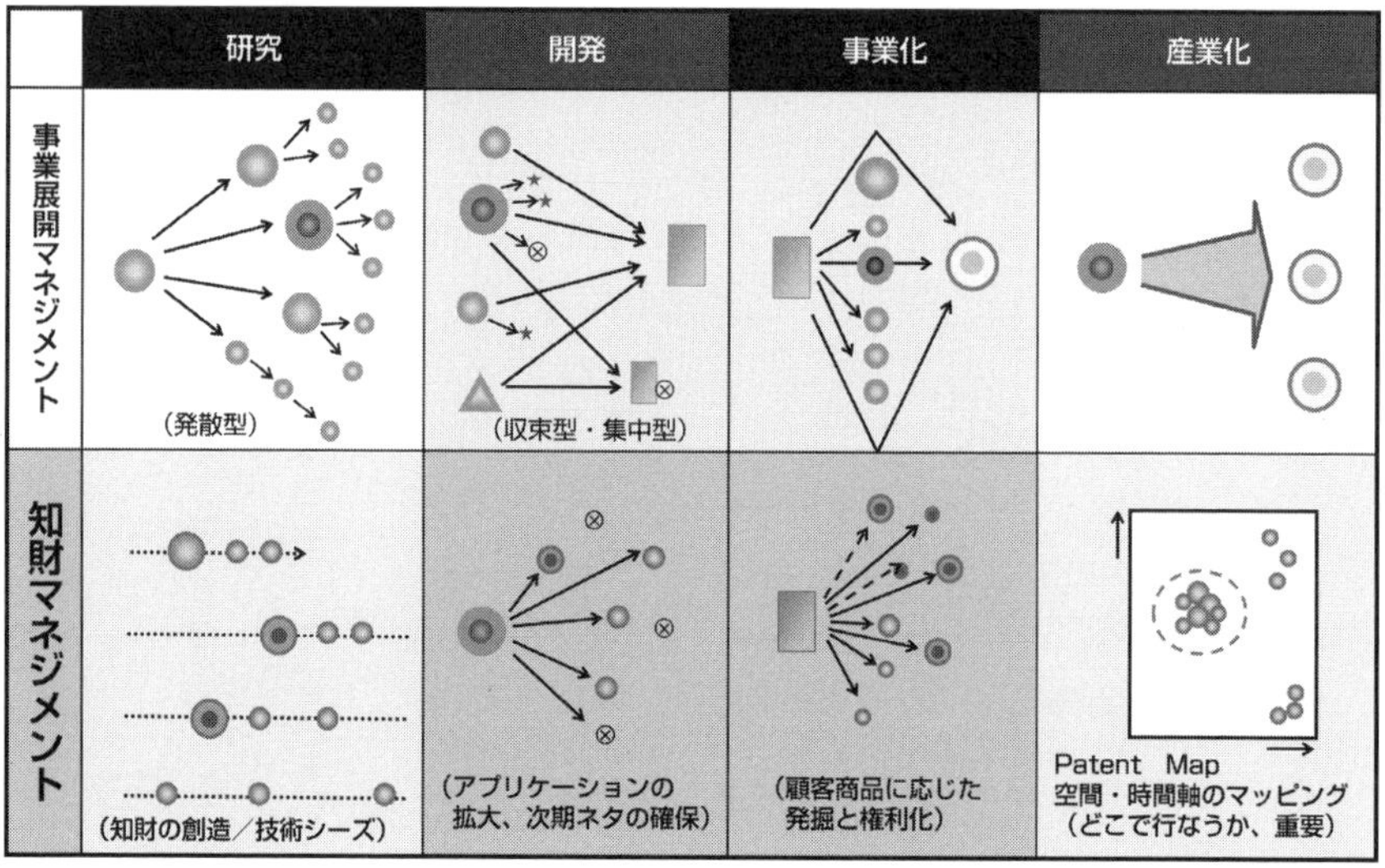

3 技術の育成と調達、発散と絞り込み

技術と知財の違いと権利範囲

「技術」は範囲が不明確ですが、「知財」は範囲が可視化されています。一般に知財は国から権利を保証されていますが、届け出と公開が必要です。また実施予定者（会社）や発明者つきです。通常の文献では、未来は見えませんが、知財文書には技術の未来の事業の内容と担い手が暗示されています。

実際に商品を作るには、まずはその商品実現に必要な技術構成を明確にすることが必要です。さらに、その中で自社で権利化されている知財の範囲を明確化することが必須です（**図7-5**）。

製品のための技術がすべて自社の知財の権利範囲内にあればよいのですが、そうではない場合は他社の権利範囲を侵害している場合もあります。この場合、技術的に回避するか、許諾を受けるか、協創により取り込むか判断する必要があります。

図7-5　特許権の範囲と使っている技術範囲の相克

H. チェスブロー著『オープンビジネスモデル』翔泳社刊（2007）に追記

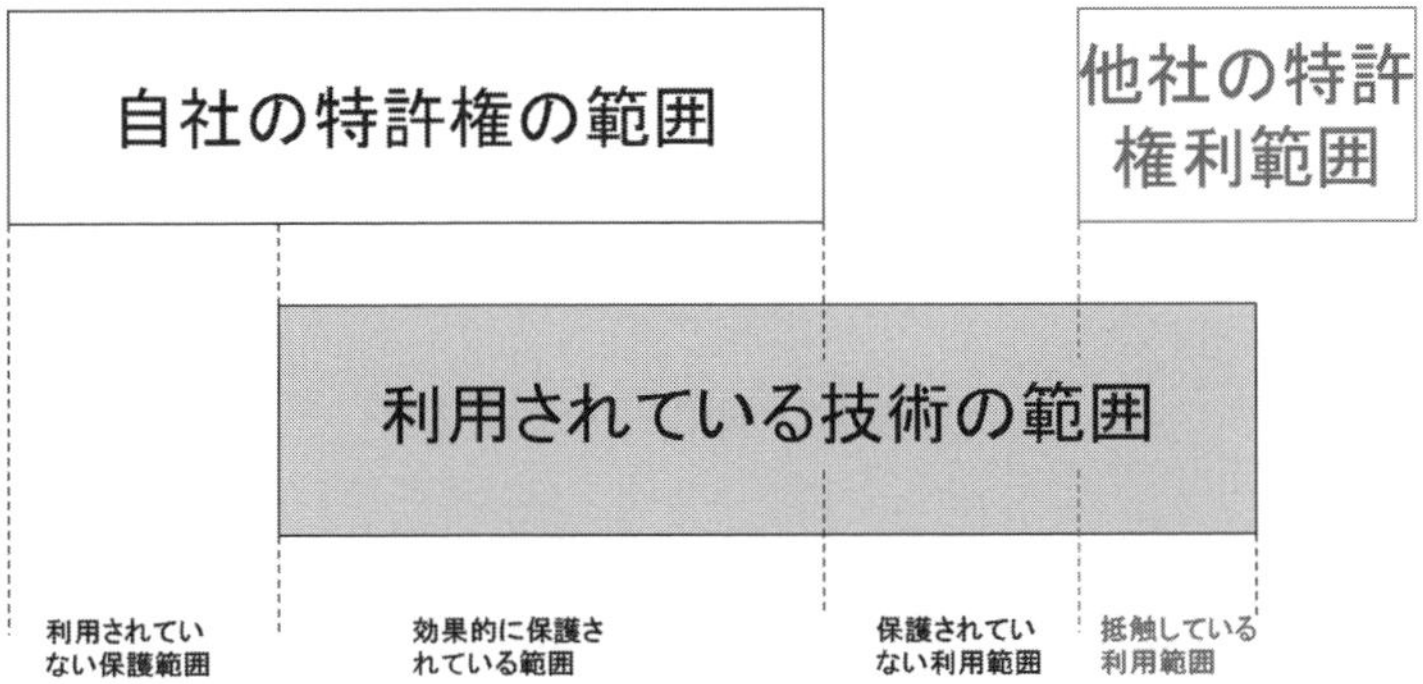

技術・知財(特許)移転と事業化(イノベーション)成功の構図

技術や知財の移転について主として事業化プロジェクト運営の立場で整理してみます(**図7-6**)。移転の前提として双方の目的意識が、顧客価値の視点での空間軸と完成度という時間軸的の認識にはいることがポイントです。

技術・知財(特許)を提供する側では、どこかの分野での実績がある技術シーズの完成度が大きな価値となります。一方の、技術・知財(特許)を受け取る側でも、すでにどこかの分野での開発・事業化の実績があることが大切となります。

知財自体はどのように価値評価されていくのでしょうか。この問題は知財部門の課題ではなく、事業化の実行部隊側の問題です。

知的財産の価値評価は事業化へのステージがポイント

例えばアライアンス相手とのオープン・イノベーション(協創)ではお互いの知財評価が必要となりますが、一筋縄ではいきません。現実的には知財の価値評価には次の3つの方法がよく用いられます。

①**インカムアプローチ**:ビジネスプランを作って未来からの価値を予測する方法。

②**マーケットアプローチ**:類似の技術や商品をもとに、過去のマーケットを振り返る方法。

③**コストアプローチ**:コスト積み上げの実費で積算する方法で、今の世の中では標準的です。

研究ステージとしての知財価値は、なかなか見えてきません。しかし何のための研究かということが明確になればなるほど、その価値はしだいに上がってきます。開発・事業化ステージでは商品ターゲットが明確になってくるので、段階的に知財価値が上がります(**図7-7**)。その最大可能性は現実的になり低下して収束します。

図７-６　知財移転と技術移転、事業・イノベーション移転の比較

	移転内容	実際のポイント
知財移転	知財のライセンス契約完了まで	技術移転がうまくいくかどうかは範囲外
技術移転	技術内容の移転完了まで（相手がうけとったとの理解が必要）	知財移転がある場合とない場合あり
事業·イノベーション移転	顧客価値の目標の満足とともに知財移転、技術移転も伴い、事業が移転すること	最終価値は事業が成功すること

図７-７　知財価値の事業性評価と開発・事業化

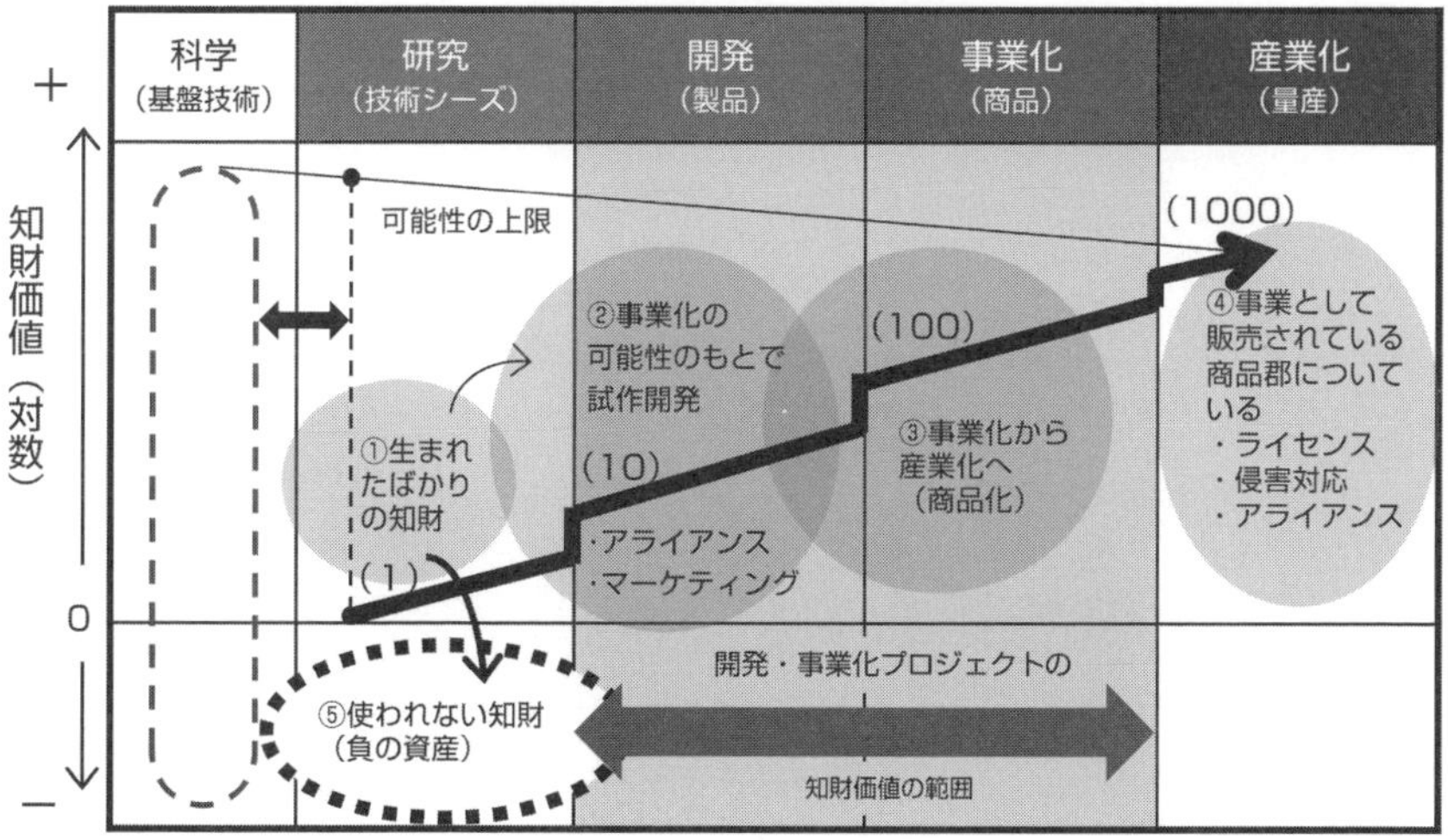

4 知財契約とライセンスのマネジメント

開発・事業化ステージでの基本契約の考え方

企業のプロジェクトにおける契約とライセンスは、基本的に法務部とか知財契約関係の専門家の所掌事項となります。ここでは、開発・事業化プロジェクトの関係者が知っておくべきポイントのみを整理しておきます。

図7・8は新規事業開発をベースにした知的財産権の取引パターンを示してあります。その項目としては、まずは事前・事後の確認ですが、その上で契約相手との所掌範囲の明確化です。

例えば設計、開発、試作、テスト、引き渡し、技術移転内容（資料範囲）、また仕様書不一致、欠陥対応などです。それらをベースにライセンスや出願、侵害訴訟、オプション権、延長、許諾（地域、分野）、売り切りかランニングかなどが決まってきます。

図7-8　新規事業開発をベースにした知的財産権の取引パターン

プロジェクトにおける知財契約

事前ライセンシング（開発ステージ）

研究開発が行なわれる前に、
技術（まだ知財になっていない場合も含む）の取引を
決める。事前に帰属などを予め決めておく
アライアンス（＝外部リソースの利用）による
新規事業展開のときに必要

事後ライセンシング（事業化ステージ）

研究開発が完成した後での技術や
知財（特許）の取引をいう（一般のライセンシング）

また実務的にはマイルストンの設定、打ち合わせとして内容（仕様、時期）、費用（旅費、宿泊、日当、経費）、開発費用の範囲（据付、荷作り、保険、開発資金振りこみ）などもあらかじめ決めることが大切です。

特許のライセンス戦略と契約書作成の実務

知的財産関係の契約書で特に注意すべきことは、まずは雛形の活用に関するものです。このポイントを下記2項目で示します。

（1）必ず全条項について内容を吟味すること。個別の状況は考慮されていないので、具体的な状況に照らして、契約の内容を吟味して慎重に検討・修正することが必要です。

（2）どちらの立場で作成されたものか確認し公平なものとすることです。

契約は対等が原則ですが、現実には難しいところがあります。自社にとって不利なところはないかどうか、また公平なものかどうかを確認します。

既存のものをベースにすると必ずどちらかが不利になり、イノベーションが起きにくくなることに注意が必要です。またそれをイメージ化したものが**図7‐9**です。

共同開発契約の知財帰属ルール

まずは知財権はいずれ切れる（ある期間の極大価値のあと陳腐化する場合も多い）ことが前提です。

またプロジェクトでは技術関係の特許は保持していなくても、切れた、または放棄した技術でも自由に使えることも再度、認識しておいたほうが良いと思います。すなわち、なんでもかんでも自分で知的財産化する必要はありません。

一方で商標権についての価値は増大していく面もあり、社内リソースの活用を含めて、どのようにライセンサー、ライセンシーの立場で工夫するかは社内の知財関係者の智恵を活用することを勧めます。

図7‐10は共同開発契約時の一般的な帰属ルールを示してあり、できるだけ開発のスタート前に基本線を合意しておくのが原則です。

図７-９　ライセンスと契約の基本的考え方(重要)

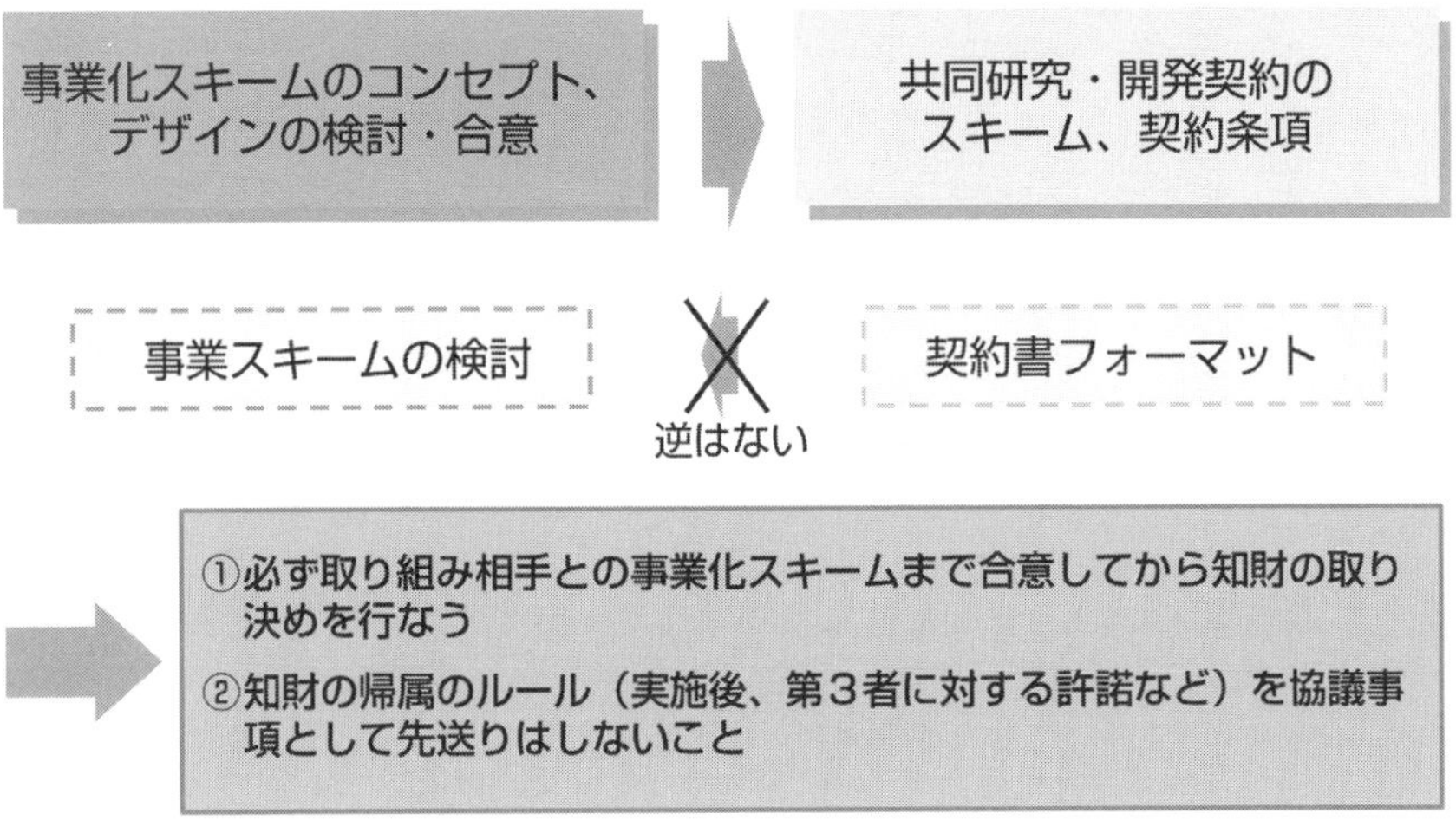
事業化スキームのコンセプト、デザインの検討・合意
共同研究・開発契約のスキーム、契約条項
事業スキームの検討
契約書フォーマット
逆はない
①必ず取り組み相手との事業化スキームまで合意してから知財の取り決めを行なう
②知財の帰属のルール（実施後、第３者に対する許諾など）を協議事項として先送りはしないこと

図７-10　共同開発契約の知財帰属ルール

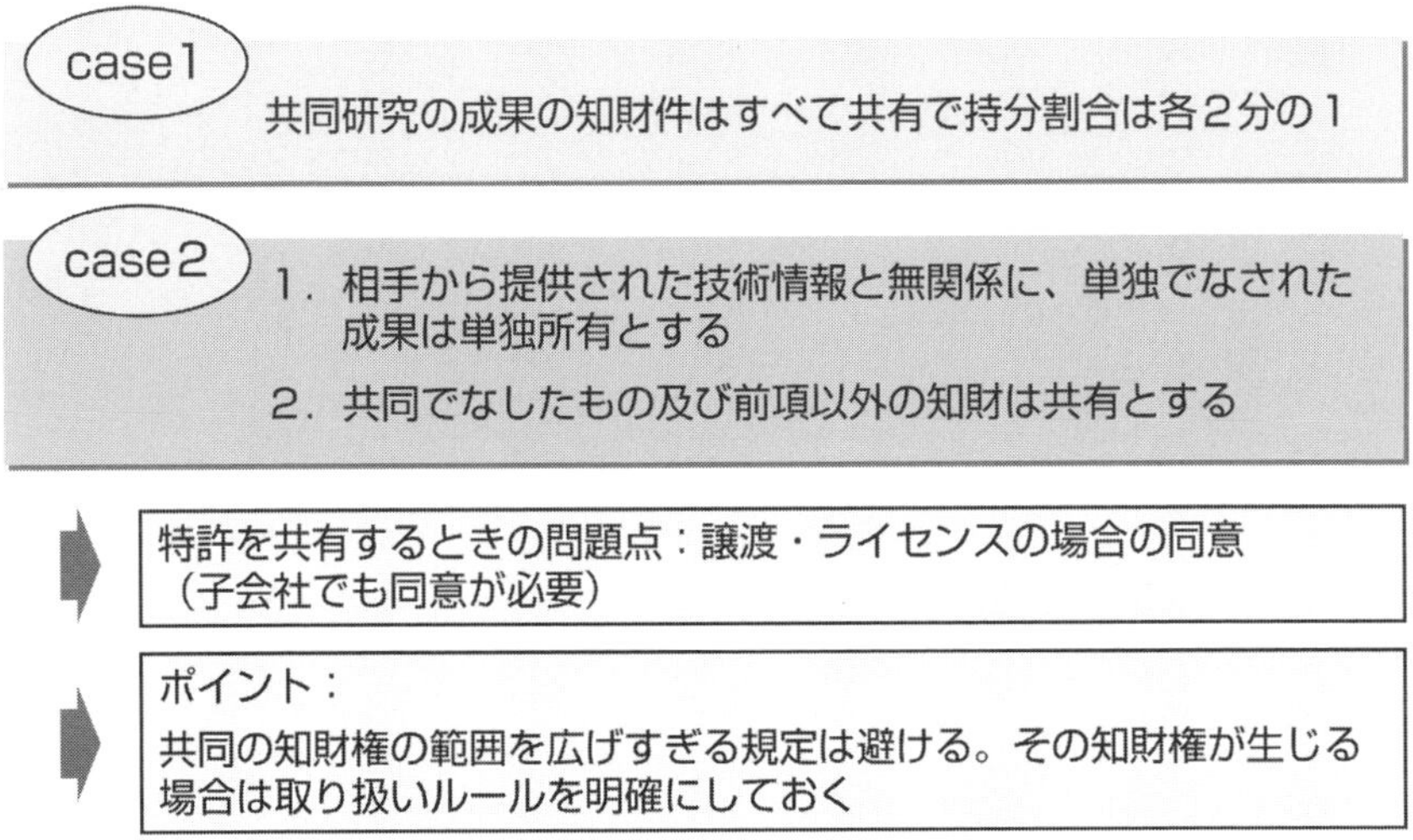
case1
共同研究の成果の知財件はすべて共有で持分割合は各２分の１
case2
1．相手から提供された技術情報と無関係に、単独でなされた成果は単独所有とする
2．共同でなしたもの及び前項以外の知財は共有とする
特許を共有するときの問題点：譲渡・ライセンスの場合の同意（子会社でも同意が必要）
ポイント：
共同の知財権の範囲を広げすぎる規定は避ける。その知財権が生じる場合は取り扱いルールを明確にしておく

5 プロジェクトにおけるＴＬＯの活用

大学との連携、活用へのチェックポイント

今後の技術シーズの多くは大学や開発型ベンチャー企業などの研究・開発のスペシャリスト集団が主体となって生み出されていくことが予想されます。

産学連携の一般論からプロジェクトの具体論へと展開していくと、技術リソース不足の時は大学が大変頼りになります。

このときの開発ステージの中の主役は大学の研究者・開発者であり、彼らが大学のＴＬＯを介して企業の開発・事業化の技術者と一体となってプロダクト・イノベーションを進めていく構図です。

ここでは産学連携による協創視点での技術トランスファーの実践的なチェックポイントを検討します。それは①技術領域のマッチング、②協創ステージのマッチング、③未来の配分のマッチングの3つとなります（図7 - 11）。

図7 - 11　産学の連携へのマッチングへのチェックポイント

第一のチェックポイント　空間的ポジショニング

創出商品、領域、分野の整合性は？
⇒顧客・社会価値とコア技術：「共創」の必要性

第二のチェックポイント　時間的ポジショニング

提供価値、研究・開発ステージか？
⇒技術価値と学術価値：「協創」の必要性

第三のチェックポイント　将来のＷＩＮ－ＷＩＮ

双方のミッションの満足性は？
⇒経済価値と教育価値：「将来の分配」の必要性

ＴＬＯの立場と保有技術・知財の理解

大学の持つ広い意味の知的財産を技術移転としてプロジェクトで使おうとした場合に大学の技術移転機関（ＴＬＯ：Technology Licensing Organization）が出番となります。ＴＬＯについては、大学の代弁者でなくビジネスベースでの活動であるという視点も必要になってきます。

ＴＬＯのビジネス原資としては、大学の先生方から出てくる技術からの知財（＝特許、商標）の仕入れです。この場合に「優れた技術≠売れる特許」ということに利用する側では注意が必要です。

さまざまの質やレベルの知財が混在しているなかで、プロジェクトとしては顧客視点で本当に必要なものだけを見抜くこと、ＴＬＯ側と一緒になって協議（協創）することが大切です。

ＴＬＯの技術移転のプロセスを**図７‐12**として示してあります。ビジネスの成功とは、持っている原資や仕入れ商品に付加価値をつけて、うまく回転させて収益を上げることです。ＴＬＯの持つ知財についても顧客価値があるかどうかで、製品か商品かと判断するほうがよいでしょう。

プロジェクトにおけるＴＬＯの活用法

ＴＬＯという技術移転機関とビジネスをする場合、ＴＬＯがこれまでに行なってきた知財や技術移転の実績、さらに企業との協業の活動状況を精査することがＴＬＯ活用への参考になります（**図７‐13**）。

当然ながら所属する大学の特徴や管理体制なども大切です。特にあらかじめ以下の点を考慮しておくとお互いに都合がよいとおもわれます。

① ＴＬＯにおける顧客の実績と継続、分野の状況：それぞれのＴＬＯが得意としている分野の具体的顧客と内容。

② ＴＬＯにおける技術や知財のマネジメント状況：ＴＬＯが持つ大学の知財に関するリソースの管理・活用。

③ ＴＬＯがどこまでイノベーションに関われるか：本当の事業化に成功した顧客の存在例と内容。

図７‐12　プロジェクトにおける技術移転の具体例（ＴＬＯとの関係）

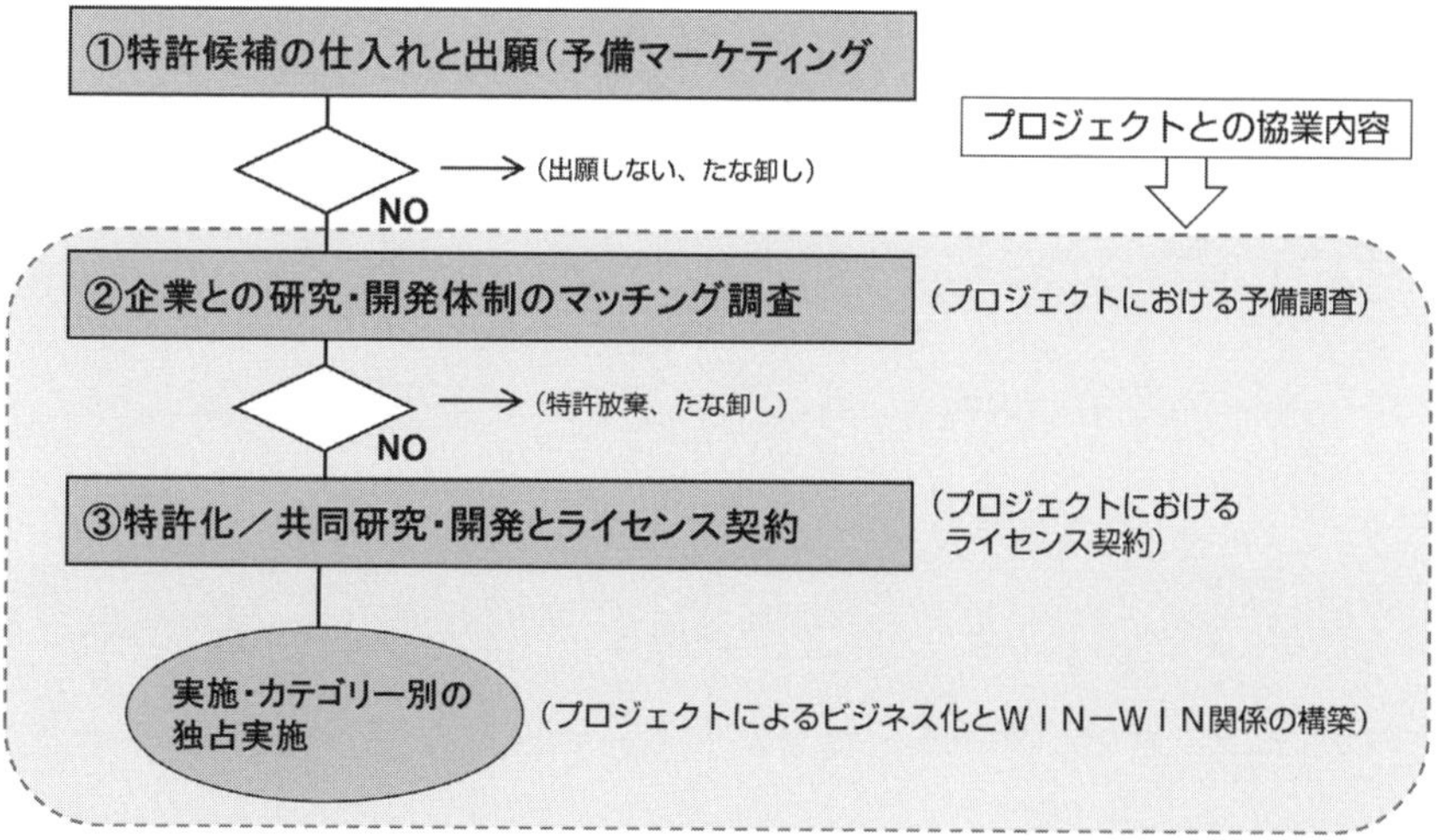

図７‐13　ＴＬＯがどこまで大学の知財をマネジメントしているかの判断例

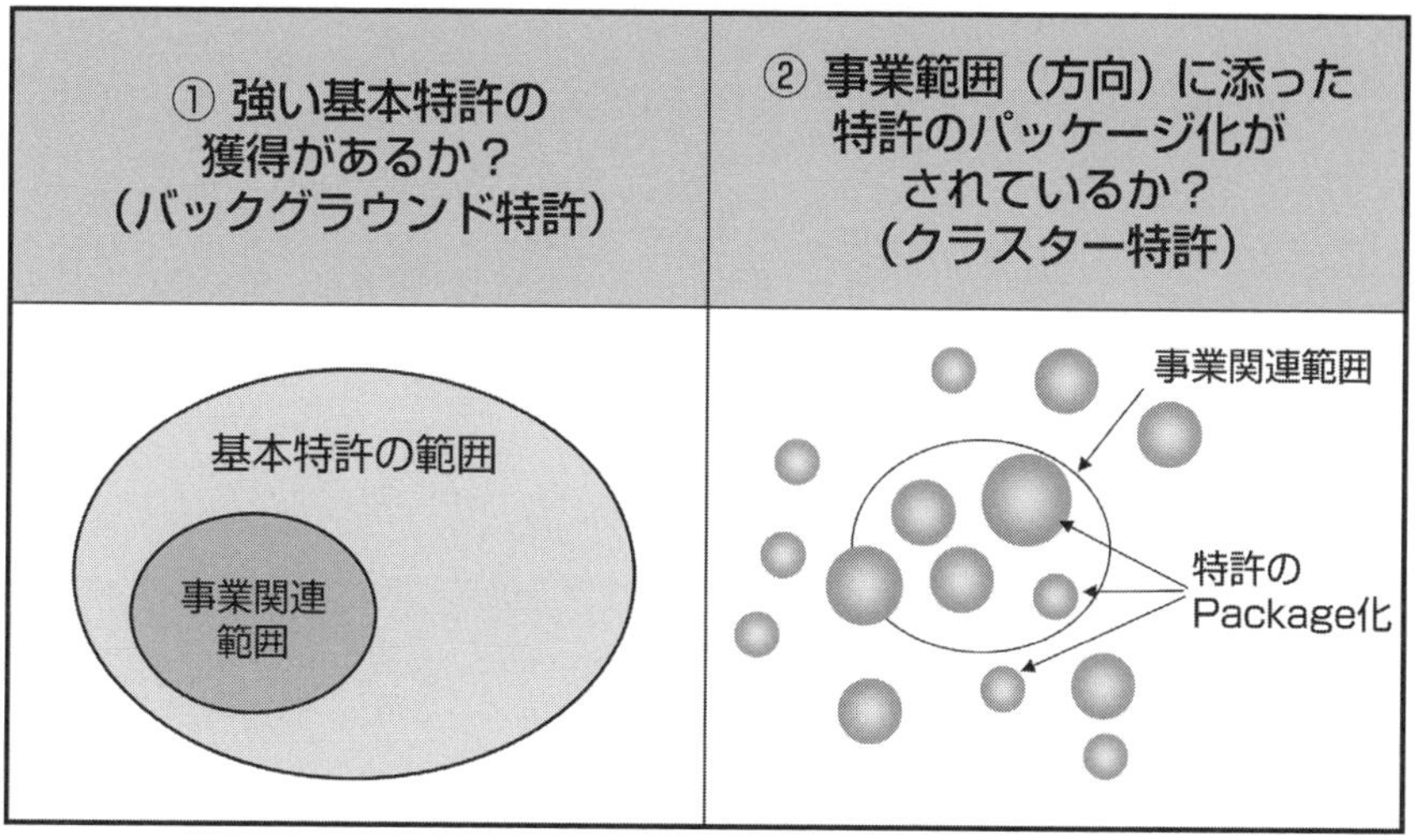

コラム7
ベンチャー企業との知的財産ライセンス契約の事例

ベンチャー企業のもつ知財をプロジェクトで事業化するときは、知財ライセンスをどのように位置づけたらよいかについて、実際の開発ベンチャー企業とのW－I－N・W－I－Nの例を述べます。開発型のベンチャー企業との協創においては、知財を有効に保護、活用しない限りは、契約すら難しいのです。

企業のプロジェクトにおいては、外部のベンチャー企業と一緒に行なう立場が多いと思いますが、相手側の立場も考えながら、契約の方法論などを熟知することが結果的にプロジェクトを成功に導くことになります。

考え方は、比較的シンプルで、基本的な戦略を明確にしたうえで具体的な知財への価値を切り分けた契約となります。多くの場合、知財をコアの技術部分と応用の部分に切り分けて考えると楽です。特許が複数必要という意味ではないのです。

①第一段階：コア技術の明確化と用途を限定した開発の実証

コア技術というのは、色々な分野へ使われる可能性を持ったものであり、この部分だけは少なくとも特許で押さえておくべきものです。しかし、まだ実証されたわけでもないので、単独では売りにくいものです。まずはこの特許の用途を限定した応用部分をベースにした開発品を商品として受託することになります。図にイメージを示しています。

〈第一段階：試作・開発機能として委託開発契約による応用部分のβマシンの開発受託・試作・実証。マイルストン管理による契約・完成〉

応用部分というのは、原理確認（αマシン）済みの技術をもとにした、ある分野のマーケットへ

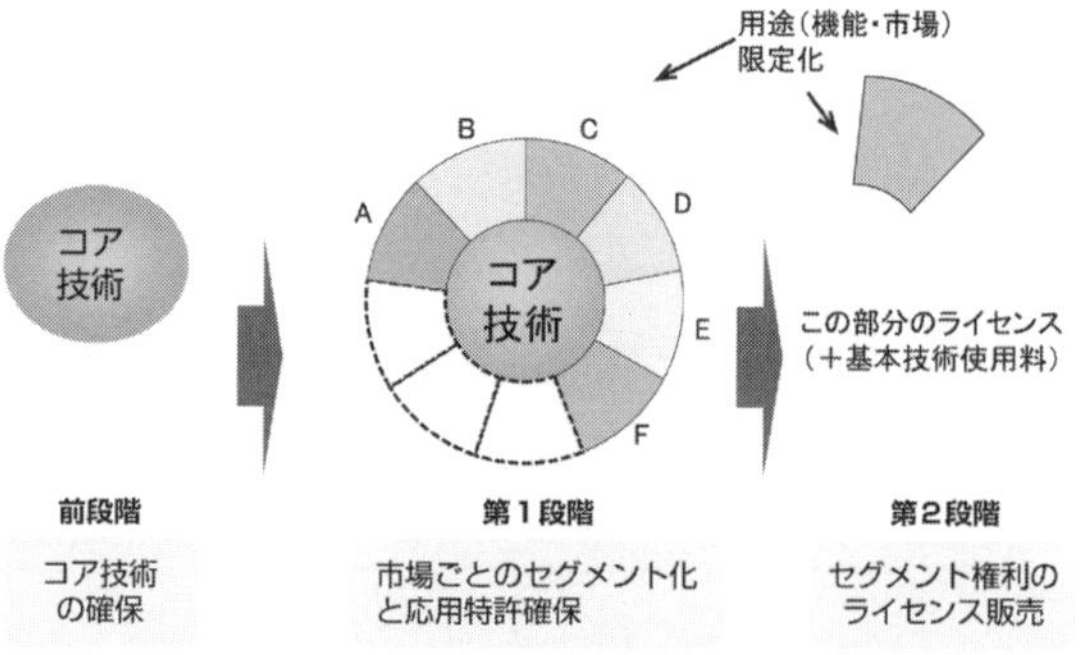

の展開分野ということです。まさにコア部分を中心にして周囲に応用のセグメント部分を生じさせ、その部分に限定して、βマシンの受託開発を行ない、まずは完成させます。次にその部分に関するライセンシングを行なうのです。

② 第二段階：開発成功した用途限定したライセンス

βマシンとは客先でテストがOKとなると納入となり、これで実際の開発プロジェクトは成功し完了となります。ここでそのもとになったコア技術の契約となります。

〈第二段階：応用部分とそのコア技術のライセンシングとして開発マシン関係特許のコア技術をライセンス：セグメントの切り売りとしてランニングロイヤリティの販売〉

このように第一、第二段階がセットになっていることが、開発ベンチャー企業としてのビジネスの基本となります。顧客ごとに、その使用範囲はおのずと決まってくるのですが、委託するたびごとに委託元への占有実施権となるので、応用ポジションはどんどんなくなることには注意が必要です。共同開発途中に得た特許の実施権はもちろんお互いにあります。

第７章　まとめと実践ワークシート

事業化に役立つ知的財産とマネジメント

① 知的戦略マネジメントの基本とは

知的創造サイクル ⇔ モノ創りのバックボーン ⇔ 事業化を速める知財

（創造、保護、活用）　（プロセスからプロダクトの保護へ）　（差別化からアライアンスへ）

実践ワークシート① 知財確保の意味と内容は理解されているか？

- 知的創造サイクルは廻っているか：
- 特許が知財に変わった意味は：
- 知財はどのように事業化に関わるか：

② 事業化に役立つ知財の価値と戦略とは

経営・事業・技術戦略との統合 ⇔ 事業戦略とのベクトルの一致

（知財戦略との内容一致）　（知財戦略による事業の先読み）

実践ワークシート② 事業化を目指した知財戦略は？

- 経営マネジメント層の知財意識は：
- ＰＭリーダーの知財への意識は：
- 知財リーダーは事業化の先読みができているか：

③ ＴＬＯの活用は考えているか

大学の知財部 ⇔ ＴＬＯ

（大学の出願管理）　（大学知財のビジネス化）

実践ワークシート③ 大学とＴＬＯはパートナー型の関係か？

- 大学の知財部はマネジメントされているか：
- ＴＬＯをうまく利用しているか：
- 対象大学のＴＬＯは機能しているか：

展開編

第8章

ロードマップによる未来の設定と共有化

企業内で新規事業やイノベーションを目指すときに最も大切なポイントは、プロジェクトの目標と行動の方向を明確にすることです。具体的には意思・意図を持ったビジョンとロードマップの策定です。

ロードマップとは未来予測でも長期のスケジュールでもありません。プロジェクトのマネジメントを行なう上での有効なツールとなります。言葉をかえると技術の可能性としての価値を明確にするものです。

特に大企業では分業体制の組織になっているので、それらを横通しした統合化により、未来をできるだけわかりやすい表現で会社とメンバーに共有化して理解と協力を得ることが必要です。

1 共有化のためのビジョンとロードマップ

プロジェクトにおけるビジョンとロードマップの意味

ビジョンとは組織が行きつくところをあらかじめ明確にしたものであって、もともとの組織のミッションと重なるものです。

またロードマップとは未来のビジョンから現在をみていくというバックキャスト型のコミュニケーション・ツールです。

一方、スケジュールは、リソースの配分を受けた範囲（例えばマイルストンまで）の予定表です。こちらの視点は現在からマイルストンまでで、目標はコミットすべき数字となります。

本書で取り上げているイノベーションのプロジェクトにおいては、本来、ある時間と限られたリソースの中で目的（新規事業の創出）を達することですが、その中身が漠然としていることも多いのです。**図8-1**に示したように共有化すべき相手は会社のマネジメント層と実行部隊のメンバー双方となります。

未来の姿をどう捉えるか：新規事業を目指したプロジェクトの場合

本書で取り上げる開発・事業化のプロジェクトで行なうべきは未来のありたい姿からの世界を描くことです。そこで創るべきビジョンは漠然とした願望の世界ではなく、具体的な商品イメージや売り上げ・利益などの最終数字です。これを「ビジョン仮説」ととらえるとよいでしょう。

このビジョンの意味を**図8-2**に示してあります。ビジョンを共有することで未来の目標が明確になり、不安な未来も希望の未来となります。不確定な未来を仮説構築と検証によって明確化する作業は未来起点のマネジメントということができます。

図８-１　プロジェクトにおける未来の共有化

	ビジョン設定と共有化の目的	ロードマップ設定と共有化の目的
会社マネジメント（経営層）との共有化	プロジェクト設立の目的を具体的なイメージとして統合化、また明確化していく	会社側のビジョンやターゲットに応じたロードマップを複数種類用意してリソースの配分をうける
プロジェクト・メンバーとの共有化	プロジェクトの設立の目的をできるだけ具体化していき、それに基づいた実務へブレークダウンをする	メンバーの能力や意識、適性をみながら分担を決めて、リソースの配分やマイルストンまでのスケジュールを明確化する

図８-２　未来の事業ビジョンの姿をどう捉えるか

- プロジェクト創設の目的：新規事業の夢
- 目的のイメージ：分野、期限、達成規模
- 社内の蓄積リソースの活用：技術、市場、ネットワークへの期待

対応

- 不確定な未来の事業ビジョンの中での期待レベルを明確化する
- 自社リソースを明確にして、期待レベルと合致させギャップを明確にする
- 顧客視点での仮設構築と検証によりプロジェクトの内容を充実させる

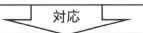

ビジョンからロードマップへと展開

企業内起業の開発・事業化プロジェクトの場合には、それを創設するための会社及びイノベーターの意思が働いて組織となって結実しているので、既におおまかなビジョンがあるのが当然です。

しかし実際に実行部隊として機能させるためには、その内容を十分ブレークダウンして共有化し活動予算を配分し、人員の配置などのシナリオ仮説をイメージしておくこと、すなわちロードマップを描くことが必要です。

ビジョンは未来の見通しですから、描けばよいというものではありません。現在の位置からの違いを明確化することで未来の共有化が起こります。

このことで、会社とだけでなくプロジェクトのメンバーとはもちろん、種々のアライアンス（パートナー）とお互いに智恵を出すことが可能になります。**図8-3**はビジョンとロードマップをうまく使うことにより、研究開発とビジネスをつなぐイメージを示しています。

図8-3　イノベーションのためのロードマップとビジョンの関係

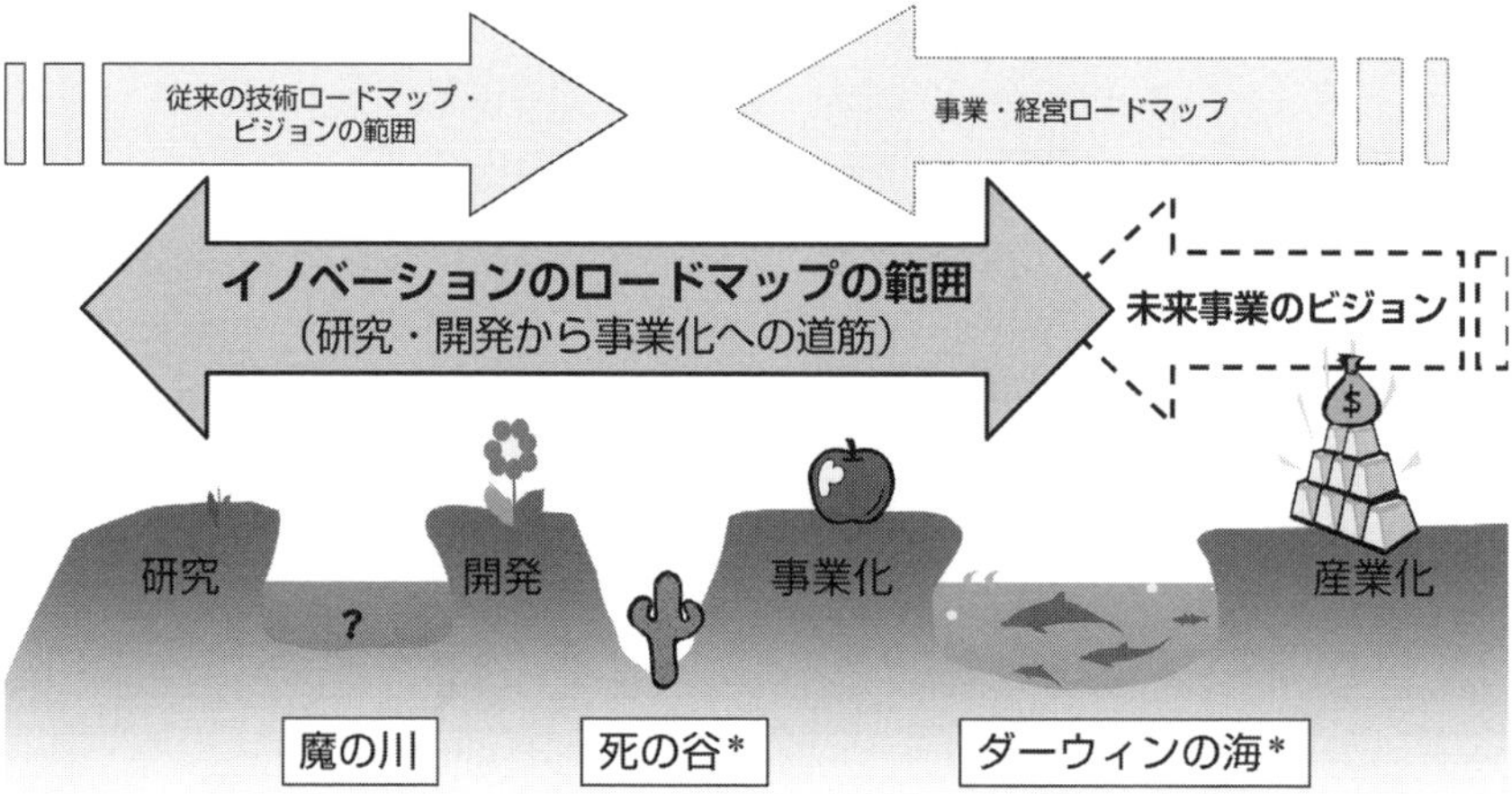

（※ＮＩＳＴより引用）

2 ロードマップ策定の基本的考え方と実際の作成プロセス

ロードマップ作成の具体的なステップとプロセス

開発・事業化プロジェクトのマネジメントにおいては、プロジェクトをつくったときの初期条件を十分に反映させながらロードマップをつくっていきます。

まずはプロジェクト創設の目的や意味をもう一度ふりかえって全方位で共有化することです（ＳＴＥＰ０）。

そのあと、ＳＴＥＰ１では「行き先」を明確にしていくわけですが、ビジョン、ターゲットを具体化（年限や数値）する作業になります。

ＳＴＥＰ２では実際のロードマップとして、「シナリオ・メーキング（行きかた）」を作成することになります。この時点においては、さまざまな市場の変化に対応したオプションを用意することが必要です。

ＳＴＥＰ３ではロードマップの「検証作業としての統合化や価値評価」が必要になります。ここで社内、社外（市場）における動きを常に見ながら関係者と調整するところです。

図８‐４ではＳＴＥＰ０からＳＴＥＰ３へのフローを整理して示してあります。

ロードマップにおける段階的目的策定と周知徹底

ロードマップによってプロジェクトのメンバーがビジョンやシナリオを共有することで、メンバーもＰＭの意識で仕事にあたることができます。

その結果として、自分たちのスケジュールをロードマップにもとづいて自立・自律的に描けるところまでくれば、組織にスピードと活性力が生じます。また自分たちのベクトルと目標を知ることで、プロジェクトの実行と決定に対する自信が出る組織になります。

図８‐５はシナリオとマイルストンを描いていく仮

図８-４　ロードマップ作成の具体的なステップ

STEP	STEP 0	STEP 1	STEP 2	STEP 3
各STEPの目的	プロジェクト設立の目的と意味を理解する	行き先をどう創る（ビジョン、ターゲット）	行きかたをどう創る（シナリオ・メーキング）	ロードマップとしての検証作業（統合化、価値評価）
具体的な内容とマネジメント	時間軸と目的を明確化していく	2～3通りを作成と共有化	3～5通りを作成と共有化	グループ内と社内・社外の関係者との調整

説構築のイメージです。未来からは最終ビジョンをもとに描くバックキャスト型、現在からは開発状況をもとにするフォーキャスト型で、互いをすり合わせながら作成します。

プロジェクトの各ステージにおけるターゲットの考え方

現実にはまだ製品・商品が完成していない状況でビジネスを考えていくことが求められます。そのためにはビジョンをステージごとにブレークダウンすることが必要です。

図８・６には開発・事業化各ステージでのビジョンやターゲットについて、経営層、メンバーと共有化するべき内容を整理してあります。

プロジェクト責任者（ＰＭ）は経営側（会社）と実行側（メンバー）との双方との未来を一致させながらロードマップでコミュニケーションをはかります。

図８-５　ＰＬＣによる事業化シナリオとマイルストン作成イメージ

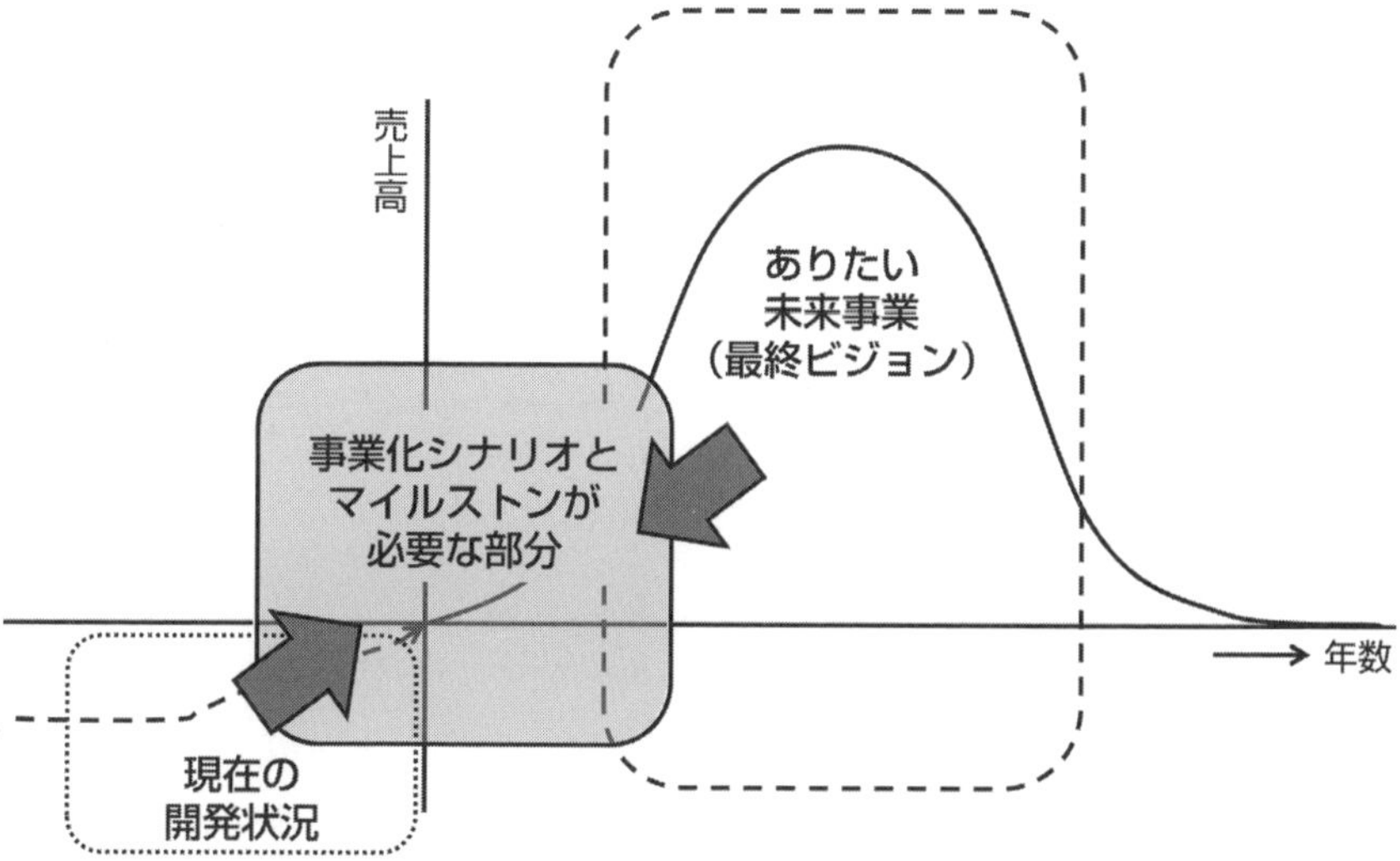

図８-６　本書の開発・事業化プロジェクトの範囲とマネジメントの特徴

	会社経営層との共有化内容	プロジェクトメンバーとの共有化内容
開発ステージでのビジョン、ターゲット	最終市場の顧客価値を見ながら、まず購入してくれる具体的な開発目標（製品仕様）を仮説設定	会社との共有化された目的をもとに、開発のスケジュール化、顧客の求める変化を追跡対応
事業化ステージでのビジョン、ターゲット	実際に顧客が買ってくれる価格や最終的な顧客の規模を見積もり、事業化ステージの目標を設定	初期（ビジョナリー）顧客と主力顧客の変化を追跡しながら、顧客価値の最大化と実現の早期化を明確化
ＰＭ（ＰＬ）の具体的な次の作業のイメージ	プロジェクトの全体的なイメージの確認と、それにもとづく予算と人材の獲得、調整	マイルストンの設定と予算・人材の配分、スケジュール化

3 ロードマップの統合化と活用

ロードマップによるギャップの共有化

一般的なロードマップ策定と共有化にあたっての基本は、まずは行先と行き方の意志を明示したたたき台の準備です。それによって現実とのギャップが明確になります。**図8－7**にはそのイメージを示してみました。

ロードマップはビジョン実現に向けた妥当なリソースの配分をプロジェクトが得るためのツールになります。

よく行なわれる現在位置だけからの視点ではどうしても不確定なスケジュールしか描けず、特にブレークスルーを伴うような不連続性のある未来は描けません。予算の獲得などは後手に回ってしまいます。

このため未来視点で行き方を描く（＝ロードマップ化）ことが必要になってきています。ロードマップによる視点は未来からのバックキャスト型からという意味がわかっていただけると思います。

ロードマップのなかのマイルストンの意味

ロードマップの中間目標をマイルストンとして設定することで、プロジェクトのスケジュール化が可能です。するとメンバーの目標点への共有化が起こり、その内容を周知徹底することができます。

このマイルストンは適当につくればよいというものではなく、最終的に顧客の予定となっていることが、運営上必要になります。技術の完成度ではなく顧客側のニーズのポイントを技術仕様として明確化することが必要なのです。

図8－8で示すようにロードマップのギャップの埋め方について合意と理解が得られれば適切なリソースの再配分を受けられ、マイルストンまでのスケジュール化が可能となり、その結果に対してPMはコミットすることになります。

図８－７　ビジョンとロードマップ（現状と将来の位置付けギャップのイメージ）

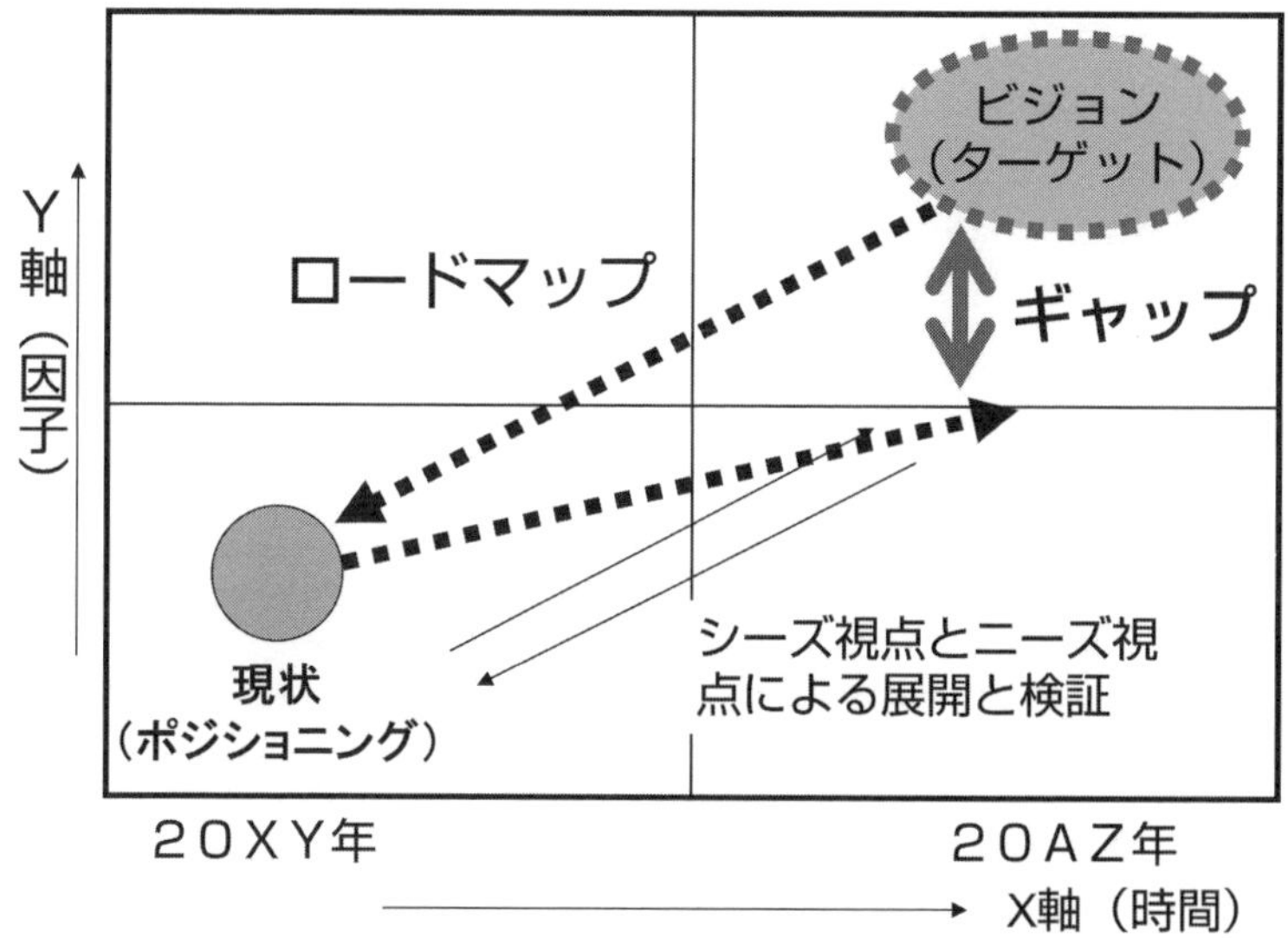

図８－８　ビジョンとロードマップ（ギャップ解消後のイメージ）

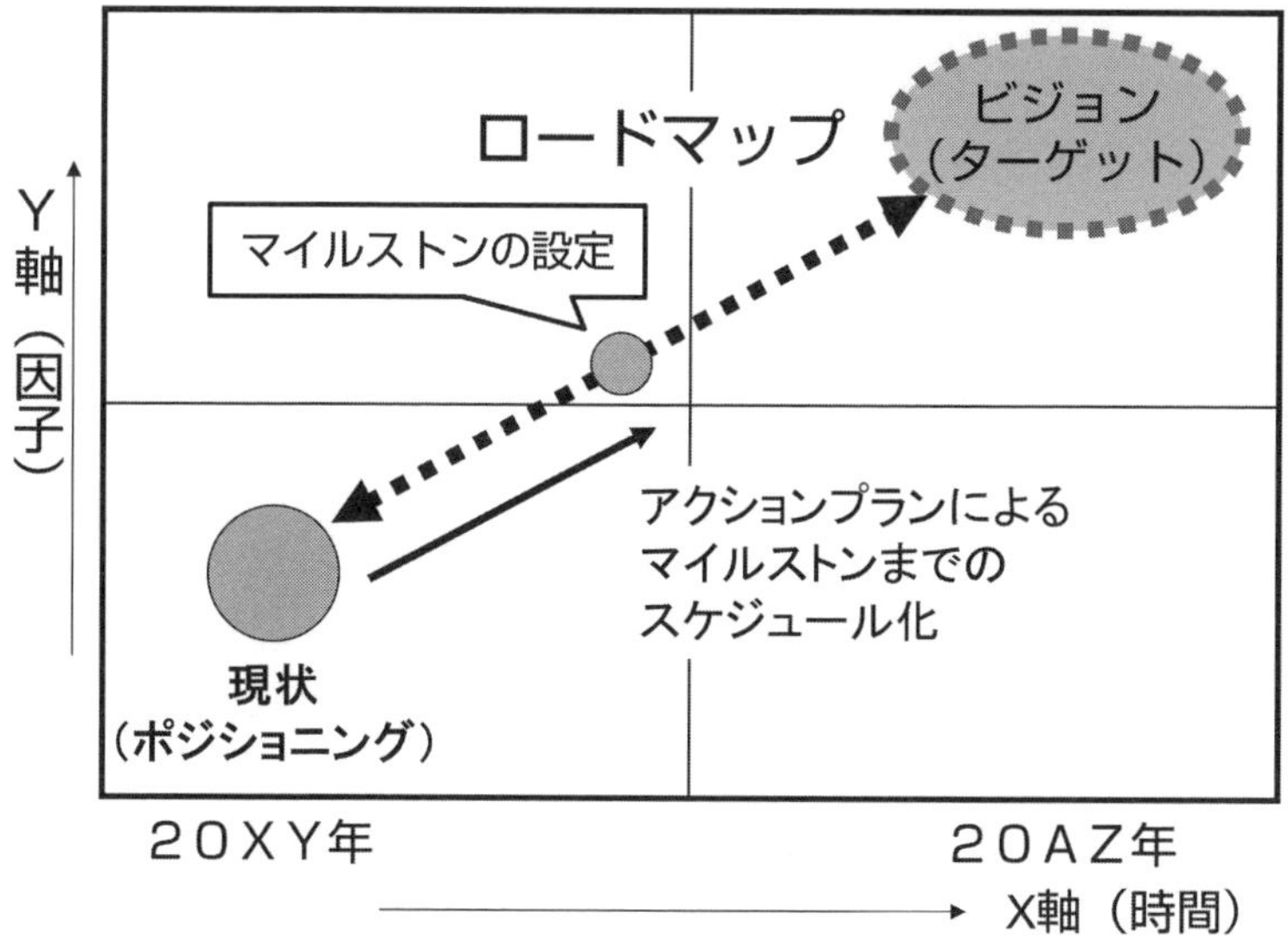

社内のさまざまなロードマップとその統合

分業型組織である企業には、既にさまざまなロードマップが組織ごとに存在しており、技術ロードマップや経営・事業ロードマップもあるかと思います。また製品・商品ロードマップも事業部を中心にして存在するものと思います。そのなかにプロジェクトにかかわるものがあるかどうかを一度探して関係を明確化しておくことが必要です。

図8-9は各種の社内に別々に存在するロードマップを一体にひもづけして統合するイメージです。上位概念としての事業ロードマップ、製品ロードマップとして組織内で承認され明確になっているならば、全体として統合されたロードマップを作り上げることはそう難しいことではありません。

うまく既存ロードマップと関連づけて、統合化していけば各部署との共有化のツールとなり、プロジェクトの追い風になります。

図8-9　技術ロードマップと事業ロードマップの統合イメージ

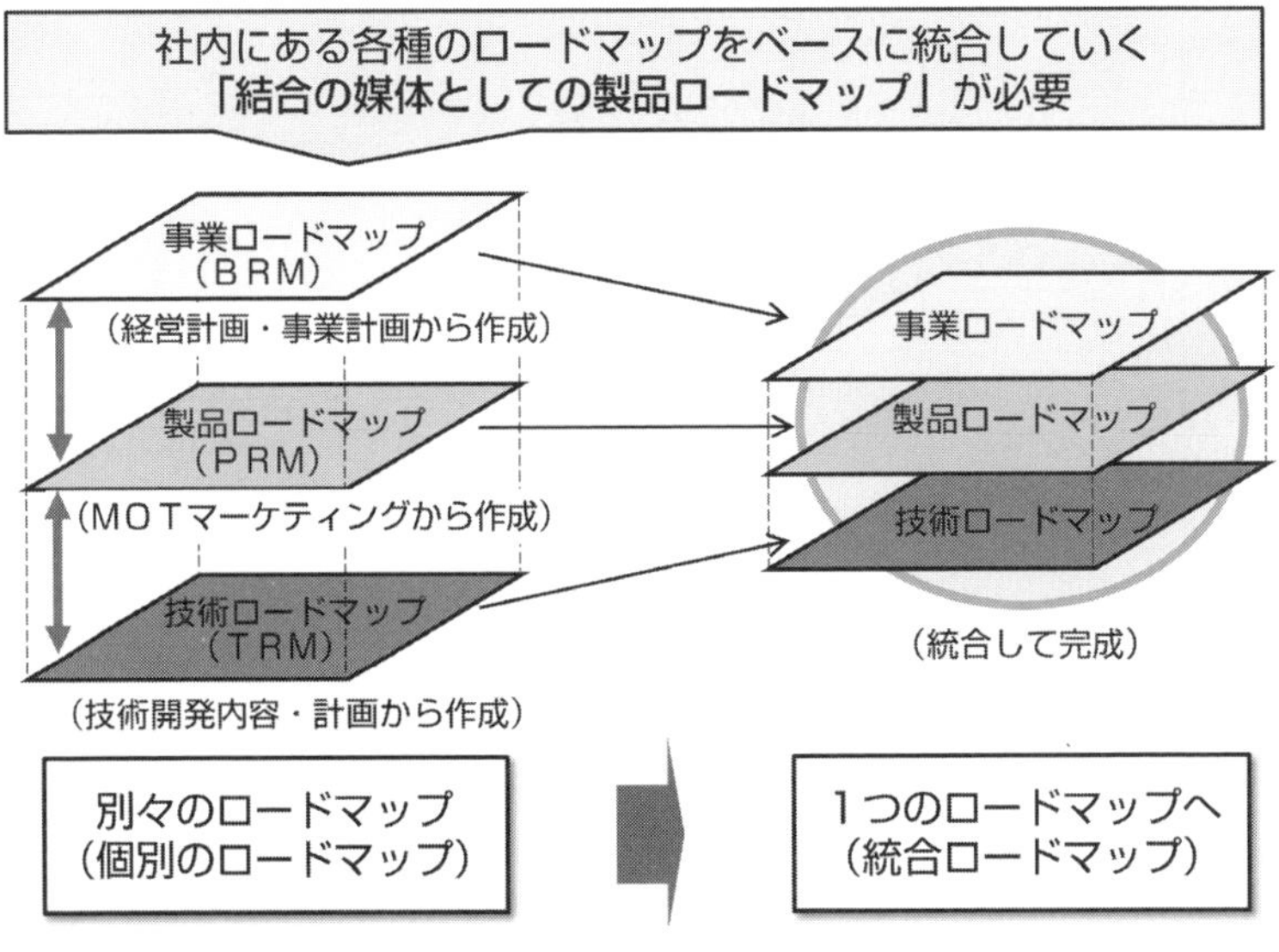

4 統合ロードマップとビジネスプランの違い

事業・製品・技術ロードマップの検証作業

事業化プロジェクトにおいては、統合化されたロードマップは社内各部署との未来の共有化のために必須です。

統合ロードマップの階層構造を**図8-10**に示してみました。この図から読み取っていただきたいのは事業ロードマップ（ＢＲＭ）と技術ロードマップ（ＴＲＭ）の両者が、製品・商品ロードマップ（ＰＲＭ）を介して繋がっていることです。

製品・商品ロードマップは製品・商品開発、事業化への顧客価値訴求をするためのものです。ここを具体的に検証していくことが、統合ロードマップを市場視点で客観的に検証する唯一の方法となり、説得力のあるＭＯＴマーケティングにつながります。

図8-10　事業、製品・商品、技術ロードマップの関係とPRMによる検証作業

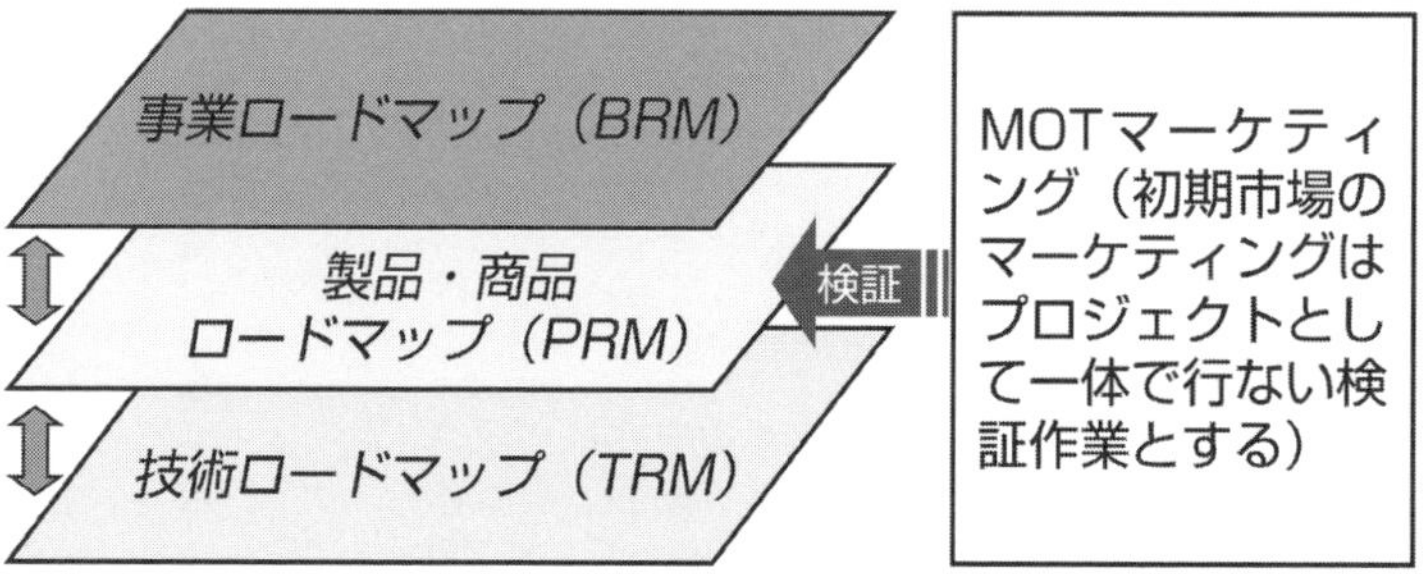

ロードマップの統合イメージと開発スケジュール

プロジェクトにおいてはロードマップの統合化の後は新規商品に関連する技術を具体的にブレークダウンします。そこでお互いに関係する項目をマイルストンの基準として、開発スケジュールに落とし込むことが可能となります。そのアウトプットイメージを図8－11に示してみました。

ここでは三つのロードマップが統合されることで有機的につながり、開発の個別目標を経営者層とも共有化できるようになります。

ロードマップの統合化において改めて注意するべきことは、事業全体を見通した上で現在の進捗ステージを明確にするとともに、不確定要素への対策（リスクマネジメント）の必要性を共有化するということです。

ロードマップ（RM）からビジネスプラン（BP）へ

ロードマップ（RM）とビジネスプラン（BP）の違いを時系列的にイメージ化したものを図8－12に示してみました。

ビジネスプランの詳細は本書では述べませんが、基本的に将来から現在までをどうみるかという点では同じです。

ビジネスプランの場合はより具体的で、明確なビジネスモデル（商品と課金モデル）と売り上げ、投資などの財務諸表や利益見込みなどの投資と回収に関する基礎数値やリスクヘッジに関する項目が加わります。

実はビジネスプランにはほとんど技術そのものの話が出てきません。市場にかかわる話がほとんどになります。

特に収支費用が大切となる事業化ステージに入ると売り上げが発生しますが、逆に、経費としての必要費用も開発ステージより飛躍的に増大してくるので、その予測、調達も含めて慎重にする必要がでてきます。

図8-11　事業・製品・技術の統合ロードマップと研究開発スケジュール

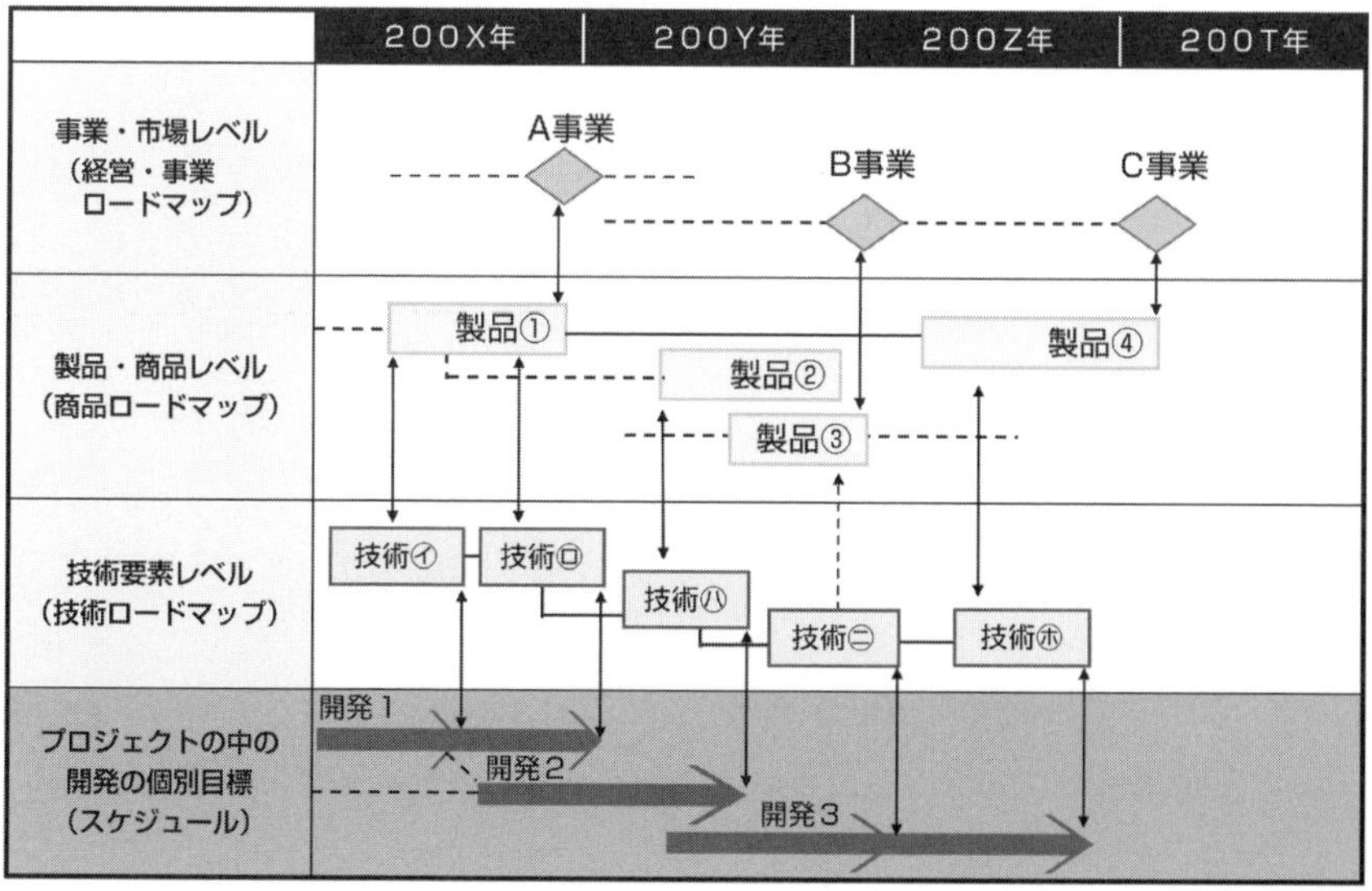

図8-12　「ロードマップ」と「ビジネスプラン」の役割イメージ

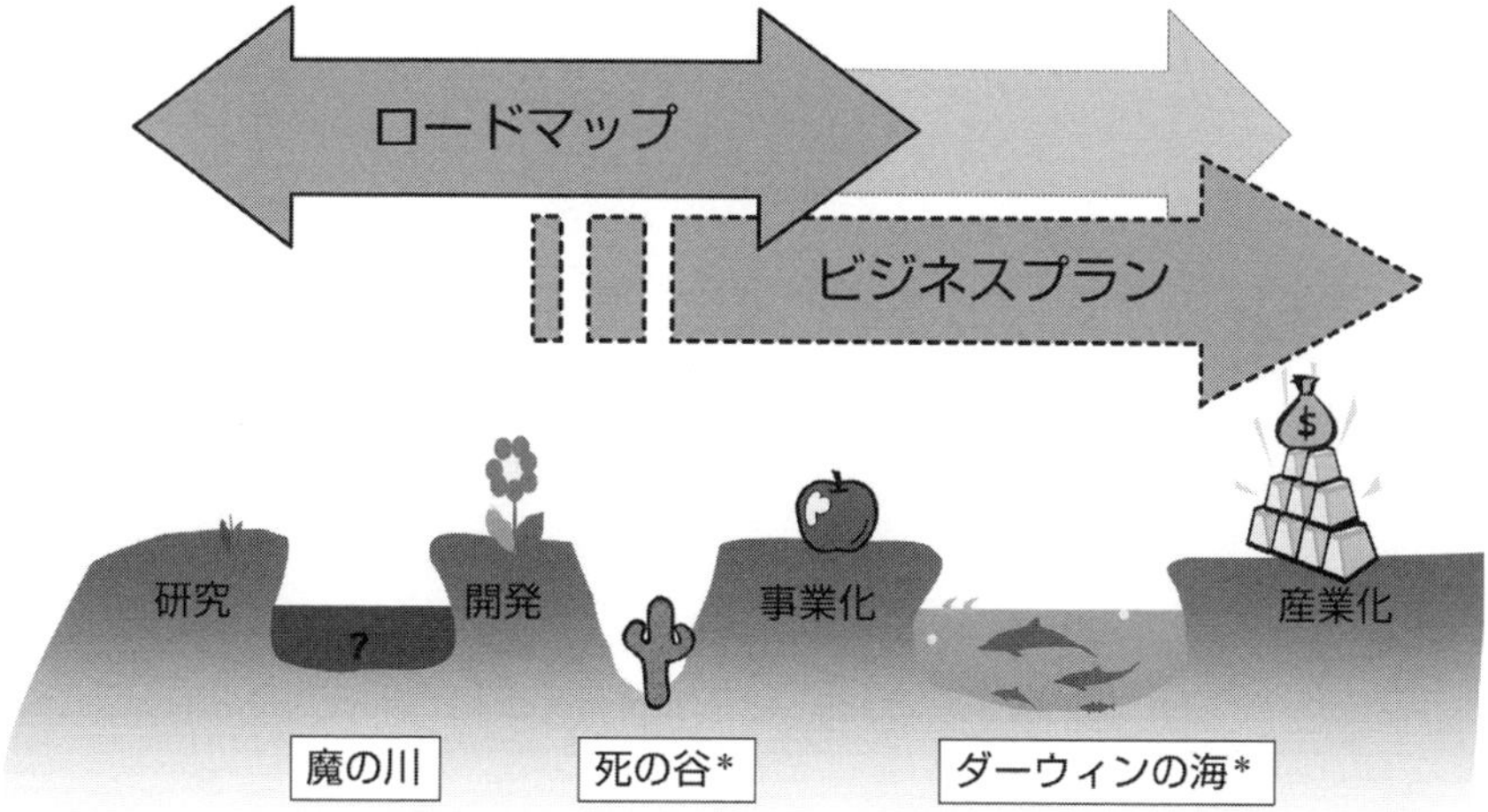

（　※NISTより引用　）

コラム8

新技術をベースにしたビジネスプランの失敗例

筆者自身の経験から事業化を目指したプロジェクトの場合、技術者がよく行なうBP作成の典型的な失敗例を二つ示します。

①新技術至上主義となっている夢物語の開発・事業化計画

まずは技術者が雰囲気で起業ムードに乗って新しい事業を展開したときの例で、現在持っている技術、それも新技術だけで、BPを描こうとする場合です。世の中にまだ存在していない、かつマーケットからよほど待ち焦がれられている革新技術でないかぎり、自分たちが研究してきた技術シーズだけでは、まともなビジネスの絵を描くことはおぼつきません。

このような例では、新技術の可能性を具体的なマーケットニーズにまで展開することなく、市場の漠然とした期待要求（ウオンツ）と技術的可能性だけを見て事業コンセプトを作ってしまいがちです。このとき気をつけることは、新技術の展開可能性が最大限に拡大・発散してしまっている可能性があるということです。夢はどんどん拡大しますが、明確なターゲットなしに実際に事業化にはいっていくと現実の可能性はしぼんでいき、皆あわてることになります。

この問題点は、BPを展開するときに自ら顧客価値のある具体的製品と顧客を自分で直接対面調査をしないで夢物語で描いてしまうことにあります。事業に対する責任感やビジネス感覚が稀薄なときは、まったくの夢の数字を描くことに抵抗がないからです。顧客側のアクションプランは現実には存在しないにもかかわらず、数字が一人歩きしてしまうのです。この場合、現実とのギャップが、開発から事業化の段階・ステージで発生します。マーケットが不明確のまま製品展開してしまうために、色々な製品を作りっぱなしで終わってしまうということになるのです。

これを「死の谷」と呼ぶことも多いのです。実はこの場合の最大の課題は、開発ターゲットも決まっていないので「魔の川」もこえずに、気分だけ事業化ステージに到達しているということです。

②自社の技術・製品から展開する場合の夢のない事業計画

もう一方の極端な例は自社のリソースを大切に確実に使うということで、現在の確実な新技術と社内の既存技術をベースにして絵を描くことです。BPを精査すればするほど、売り上げ、利益計画は安全サイドになりどんどん縮んでいくことになります。その結果、会社に必要な事業規模に達せず、おまけにコストは高い、市場は飽和している、競合だらけ、そんなものが売れるか、という否定のオンパレード状況になります。BPの評価はどんどんと縮小して取り下げざるを得ないパターンとなります。製造系の会社の場合、既存データによってリスク管理がなされるのでこの傾向が強いといえます。

ここで両ケースに共通するBPにおける戦略の重要性について、ふれておきます。戦略とは戦うことではなくて、無駄な戦いをいかに省略するかということであるといわれます。BPについて言うならば、顧客の価値をベースにした目標を明確化し、その目標にいたる道で本当に足りない技術だけを、いかに的確に発見して調達するかを可視化するということです。

ビジネスを実現させるための戦略は明らかか？実現可能性が見えるか？　さらに大切なのは、技術がいかによくても、マーケットの可能性が見えなければビジネスプランにはなりえないのです。

第８章　まとめと実践ワークシート
ロードマップによる未来の設定と共有化

① 未来を創りマネジメントする

ロードマップ ⟷ スケジュール

（未来ベースのマップ）　（過去・現在ベースの予定表）

実践ワークシート① ロードマップは未来起点となっているか

- スケジュールとの違いは明確か：
- 未来から描いているか：
- 概念モデルであることを知っているか：

② 統合化した技術ロードマップの必要性

技術ロードマップ ⟷ 統合化ロードマップ

（技術完成度がターゲットになることが多い）　（事業、製品と技術が紐づけされる）

実践ワークシート② 統合化することで技術ロードマップは社内で存在価値を持つ

- 技術ロードマップは存在するか：
- 統合化されているか：
- 統合化するために何が必要か：

③ ロードマップとビジネスプランの違い

ロードマップ（ＲＭ） ⟷ ビジネスプラン（ＢＰ）

（事業化のためのコミュニケーションプラン）　（事業化のためのコミットプラン）

実践ワークシート③ どの時点でＲＭ⇒ＢＰとなるのがよいか？

- ＲＭとＢＰの区別は明確か：
- ＲＭの使いかたは：
- ＢＰを使うタイミングは：

展開編

第９章

リスクマネジメント

とるべきリスクとリスクヘッジ

イノベーションのプロセスでは、技術開発のリスクよりも市場開発のリスクが大きく立ちはだかります。ここである程度、市場の先駆的な兆候をつかむことができれば、「実施して失敗するリスク」よりも「実施しないことでビジネス機会を逸するリスク」が大切です。

技術を商品化することと市場ニーズとの両方のタイミングとバランスをみてマネジメントするのが「成功へのリスクマネジメント」となります。

開発・事業化プロジェクトのＰＭはメンバーだけでなく経営幹部にも可能性とマイルストンを明確にしてできるだけわかりやすくリスク検討の会議で説明し、それを突破することが必須です。

1 なぜリスクマネジメントか：不確実の中のリスクとは

リスクをどのように考えるか、リスク対処の現実例

リスクマネジメントの第一歩は、リスクにかかわる管理とヘッジの違いの理解です。

開発や事業化ステージでのプロジェクト・マネジメントはもともとリスクの高い不確実、不連続の事象を扱います。その不確定要素における最大ダメージを見積もることと、その回避方法を検討することはリスクマネジメントの第一歩です。

最終的には開発における技術リスクと事業化における市場のリスクを分けて考えるのですが、その全体的な把握がまずは必要です（**図9-1**）。このマネジメントができないと、その不確定さと不連続さに翻弄される無謀な取り組みとなります。

ここでは、そのリスクをいかに把握して対応するかという観点で実践的なポイントについて述べます。

リスクマネジメント：リスク管理とリスクヘッジ

リスクマネジメントには、守りのリスク管理と、攻めのリスクヘッジがあります。どちらが良いかではなく、おかれた立場で使い分けることが大切です。

イノベーションを目指す開発・事業化では当然ながら攻めの思考方法を重視します。リスクの調査実施上の実践的なポイントについて**図9-2**に整理しました。

リスク管理を徹底しすぎると何もできなくなってしまいます。本当に必要なリスクを見極めヘッジすることでリスクは顧客価値、付加価値へと変わります。どちらを主体で行なうかは、その進捗と内容によってマネジメントの腕の見せどころです。

避けるべきリスクは避け、とるべきリスクをとり、きちんとヘッジすることが価値を生むためのリスクマネジメントとなります。

図９-１　開発ステージ、事業化ステージでのリスクの全体イメージ

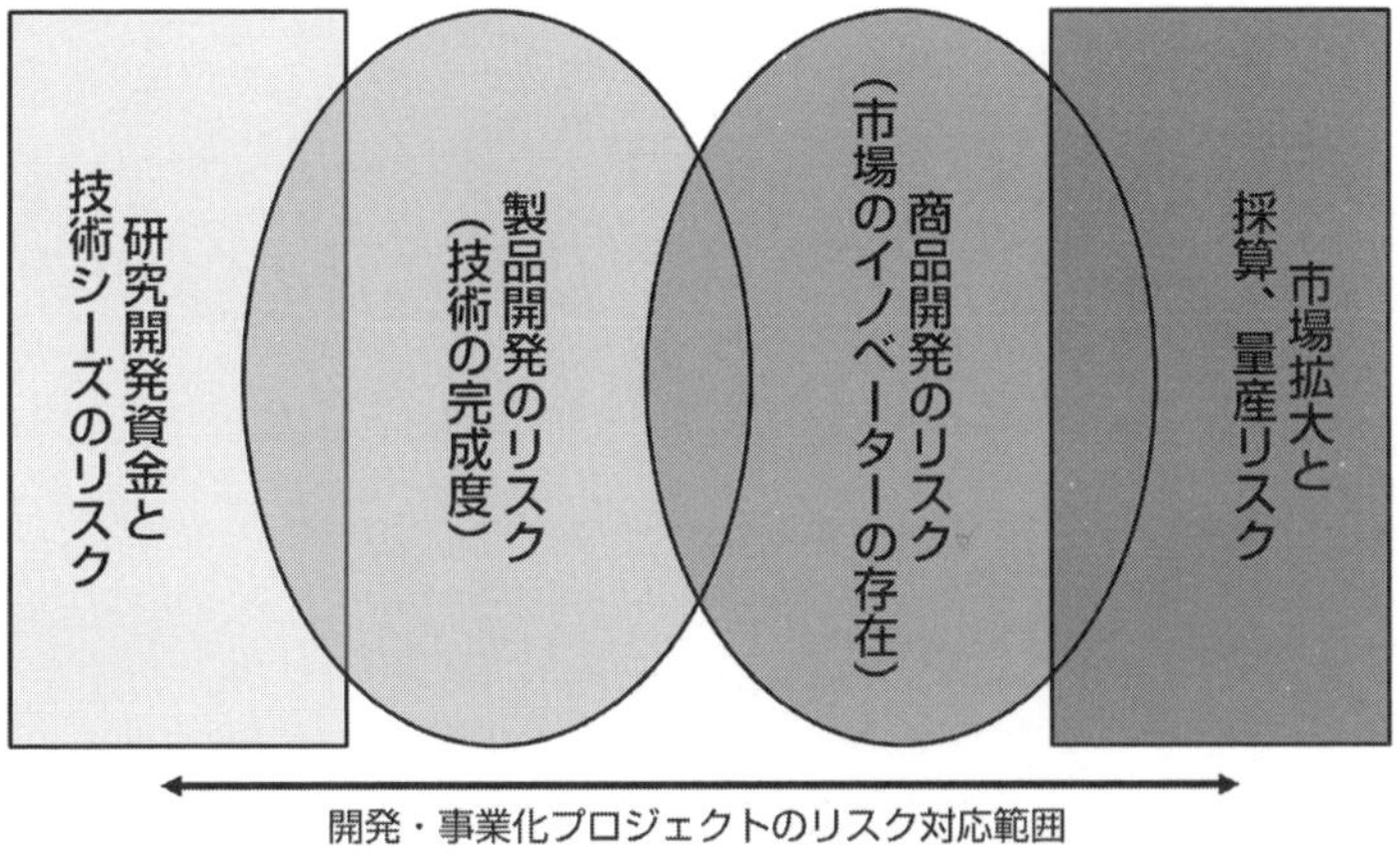

図９-２　リスクマネジメント：リスク管理とリスクヘッジの比較

	リスク管理（産業化ステージ）	リスクヘッジ（開発・事業化ステージ）
基本的姿勢と考え方	不確定性のある事象は事前に排除	不確定性のある事象について、第2第3の対応ケースを準備
リスクの大きさに関する考え方	実施して失敗したときのリスクを判断し、排除する方策を考える（安全サイド）	実施しないで失われるリスクの大きさを判断し、対応策を考える（挑戦サイド）
開発ステージでのリスクマネジメント	技術の不確定さの排除と、実績データの重視、論理性によるマネジメント（技術的難しさが高いほど危ない）	技術の差別性と先駆性による実現時のメリットを重視、達成への道を複数考えるマネジメント（技術的に難しさが高いほどチャンス）
事業化ステージでのリスクマネジメント	マーケットが存在する、確実に思えるところで勝負 既存顧客、業界でのシェアNo. 1の企業と対象	マーケットの可能性が見えるところで勝負 現在のニッチマーケットで将来のメジャー顧客を相手に展開
契約、アライアンス等	不確定性のある契約は結ばないか、先送り	不確定性のある契約はさまざまなケースについて判断

リスクマネジメント：実施する／実施しないリスク

リスクマネジメントをどのように行なうにしても、知っておきたい考え方があります。それは「実施する／実施しないリスク」です。実施する場合には失敗するリスクが必ず発生しますが、実施しないときには成功した時の可能性がなくなってしまうというリスクが生じます。これが実施しないリスクです（**図9-3**）。

現実には実施するときの失敗の確率とかかる費用、成功したときに見積もられる価値とを比較することになります。また実施者側の緊急度や必然度も重要な要素になってきます。

リスクには「実施して失敗するリスク」の面が強調されることが多いのですが、「実施しないで、ビジネス機会を逸するリスク」もあり、その両方のバランスを見て経営者が判断していくべきものです。

新技術をベースにプロジェクトを実施する場合、市場の動きとともにこの両者についてきちんと検討しておく必要があるのはいうまでもありません。

図9-3　実施するリスクとしないリスクの比較

リスクの種類	内容	プロジェクトでの判断
実施するリスク	失敗したときに失う価値（予想コスト）	直接失われる費用以外にも、「何もしないでも必要なコスト」と「別のことをすることで生まれる収益」も計算に入れることが必要
実施しないリスク	行なわれなかったときに失われる価値（期待収益）	「成功したときに得られるであろう収益」を失うリスクと実施したときの費用とのバランスを判断

2 リスクの明確化とリスクヘッジ

不確定なリスクに対処するには？

実際のプロジェクトのマネジメントにおいてリスクに対応していくには、代替案としてのリスクヘッジをちゃんと考えることにつきます。このようにヘッジ（オプション）をたくさん考えるには基本的な仮説構築が必要です。

このためには多様なストーリーとデータ収集・構築、すなわちシナリオ作成（定性）、その想定結果の推定（定量）つくりがポイントとなります。

不確定性へのマネジメントを行なうこととは、失敗したときの対処案への切りかえのオプションを多くもつことです。そのためにはビジョンとロードマップ（先読み）の検討を十分行なっておきます。現実のプロジェクトにおいて、先読み議論を行なうには、メンバーの仲間との常日頃のコミュニケーションが大切です。

新事業に関するリスク対処の実際：具体的な調査体制と内容

現実のオプションを考える以外のリスク対処のための調査について、ステージ別（図9‐4）と項目別（図9‐5）のポイントを示しておきます。ぜひチェックポイントとして活用ください。

その時の具体的な実践内容を次に示します。

① **ターゲット顧客のニーズ調査**：まずは自分たちで行なうべきことですが、顧客も時間によって急速に変化するので要注意です。

② **第三者による技術・競合調査**：外部の目で見たときの視点も重要です。必ず複数視点での検討が必要です。

③ **現地調査**：必ず自ら現地に足を運んで確認するのは必須です。

④ **文献・特許調査**：できる範囲の徹底的な調査とわ

図9-4　開発と事業化のプロジェクトにおけるリスクのポイント

	不確定性の要素	課題（リスクの内容）	対応内容
開発プロジェクト	技術（要素）の不確定性	開発ターゲットが明確になっているという前提での開発品の未完成	・プロジェクトに使う技術の選択 ・技術者の能力向上 ・オープンイノベーション
事業化プロジェクト	市場（顧客）の不確定性	最初の顧客の存在が明確になっているとの前提での市場の未出現	・顧客価値の明確化 ・内容（仕様）の確認 ・市場のイノベーター再確認

図9-5　想定される事前のリスク予測、競合比較とヘッジ

- 社内リスク
  - マーケットリスク　→　代替商品・サービス
  - 特許抵触リスク　→　強い特許のマップによる確認
  - 他社参入リスク　→　差別化ポイントを明確化
  - 公的規制リスク　→　○×省による事前調査
- 社外リスク
  - 開発リスク　→　開発スケジュール、アライアンスの強化
  - 人材リスク　→　キーパーソンの確保
  - 資金リスク　→　VC 以外の事業会社との連携
  - 自社での既失敗リスク　→　当時の状況と違いの明確化

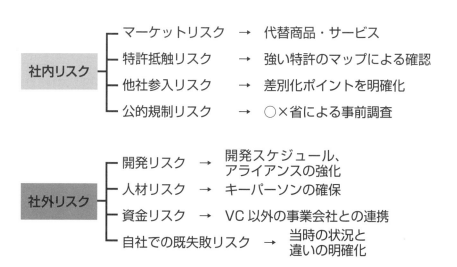

かりやすい整理は基本的作業です。

⑤関連業界・学界での評判：ビジネス業界などでの評価は当たっている場合も多いので個別に十分信用できる人々から収集すること。

⑥社内（文化、失敗事例など）調査：自社グループ内の類似の失敗事例との関連、現状との違いなどは必ず調べることが大切です。

マイルストンによるプロジェクトの運営

開発プロジェクト進捗のマネジメントの基準は、マイルストン目標の達成・突破です。このマイルストンにはある程度のブレークスルーを伴うことがほとんどです。逆にいうと、ブレークスルーがない開発プロジェクトは、価値がないともいえます。

社内予算もそうですが、ステージゲート法などでは、いつでも予算をストップという弱い立場と、マイルストン達成のときは即座の予算認可という立場が相半ばします。このためマイルストンの突破や進行には万全の目配りと、いい訳を許さないマネジメントが必要となってくるのです（**図9-6**）。

図9-6　マイルストンの通過のためのマネジメントのポイント

	マイルストンの設置の位置づけ	マイルストン通過のためのPMの役割と準備
①	不連続な障壁越え	時期と内容の到達： 業務遂行上の不連続のレベルをきちんと把握して、そのポイントにおける手をあらかじめ打つこと
②	代替案の準備	通過の困難性へのリスクヘッジ： ブレークスルーが必要なポイントをリスク管理項目として、代替案をいくつか用意し別の手段でも進めておくこと
③	評価内容の共有化	評価による通過認証： あらかじめメンバー全員でマイルストンの意味と重要性を共有化しておくこと

3 開発と事業化のリスクマネジメント

開発、事業化ステージでのリスクマネジメントの基本的考え方

よく「選択と集中」という言葉が使われます。これは企業経営として既存の事業を対象に使われる言葉ですが、時々、不確実性の高い開発・事業化の現場でも聞かれます。

まだ顧客価値がクリアーでない研究ステージで行なわれている場合には、このような顧客価値に応じた選択と集中という表現が当てはまる面もあります。

しかし、ある程度の顧客価値を知った後でのイノベーションを求める場合には開発ステージにおいてはできるだけ広範なトライアルが必要で、それがリスクヘッジともなります。単純な選択と集中は誤った判断を招きかねないので、注意が必要です。

一方で、開発から事業化に移る段階での必要な費用はケタ違いに大きくなります。この場合には、技術者を中心にした開発・事業化の推進者は、経営幹部にできるだけわかりやすく、マイルストンを利用して、かつリスクを明確にし、貴重な時間をロスしないように意思決定会議を突破することが大切です。

特に開発テーマ選定において、不確実性を伴うブレークスルー的な局面に移っているときは、ステップを考慮したリスクヘッジが必要になっています（**図9-7**）。

開発ステージでの具体的なリスクマネジメント

開発段階でのオープン・イノベーション（O．I）、協創を行なう場合、リスクマネジメントとして依頼側からの視点で押さえるべき詳細を検討していきます。

それは①開発委託先（ベンチャー）の信頼度、実績、人物、設備、資金状況、②開発技術の評価として は事業に移行できる製品、③開発完了後の体制・ポテ

図９-７　ステップを考慮したリスクヘッジ

STEP1　選択と集中の再考

予測可能な状況下で絞り込むことの効率を高める時代は終わった ▶ 多数のテーマを創出させて準備しておく

STEP2　確率論的なリスクヘッジ

不確実性の高い状況下での考え方として分散型の選定を行なう ▶ 技術的には多数の解決策を組み合わせて準備する

STEP3　顧客価値の再確認

価値を睨んだテーマを選定する ▶ 顧客候補とのやり取りで最新の顧客価値を確認しておく

図９-８　開発ステージでのリスクマネジメント

項目	チェックポイントとその対応
① 開発委託先の信頼度	会社自体だけでなく主要人物の経歴や仲介者についてもきちんと調べる必要があります。実績も判断基準になりますが、ベンチャーの場合には実績が少ないことが往々にしてあります。この場合は人物の信頼度、技術のルーツや評判で評価することになります。
② 開発技術の信頼度	新規事業なので、内部の人材がいかに速成的に勉強しても技術判断はできないのが普通です。このため、参入分野の顧客筋の技術者や、業界内での非公式コミュニケーションも十分に活用する必要があります。都合３方向からの技術評価が求められます。
③ 委託元会社の開発体制 （開発完了後）	開発が完了したあとに技術移転の受け入れ先となる企業の開発・事業化体制が明確化されている必要があります。特に、一部だけを企業で分担する場合には、誰が、どのような体制でコミットするか、開発段階から明確にしておく必要があります。そうしないと事業化の時に人材や予算、体制をめぐって無用なトラブルが起こりかねません。
④ 開発計画の妥当性	あくまでも事業化、産業化を念頭において考えることが必要です。開発を自社で行なった場合の能力、時間、費用と比較しながら検討・判断することになります。特に技術面についてはその差別化の程度と完成期間のバランスをマーケットから、費用面については資金負担と回収計画からそれぞれ判断していくことが大切です。
⑤ 契約内容の妥当性	知財、法務部署と十分協議し、特許係争などのリスクを最小にすべく事前に契約条項と内容を吟味し、交渉します。特に、マイルストンの合意内容と検収条件については、各項目に関する深く十分な相互理解が事前に必要となります。

ンシャルは機能する事業化体制、④開発計画の妥当性（費用・期間・ターゲット）をコンセプトとして受け入れるチーム、人材、⑤契約内容の妥当性としてリーガル的に考えられるポイント、などがあります。**図9-8**にはそれぞれの項目に対応して具体的にチェックする内容を整理してあります。

事業化ステージでのリスクマネジメント

事業化ステージにおけるリスクマネジメントのポイントを整理していきます。

その内容は①市場予測：現在のマーケットではなく上梓時のマーケットの予測、②競合製品：必ず競合はあるが、相手の能力を予め知っておく、③事業化及び産業化体制：どこでやるか、技術をどのように手に入れるか、④ビジネスプラン：企画力と生産力、営業力等が問われるところ、となります。

図9-9は、各項目についてのチェックポイントとその対応内容について、具体的に整理してありますので参照ください。

図9-9　事業化ステージでのリスクマネジメント

リスク項目	チェックポイントとその対応
①市場予測	業界側だけではなく顧客側からの需要予測もいれて楽観値、悲観値の範囲を示しながら判断します。特に需要の立ちあがりの見通しを正確に出すのは難しいところがあります。フレキシブルに対応できる計画にしておかないと、時期的なずれを吸収できずに事業が立ち上がらないで終わってしまうこともあるので要注意です。
②競合製品	社外の第三者視点での調査も踏まえて、競合との比較を冷静に行ないます。競合先も同じことを考えて動いていることを前提に、差別化のポイントを見誤らないようにする必要があります。この場合、性能的な点とともに知財的な差別化もはかられていることが最も大切になります。
③事業化体制	まったく新しい事業組織をつくるよりも、既存の（開発）プロジェクト組織をベースに新事業体に代えていくことが立ちあがりを早くする現実的な方法です。この場合にはPMのリーダーシップが肝要となります。競合他社の体制の調査も必要ですが、ステージの違いを理解していないと間違えます。すなわち、まだ事業開発や体制が不確定なときに、過大な組織を構築するとヒエラルキー組織となってガチガチになる場合もあります。事業化ステージでは社内、社外の全方位の展開になるのでフレキシブルな対応ができるようにしておくべきです。
④資金の獲得	事業化ステージにおけるビジネスプランのうち、特に財務諸表について財務、経理の専門家の目を通して基本的内容に間違いがないかどうかを確認することは必須の作業です。

4 事業化プロジェクトにおけるリスクマネジメントの勘所

開発・事業化過程における事業の乖離度とは

事業の乖離度を知る方法として、自社の既存事業の「技術と市場（マーケット）」という軸以外にも、新規事業の場合には「時間と金（かね）」という軸で整理する切り口があります。

よく、落下傘型の新規事業は、「技術」と「市場」の軸でその乖離度が大きいと良くないといわれます。これはあくまでスタート時点での事業の容易さを述べるものであり、必ずしも事業化の難しさを述べているものではありません。

新規事業によく起こる乖離としてよく事業スピードの落差という表現が使われます。既存の組織・体制が持つ時間軸と新事業の持つ時間軸の差のことであり、普通はその会社の成功例＝主力事業が既存の時間軸の基準となっています（図9-10）。

図9-10　事業の乖離度：事業のスピードと規模の乖離度

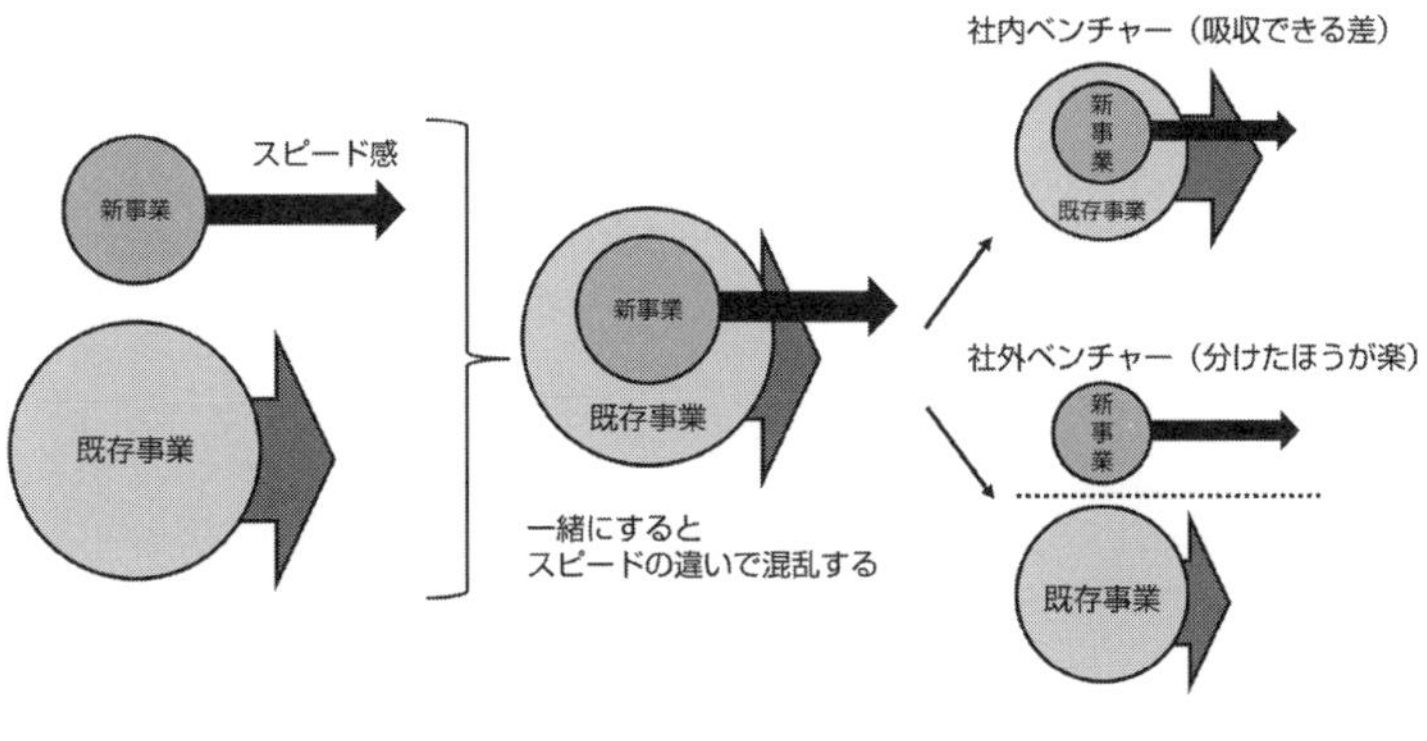

金銭規模を中心とした体制の違いによるプロジェクトのリスク

企業というのは、それぞれが主力の事業をもち、この事業の規模（金銭感覚）軸をもとに、組織内時間や経理・財務システムが動いています。すなわち、組織・体制を考慮する場合には、この金銭感覚の差と、先ほど述べた時間軸の差を考慮した上で設計する（＝どのセクターで行なうか、別会社にしていくか、将来は切り離すか吸収していくか）ことです。

新規事業の組織設計では、この時間軸、規模軸を生む原因について、考察をしておくことも必要です。これが企業のもつカルチャー面と過去の失敗事例との比較です。**図9－11**にその内容を示しましたが、どの段階で、どの程度既存事業から隔離するかを判断する資料にもなります。

実際は、どのようなプロジェクト体制をとるか、社内ベンチャー体制をとるか、事業化のステージに伴って意思決定ができるようになります。

その他のリスク対処の実際：調査体制と内容

調査の実施体制については、マーケットに関するちゃんとした見通しと、事業性の競合や資金回収に関する報告がリスク判断の基準となります。事業部門、マーケティング部門のエキスパートに参加してもらうのがよいのです。

全社的にインパクトがある新規事業の場合には、経営企画／社長室など真のトップに影響力のある人に参加してもらうと話がはやくなるのも事実です。

リスク監査は所詮、不確定ななかの作業ですから、どれだけやっても基本的にエンドレスです。リスク管理の目的はリスクを完璧になくすのではなくて、初歩的なリスクは排除しながら、とるべきリスクを明確にして共通認識をもつことにあります。

調査実施担当者レベルでは最悪の状態（中止、撤退）を考慮しつつ、トップマネジメントが前向きに判断できる資料と説明書類を作りこんでいくことが必要となります（**図9－12**）。

図９－11　企業内プロジェクトにおけるリスク調査のイメージ

リスク項目	具体的な調査項目と対応
① 既存事業とのカルチャー違いの克服	既存事業とのカルチャーの違いを乗り越えられるかを明確にしておきます。特に企業の事業構造を変革するための開発・新事業である場合は、この検討結果をもとにして将来の事業体制の仮説をたてておくことが、開発成功後の事業化を確実にする第一歩です。
② 過去の失敗事例との比較	大きな会社には、失敗の歴史があります。過去の失敗事例との比較は必ずされるので、それらとの差異は事前にきちんと調査して明確にしておくと話が早いのです。

図９－12　その他のリスク調査体制と具体的な内容

リスク項目	調査体制と対応内容
① 開発・事業化費用の全体の概要と詳細計画	費用だけの詳細計算書は経理上のチェックをする上で必要です。特に数字上の初歩的ミスがあると、内容の審議までいかずにそこでずっこける場合も多いので、要注意です。
② 開発・事業化に関するＡ３の大きさ１枚の全体総括表	一覧表があると全体を見るときに参考になります。そこには参入するリスク、参入しないリスク以外にも、事業の発端、市場評価、技術評価、事業性評価など総合的に記入する必要があります。事業企画書のサマリー例等を参考にするとよいでしょう。
③ 開発プロジェクト体制の役割分担表	企画を早く進めるためには、具体的な人名を入れた体制表案まで作っておくと、あとが早くなります。これは事業推進責任者のリスクで作るもので、事前の根回しをすると話全体が進まなくなるので要注意です。

コラム9
ベンチャー企業のリスク低減マネジメント例

開発と事業化プロジェクトのリスクマネジメントに関連して、起業の時のポイントについて筆者が一緒にプロジェクトを行なった米国東海岸のベンチャー企業の事例で整理してみました。

① スタートのときの出身会社の徹底利用

可能性の高い最初の顧客候補は、スピンアウトをしたもとの会社です。ベンチャーにとっては何といっても出身会社における問題点やポイントはよくわかっているのでマーケティング不要です。てっとり早く、一番受注の可能性のあるのが出身企業への開発提案でした。もちろん同時に、出身会社のライバルであった会社についても同じ理由でやりやすい顧客候補とみなすことができます。実際の第一号の受託顧客としては、創業社長の出身会社からの開発委託からスタートしており、会社の所在地はその出身会社の研究開発設備の一部借用でした。またソフトなどの制御システムについては流用していますが、そのほうが委託元にも都合がよいのです。

② リスクマネジメントに関連した人材マネージの方法

人材は必要な開発の「役割分担」に合った能力の人のみで埋めていくことが肝要です。すなわち、「全員必要な人材」というわけで、「ぶらさがったり、遊んでいる」人材はいないのが当たり前の組織となります。

人材の調達においては、人材の供給源として、まずは出身企業の人をスカウト、特に専門家でベンチャーにとって必要度の高い人材をさそうわけです。コアになるメンバーについては各メンバーの出身企業から、実際にこれまで一緒に仕事をした仲間の中からピックアップするのが安全確実であり、それを実行します。

実はベンチャー企業の最大メリットは「人材活用のフレキシビリティ」にあるともいえ、これは米国の特徴として「人材の流動性」ということだけが語られます。

その背景には米国の大企業では大学卒はエンジニア（技術者）、高卒はテクニシャン（技能者）と区別が厳格になっているという社会的背景もあります。

③ リスクを最小にする資金調達計画

当初の資金調達はNIST（National Institute of Standards and Technology）からの補助・助成費用であり、自己資金（従業員、関係者からのみ）はその次の実質的な受託開発活動にとっておくのです。

また、仕事は当然ながらビジネスなので、冒険をしないことを基本とします。すなわち開発といっても80％は既存技術をつかった達成可能性の高いものであり、これが発注元を安心させることにもなります。

契約内容は開発受託前金でスタート（資金ぐりの都合上）し、開発マイルストンの徹底管理と、未達の場合のそれまでの費用は全て支払うが、そのあとの費用は支払わないということで行なわれます。また大切なのは、開発に伴い色々なビジネス上の可能性の広がりが出てくるものですが、それらは厳密に別オプション契約とすることで、本来の開発の進行を妨げるものにしてはならないということです。

開発に徹することをアナウンスすることが顧客・発注元に安心感を与える秘訣でもあります。お金をきちんと受け取るための基本は、米国では対等な契約（パートナーシップ）が重要であり、開発委託はパートナー契約であり、決して下請け関係ではないということです。

第9章　まとめと実践ワークシート
リスクマネジメント

① リスクマネジメントの使いわけ

リスク管理 ⟷ リスクヘッジ

（確実性の高い場合：するリスク）　（不確実性の高い場合：しないリスク）

実践ワークシート① リスクマネジメントがちゃんとされているか

- 会社の主体制はどちらか：
- イノベーションのプロセスでは：
- 現実の課題はあるか：

② 新規事業に関わるリスク対処とは

開発ステージ ⟷ 事業化ロードマップ

（技術と市場のバランス）　（市場の詳細と集中）

実践ワークシート② 市場の不確実性をいかにヘッジするか

- 技術のリスクヘッジ：
- 市場のリスクヘッジ：
- ビジネスプランが作成可能か：

③ 事業化プロジェクトにおける社内リスクマネジメント

既存事業との乖離度 ⟷ 期待規模 ⟷ 過去の成功・失敗事例

（市場、技術、カルチャー）　（売り上げ、利益、ROI）　（成功・失敗要因の精査）

実践ワークシート③ 社内のリスクマネジメントが最大のポイント

- 類似の失敗事例は：
- 人材のリスクは：
- 資金のリスクは：

基本編

第10章 人材のマネジメント

事《こと》を成すには「ヒト・モノ・カネ＋情報《コミュニケーション》」が大切といわれます。ここではその筆頭に挙げられる「ヒト」について述べていき、本書のしめくくりの章とします。

企業の中でイノベーションが成り立つ前提にはアントラプルナーならぬ、いわゆるイントラプルナー（企業内起業家）の人材とそれを推進（補佐・援助）する周囲のイノベーターが必要です。

このような開発・事業化ステージの不確実性に挑戦し実行していくために必要なリーダーやメンバーの人材についての特性、さらにその選定、発掘、育成、評価、配置、支援など、そのポイントについて整理します。

1 イノベーター人材の必要性とプロジェクトの役割

開発・事業化における イノベーターの必要性とその背景・評価

製造業の人材評価について述べます。過去の環境変化のなかで、モノ造りとして効率を追いかける場合（製品改良・プロセス革新）は年功主義、能力評価の時代は成果主義（年功、能力評価の限界へ）の導入という実績を経ています。

これからはイノベーション（新商品・新規事業創出）を起こす時代になり、従来の評価体制とはベクトルが異なってきます。特にプロジェクトなどのアドホックな組織体制においては新たな人材評価の考え方が必要です。これを技術者をめぐる環境変化として整理したのが**図10-1**です。

そのポイントは、企業側では個人能力の社会的評価、個人側では自立・自律を主体とした提案力となります。

インベンションとイノベーションの分離と人材選定

企業内起業で新事業を目指す技術者人材を選定・評価する際は、イノベーションの特徴を明確に把握することが第一歩です。まずはインベンションとイノベーションは全く違うことを理解することから始まります（**図10-2**）。

特にプロジェクトなどで一緒に仕事をしたメンバーについては、その適性や人柄を互いに把握しているので、役割分担的なメンバー探しには最適です。それ以外の時は必ず過去の職場での同僚、上司、部下などからのレファレンス（参考意見）をとります。

これがきちんと取れないと最大のリスクとなるのです。もし不適の人材を選択してしまうと、なによりも開発スピードに影響し、失われる時間が発生します。また、別のメンバーへの悪影響も生じます。

図10-1　日本における企業と個人をめぐる環境変化

	企業	個人	プロジェクト
過去のモデル（バインディング・モデル）	・長期雇用契約 ・職能資格 ・企業内技能形成	・帰属意識と一体感 ・職能資格制度 ・ジョブローテーション	・効率とスピードの極大化 ・エンジニアリング型のプロジェクト
現在から今後のモデル（モビリティ・モデル）	・雇用ミックス ・能力の市場評価 ・社会的技能形成	・自立・自律を前提としたネットワーク関係 ・志向の分散と多様化 ・キャリアデザイン	・不確定性を克服して成功すること ・イノベーション型（開発・事業化）のプロジェクト

図10-2　インベンション（発明）とイノベーション（技術革新、創新）との違い

インベンション（発明）　一人でできる……マネジメントは不要

→ 独創！（科学者、研究者の理想の姿）

イノベーション　一人ではできない。複数の人の協力、組織対応（ヒト、モノ（技術）、カネ）が必要……マネジメントが重要

→ 共創・協創！（開発者、起業者の理想の姿）

イノベーション人材：動かす人たちと支えるメンバー

イノベーションのプロジェクトを動かす人材は、限られたリソース下での納期必達という難しいマネジメントを実践することが必要となります。プロジェクトにおける役割の必要性を明確にした上での選定・補充・交代が肝要です。具体的にイノベーションを担う人材の評価基準は創造性、提案型、言い訳をしないことです。これは必須の条件です。

一方では、一般的にプロジェクトのメンバーに関して、各人の行動様式、素質、要求基準（何が望まれるか、許されるか、工場管理との違いや自主性、自己責任性などを明確にしておくことも重要です。そうしないと管理型の組織になってしまい、自立・自律組織とはかけ離れたものになってしまいます。

図10-3で「イノベーション人材」と、既存事業や確立された組織で必要な「スキル人材」比較をしました。どちらが良いということではなく、適材適所を判断する切り口と考えています。

図10-3　イノベーション人材とスキル人材の特徴と比較

プロジェクト	人材評価パターン	パラダイム対応	特徴のポイント	備　考
開発・事業化プロジェクト	イノベーション人材 （現在と未来の成果評価）	・プロダクト・イノベーション ・ブレークスルー型の成果達成 （継続型）	挑戦・ブレークスルー型 ・未来の可能性発想力（仮説構築） ・フレキシビリティ ・挑戦性 ・実行力、達成力 ・検証力	・達成には時間がかかる（成果の内容とレベルは明確に予測できない） ・新しいチャレンジを評価。失敗の場合もその経過なりに評価する
効率化プロジェクト	スキル人材 （現在と過去の成果評価）	・プロセス・イノベーション ・リニア型の成果達成 （連続型）	着実・改善型 ・安全性、信頼性 ・着実な能力向上と実行 ・経験の蓄積と改善 ・論理力 ・一貫性・統一性	・達成度合は明確（成果の内容とレベルは予測可能） ・新しいチャレンジより、既存データを守り成果・結果を重視する。 ・オペレーション人材ともいう

2 各ステージにおける人材評価の現状

日本の人材評価制度の変遷とコンピテンシー評価

かつての日本では年功序列、企業内のみの活動評価がメインで、この結果は所属意識、チーム重視、同質性（同一化）、囲い込み（流動性欠如）、継続第一（現状維持型）となっていました。さらに成果主義の導入がなされましたが、短期的かつ数値的な成果の評価にとどまっているところが多いようです。

開発・事業化プロジェクトにおける評価については一筋縄ではいきません。もともとマニュアル的な評価がなじまない分野であるからです。いわゆるイノベーション型のような、試行錯誤型として失敗を多く伴うものの評価は行動と成果との間に時差があり、プロジェクトに限らず仕事内容の多様性へ対応した個人のコンピテンシー的な評価が必要な時代です（**図10・4**）。

イノベーション人材とイノベーターを分ける

本書で取り上げる開発・事業化プロジェクトにはイノベーションを起こす人材が特に必要です。人材は自立・自律していることとコミュニケーションが活発にできることも重要です。

そこで自分の強みを認識し、他人を理解するような共創・協創人材（イノベーション人材）と、その中でもリーディング人材（イノベーター）はどうやって見つけ、育成するかが課題となります。

自らが起（企）業家精神を発揮して業を企て、他人のことも考えて（余裕がある、余裕を創る）挑戦する人材をイノベータとします。このようなイノベーターを核にして、周囲の人材をイノベーション人材として**図10・5**に整理してみました。ここではそれと対比する人々をスキル人材としています。

図 10 - 4　コンピテンシー評価と成果主義の比較イメージ

	別称	基本的考え方	精度の背景	採用形態と定年	成果スパン
コンピテンシー評価（適合性評価）	属人評価	・適性の比較 ・明確な特徴との適合性評価	・イノベーションや新事業のような不連続な成果を評価可能	・必要な人材の採用 ・個別契約的な発想で定年を乗りこえる	挑戦的な新しい事業の展開などへのコンピテンシーを明確にしているのでそれと対応
年功主義（属人評価）	職能評価	・能力育成 ・潜在（将来）能力の評価 ・経験年数によって能力は向上	・企業の成長（拡大）時期対応 ・業務内容の変化への対応 ・人材不足、若手労働力対応の場合用いられていた	・新卒ベース採用 ・定年まで雇用 ・年齢・経験ベース賃金体系	毎年昇給、数年ごと（定期的）に昇格する（資格、職位はリンクしている）
成果主義（仕事評価）	職務評価	・能力発揮 ・顕在（現在）能力の評価 ・職務の難易度と合った人材を割付	・企業の安定（縮小）時期対応 ・業務内容の安定時の対応 ・生産・職務プロセス、内容の明確化	・新卒と中途採用 ・必要な時に必要な人員を確保 ・仮格付による職務ベース賃金体系	毎年ごとに昇給、昇格を検討判断（成果と職務内容のマッチングをはかる）

図 10 - 5　イノベーターとイノベーション人材

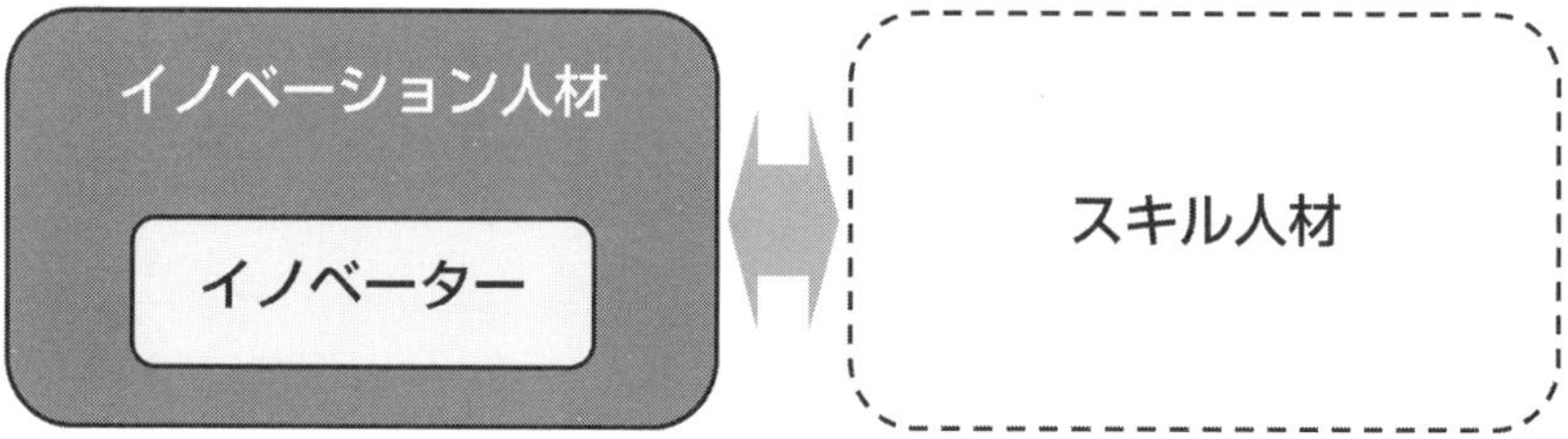

プロジェクトの責任者とメンバーの選定

プロジェクトでは、適材・適所が一番とよくいいますが、これまでの大企業では自分の強みがよくわからない場合が多かったといえます。潜在的に能力のあるイノベーション人材をまずは発掘してイノベーターの候補とすることがポイントです。

プロジェクトの責任者（ＰＭ）はイノベーターとしてのメンバーの仕事内容やペースを、社内における業績評価基準との違いを明確化してメンバーと共有化するのも大切です。

よくＯＪＴといいますが特に次のマネジャー候補はある時期から個別の集中的な育成が必要になります。これはＰＭの重要な仕事の一つであり、さらに発掘と結果も厳正に問われるところです（**図10-6**）。

プロジェクト自体の行動基準と評価に対する考え方は自分自身でよく考えて、折りに触れてメンバーに伝達しベクトルを揃えておく必要性があります。

図 10-6　プロジェクトの責任者とメンバー特性の比較

	呼称	基本特性	内容
プロジェクト責任者	マネジャー（PM）、リーダー（PL）	いわゆる起業家精神の所持者（アントラプルナー）と同様の特性を持つ社内起業家（イントラプルナー）が相当する。	人事上の課題は、解決まですべて自分の責任のもとに実行することが肝要となります。中核人材としてイノベーターそのものになります。
プロジェクト構成員	メンバー	顕在的な起業家精神の持ち主はなかなかいない。イノベーション人材として潜在的人材を発掘することがポイントです。	イノベーション人材を必要としますが、いろいろな磨きの中でスキル人材も必要となります。

3 プロジェクトにおけるイノベーターの評価と選定

新しい事業の推進者に求められるコンピテンシー評価

近年、職務分析（仕事の中身の分析）として、前述のようにコンピテンシー評価が各社でなされ始めています。これはその仕事を遂行する能力（人の根底にある特徴）として安定して高い業績を上げている人たちに注目し分析して掘り下げる手法です。

職務によってその潜在能力を持った最適人材を探して確定するための事前評価基準ともいうべきものです。例えば組織の長はリーダーシップ、計画性、品質志向、影響力など、専門分野のスタッフとしては専門知識、問題分析能力、話す能力、書く能力などとなります。

これらのコンピテンシーを適切に評価をすることは適性人材の獲得にもつながります。**図10 - 7**に新しい事業の推進者のコンピテンシーの例を示しました。

組織の長、専門職などとともに、新しい事業の推進者としてイノベーション人材、即ち開発・事業化プロジェクトの責任者・メンバーにも展開されています。

西欧の中小・ベンチャー企業の人材評価の事例

筆者がよく知っている西欧のイノベーティブな企業の人材評価の事例を紹介します。米国の開発ベンチャー企業D社では社長ほか少数の経営者が全てを評価・判断するのですが、フラット型の組織なので日々の動きとコンピテンシーが可視化されています。このためのポイントは①長いスパンで（期待）成果の評価が可能、②無駄な作業をしている人は相互にすぐわかる、③メンバーは自立・自律的に自己評価ができているのです。

ドイツの中小企業の事例としては、H社を例にします。創業期はプロセス開発型小企業として試作、開発の渾然一体型マネジメントと評価が行なわれていまし

図10‐7　新しい事業の推進者のコンピテンシー評価の内容例

分類	内容	コンピテンシー例	コンピテンシーの具体的内容
新しい事業の推進者のコンピテンシー	開発・事業化プロジェクト責任者、メンバー、ベンチャー関係者、イノベーター、イントラプレナー	商才（ビジネスマインド）	財務視点での問題把握（市場、損益、価値観点）
		創造性	慣習に対して懐疑的であり、斬新なアプローチを思いつく（新しいことを提案できる）
		行動力	決断力があり率先して行動を起こす（実際にスタートする）
		戦略性	広い視野と長期的視野（空間と時間を俯瞰して物事を見ることができる）
企業人共通のコンピテンシー	企業人としての共通のもの	対人感受性、柔軟性、安定性、積極性	

たが、成長後の現在ではイノベーション部門にはコンピテンシー評価、工場部門には成果主義の評価システムと、完全に分離しています。

日本における研究開発人材の評価と工夫の事例

日本の類似事例については中小企業のなかでも小規模事業者と呼ばれる20人規模の開発型企業では、多くは社長の一存での米国ベンチャー企業D社と同様のマネジメントが行なわれています。

大手企業（製造業）におけるイノベーション人材の評価・育成例について紹介します。F社では成果主義を企業の中で一律で適用すると、さまざまな矛盾が生じるということで研究部門は「長期レンジで研究成果を見る」ようにします。例えば部門（職群）ごとに、人事評価のプロセス・スパン（制度）が異なっているのが特徴です。これらは結果的にコンピテンシー評価になります。

4 イノベーター技術者の適材適所を目指して

研究開発者、イノベーター、事業家の再定義

現実的なイノベーションへの対応については、コンピテンシー評価や直感を含んだ最適人事評価の模索（経営からの直接判断）が必要となります。例えばチーム貢献度、過程重視、役割の大きさ評価、複合評価（直接＋間接、成果＋能力）、中長期研究開発はマイルストン評価、チャレンジ性評価なども含まれます。

本書では技術系人材をベースにしてイノベーターを再定義したものが**図10‐8**ですが、他の人材と明確に区別されているわけではないことも要注意です。

スペシャリストからプロフェショナルへ：個人もひとつの独立事業体

組織内における「専門家」はあくまで組織内だけのものです。会社の中の専門家は狭い範囲ならば3時間、少し広い範囲でも3日間で専門家となれる可能性があるといいます。

プロといえるためには、その専門性が一般化、普遍化されている必要があります。本当に自分の「専門」はこれです、といえるにはいくつかの条件があります。まずは①体系的な知識の取得、②その道のプロの先生につく、③一緒に学び議論する仲間がいることです。これはすくなくとも企業に入った時点で具備していることが前提となっています。さらに追加条件が必要となるのです。それは、「他流試合」を行なうことで個人的にも専門性を深めることです（**図10‐9**）。

企業内起業、開発・事業化プロジェクトでの経験は生涯にわたり大切です。将来個人が組織を離れても通用する諸条件を会社に勤めながらできる方法のひとつです。プロジェクトは「できない理由を探す」のではなく「できる理由を探す」ことで新しい独立事業体候補となります。

図 10 - 8　イノベーションを起こす人材・イノベーターのイメージ

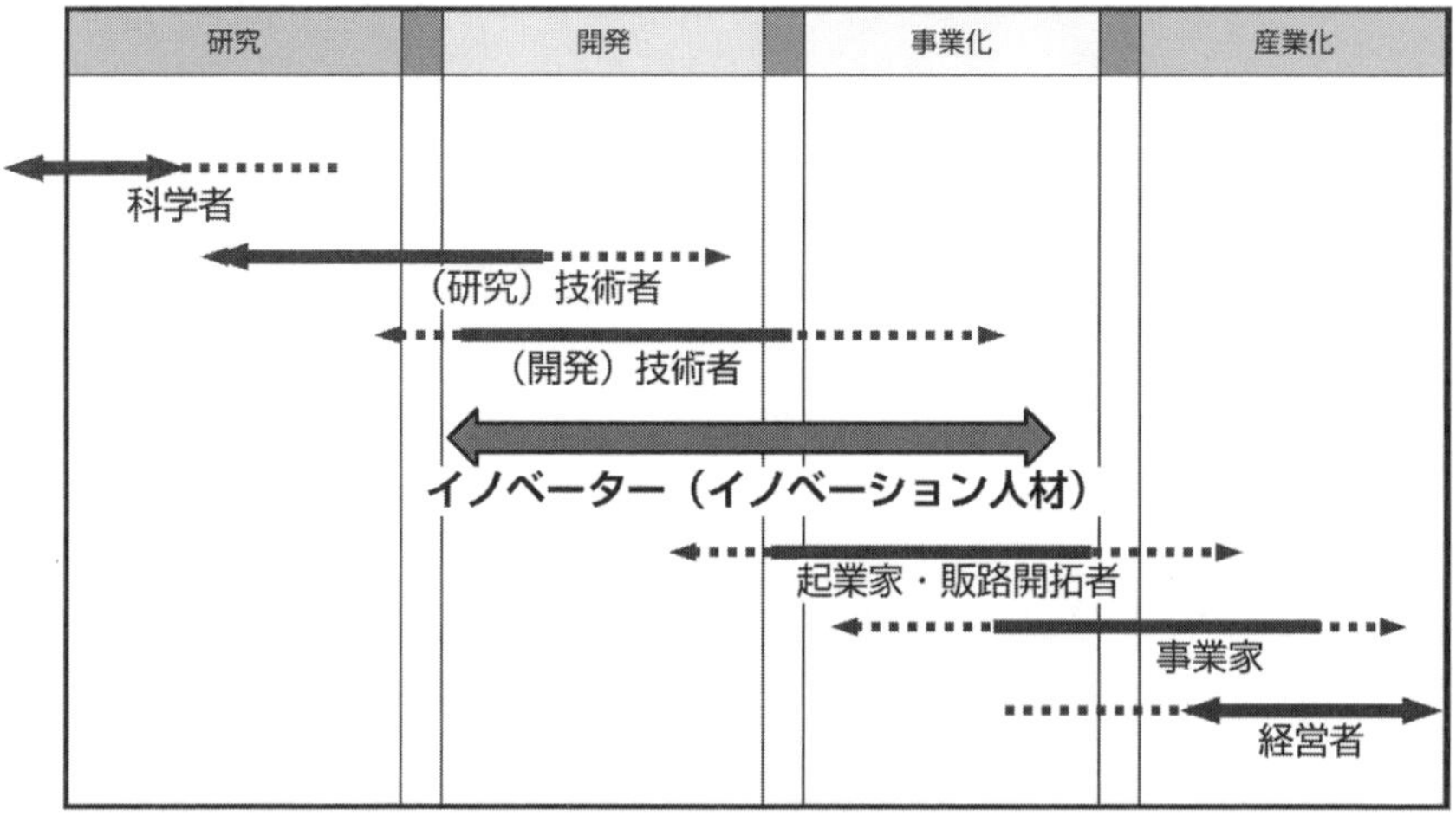

※実際のアクターは、1つ先のステージを視野に入れながら展開することが必要。

図 10 - 9　スペシャリストとプロフェッショナル

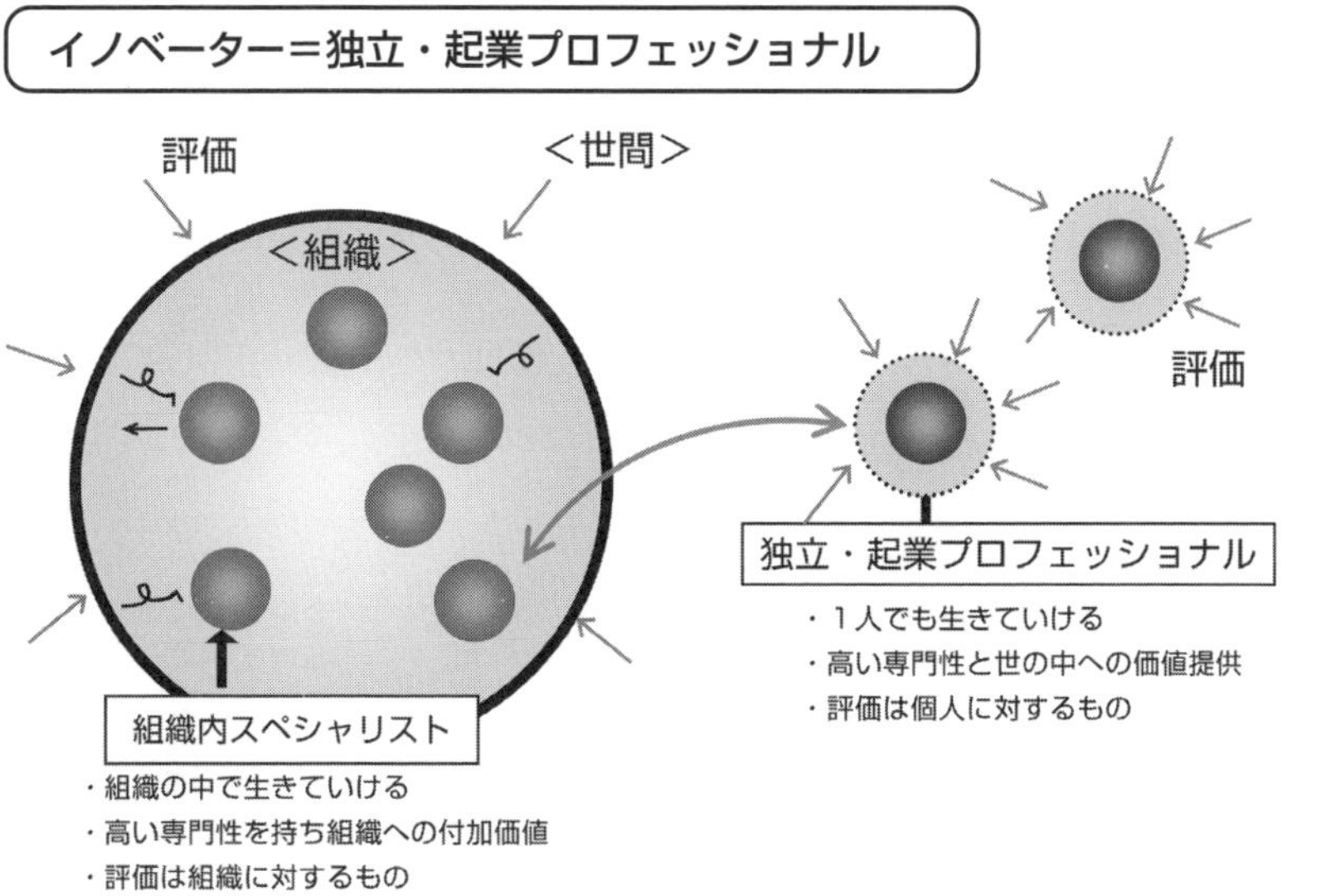

コラム10
人材マネジメントの方法
ベンチャー企業を動かす人たち事例

ベンチャー企業に必要な人材は、全員のミッションを明確にし、能力を個別に判定したうえで補充していくことが必須とされています。具体的なイメージをつかみやすくするために、米国東海岸のハイテク・ベンチャー企業D社における人材のバックグラウンドと分担などについて具体的に紹介します。

①ベンチャー企業のコアメンバーについて 役割分担と専門性

M氏（社長、CEO、CFO）：大手半導体装置メーカーの機械設計技術者として活躍していましたが、後にマーケティングの専門家となり、資金調達などにも手腕を発揮しています。

W博士（副社長、CTO）：物理出身、英国オクスフォード大出身ですが、一時は中学の音楽教師をしていたそうです。難しい半導体のプロセス技術の中心人物で大手、中手の専門メーカーを渡りあるき、技術的知名度は抜群です。

J氏（全体システム・製造担当）：製品のシステムと製造全体を統括しています。システムとは単にソフトウェアのことでなく、ハードを含めたオペレーション全体の責任者です。

T氏（ソフトウェア開発担当）：ソフトの開発は装置システム全体のなかでも最も重要であり、特別のグループを持っています。冬は1カ月以上山小屋にこもってスキーと仕事をしています。

A氏（機械設計担当）：機械設計者ですが西海岸の大手半導体装置メーカーからもともと地元の東海岸にあるD社に戻ってきました。東海岸の風土と人間が合っているということでベンチャーに職を求めたのです。

S氏（物理・試作担当）：日系人で、もともと米国から技術導入した技術・装置を扱っていましたが、会社の事業撤退で導入元の米国の会社へ移籍し、そのまま米国で生活しています。実際に試作や実験など何でもやるので重宝されています。

余談ですが、経営と資金調達はすべて社長のM氏が担当するので、いわゆる間接系の事務職は経理担当の専門職が1人いるだけです。その他は秘書が電話や通信など、すべての雑用を含めてやっています。すなわち、管理・間接費は徹底的に削減しているのです。

② サブコアのメンバーたちについて 役割分担と専門性

コアのエンジニアだけではベンチャー企業は成り立ちません。主要なテクニシャンとしては、下記の人たちが支えており、これらの技術者がサブコアメンバーといえます。

B氏：組み立て専門のテクニシャンで精密なエレクトロニクスの装置といえども、巨大なものもありそれらもこなします。さらにファシリティとのつなぎや、さまざまの場面で、力と技が役立ちます。

C氏：調整専門のテクニシャンとして装置が組み上がってから微妙な調整を効率よく完了させないと検収が難しい装置を扱います。組み上げ途中から、調整のスペシャリストとして全体を調整し、完成に向けて努力していきます。

E氏：調達専門スペシャリストとして部品の調達が非常に重要になってきますが見事にこなします。米国で試作機を作る場合には、納期管理、コストの比較や緊急時の対応など、アップデイトされた調達品リストを作っていくことが、大切な仕事となります。

これらのコア、サブコアメンバーにはパート的な人材も多寡に応じて配置されます。それらのパート的な仕事は誰でもできる仕事というわけで一人当たり年間3万ドル程度まであり、忙しいときは10数人にのぼります。

人材のマネジメント

① パラダイムシフトに対応する技術者の発想

経験とデータと論理 ⟷ 仮説構築と検証、試行錯誤

（改良型、プロセス革新）　（創造型、イノベーション対応型）

実践ワークシート① これからのパラダイムに対する発想力とは

- 今の自分の発想パターンはどちらか：
- イノベーション対応型への行動は：
- 個人の価値を上げるどんな努力をしているか：

② イノベーターの位置づけと評価

研究開発者 ⟷ イノベーター ⟷ 事業家

（発明、発見家）　（起業家、新しい事業推進者）　（経営者）

実践ワークシート② 新しい事業の推進者《イノベーター》は評価されているか

- 現状の評価は：
- 過去の評価は：
- 理想的な評価は：

③ スペシャリストからプロフェッショナルへ

スペシャリスト ⟷ プロフェッショナル

（社内専門家、アマチュア）　（世の中の専門家、プロとして自立）

実践ワークシート③ 専門性は世の中で通じるか

- あなたはどちらか：
- 専門性を社外で試したか：
- 専門家になるために何を努力しているか？：

補章

実践MOTの役割とイノベーションを起こす自己戦略

本章は、実践MOTとプロジェクトマネジメントのまとめと補完です。これまで紹介してきた実践MOTが、イノベーションの完成までに技術者にとってどのように役だってくるか、ということから整理してみます。

まずは、個人における戦略的生き方や評価、各種ベンチャーへの挑戦などを中心として、実践MOTが技術者人生にどのように役に立つかを述べます。

さらに起（企）業家精神の本質について検討し、イノベーションや実践MOTの主役は技術者本人であること、発想を転換しながら自らが全体を通して行なうことが大切であることを示して、具体的なアクションにつなげることを期待します。

1 技術者戦略と新規事業開発――なぜ実践MOTが必要か

イノベーションと大きな組織の特性

良い技術を持っていても、現実に会社の内外でイノベーションを起こそうとすると、さまざまな障害にぶつかります。たとえば一般的に組織が大きくなった場合、管理型（官僚化）体制になり、役割は細分化され全体が見えなくなります。

これまでの（技術者に対する）発想要求は、経験とデータと論理に基づいて、きっちり（プロセスが大切）作る、造ることが大切でした。そこでは過去の学習と連続的なベースを重視することが多かったといえます。

これからの（技術者に対する）発想要求は、創造力と将来の可能性に基づいて、ちゃんと（結果、プロダクトが大切）創ることが価値となります。そのためのアプローチとして、技術そのもの以上に幅広いスキルを身につけることが第一歩です（**図補‐1**）。

イノベーションのマネジメントの勘所

発想の転換が必要なイノベーションのマネジメントとMOTですが、具体的にはどうすればよいのでしょうか。これらのポイントを別の視点から整理すると、「仮説の構築と検証作業のサイクルをいかに早く回すか」が重要なポイントとなります。

技術者の役割もずいぶん拡がってきています。従来の研究、開発、設計、製造等という技術専門家から、マーケットを先読みしたり、自ら新事業を企画・実践し付加価値を向上するとともに、自分の価値を向上させることが大切です。

技術者自身が自らその能力や性格に応じた役割を演じたり、適材適所として活躍することが企業にとっても効率がよく、個人も幸せとなり、社会にも役立つこととなります（**図補‐2**）。

図補-1　イノベーションのパラダイムシフトに対応する発想の変化

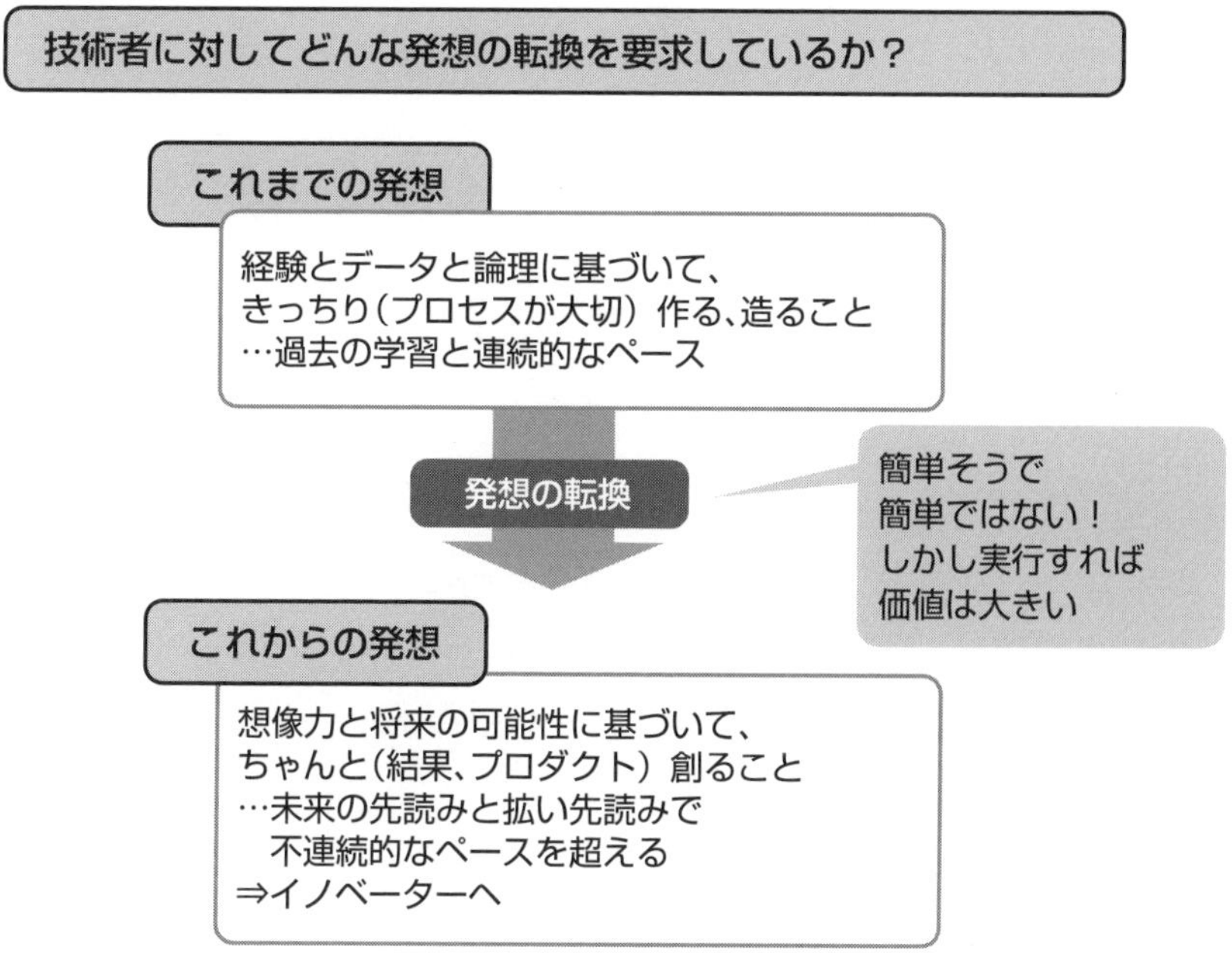

技術者に対してどんな発想の転換を要求しているか？
これまでの発想
経験とデータと論理に基づいて、
きっちり（プロセスが大切）作る、造ること
…過去の学習と連続的なペース
発想の転換
簡単そうで
簡単ではない！
しかし実行すれば
価値は大きい
これからの発想
想像力と将来の可能性に基づいて、
ちゃんと（結果、プロダクト）創ること
…未来の先読みと拡い先読みで
不連続的なペースを超える
⇒イノベーターへ

図補-2　技術者はどのようにして価値を高めるか？

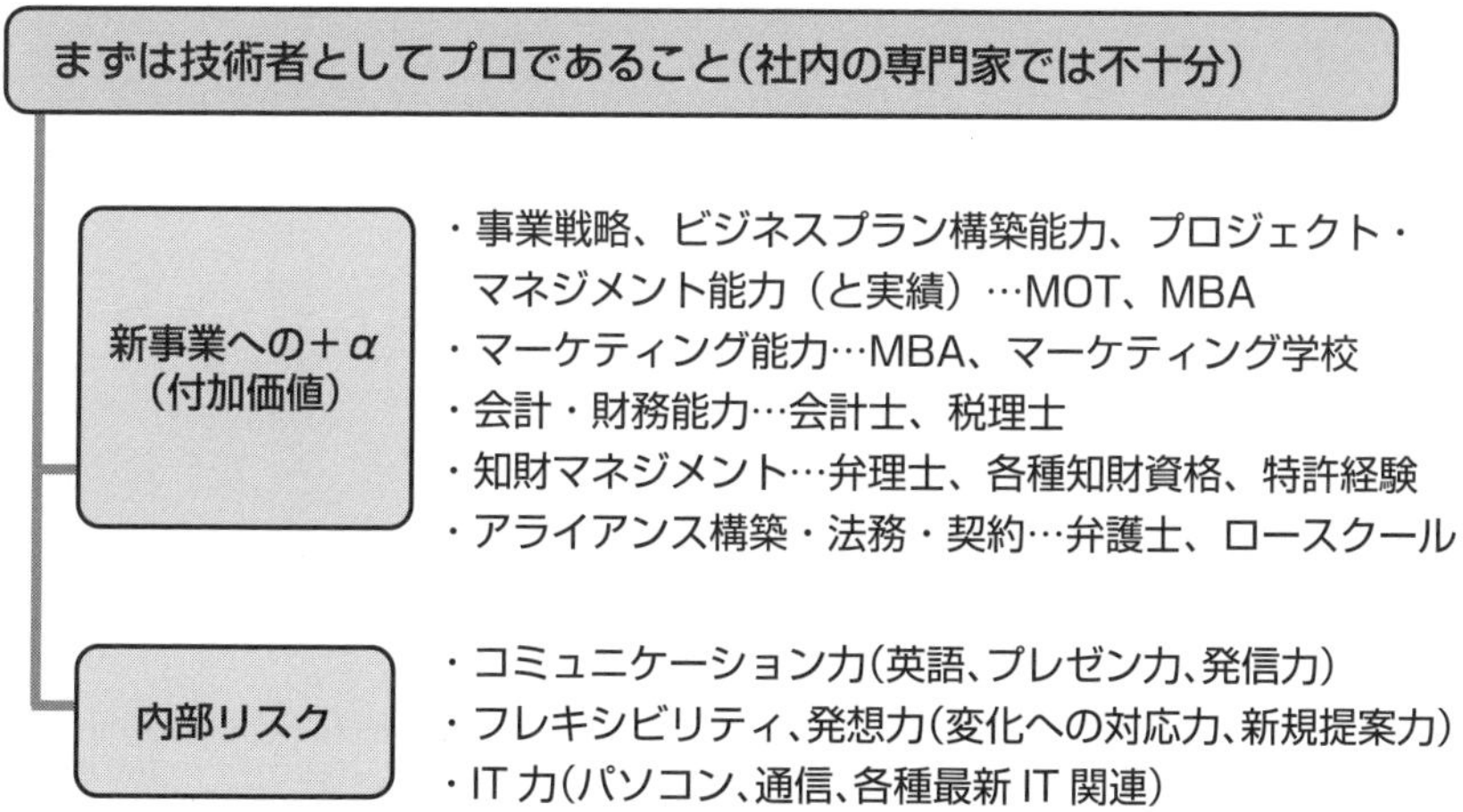

まずは技術者としてプロであること（社内の専門家では不十分）
新事業への＋α
（付加価値）
・事業戦略、ビジネスプラン構築能力、プロジェクト・マネジメント能力（と実績）…MOT、MBA
・マーケティング能力…MBA、マーケティング学校
・会計・財務能力…会計士、税理士
・知財マネジメント…弁理士、各種知財資格、特許経験
・アライアンス構築・法務・契約…弁護士、ロースクール
内部リスク
・コミュニケーション力（英語、プレゼン力、発信力）
・フレキシビリティ、発想力（変化への対応力、新規提案力）
・IT力（パソコン、通信、各種最新IT関連）

2 技術者にとって実践MOTは何の役に立つか

技術者にとっての実践MOTとは

実践MOTの目的は一般的には技術の商品化・事業化といえます。このように企業側のアウトプットは比較的わかりやすいのですが、MOTを実践する側の技術者にとってのメリットや出口について考えてみましょう。

不確定性が高く先が見えにくい開発・事業化のステージを越えて、出口に至るためのプロセスの枠組みが組織体制です。具体的にはプロジェクトやベンチャー企業、アライアンスであり、それらをうまく組み合わせることもあります。

言い換えれば、企業や技術者がその組織をどのようにうまく使っていくか、使われていくかを競い合うこととも言えます。このことで人生百年時代といわれる時でも、企業から卒業した後でも役立つことになります。

実践MOTを学ぶ対象層と出口

実践MOTを学ぶ対象層として技術者を見た場合、年齢によって、その内容や考え方は大きく変わってきます。

技術者と一口にいっても、個人的な差は実に大きいのです。大学院の学生や新入社員は技術だけの知識しかありません。中間管理職になりたての中堅どころでは、技術的能力は最大になっても、経営マネジメント的なことはこれからです。

一方、中高年齢層においては、技術も経営マネジメント知識もある程度持っている人も多くいますが、大企業の管理職レベルでは便利な役割分担制により完全ではありません。今後は技術者のほうが自分のレベルに合ったマネジメントの考え方や手法の勉強をすることが求められるところです。

実践MOTはそれらの不確実な未来に対応できる内

容になりつつあります（図補・3）。

実践MOT、イノベーションのマネジメントは何の役に立つか

実践ＭＯＴの会社と個人に対する役立ち方をもう一度、整理しましょう。これまでに述べてきたように、実践ＭＯＴは不確定な未来へのマネジメントツールです。

一度だけ大なり小なりのイノベーションがうまくいったとしても、組織としてまた同じように成功するとは限りません。では、実践ＭＯＴは役に立つか？　これに答えるのは容易ではありませんが、実践ＭＯＴとは、未来のマネジメント、すなわち成功確率を上げる定石を与えるものといってよいでしょう。

個人ベースでは、組織内で成功確率を上げるトライアルを数多くできるということで、その経験とスキルは自分自身にノーリスクで蓄積され確実に役立ちます。

さらに現実的な会社・個人へのメリットとしては、新事業開発というイノベーションに挑戦することで、組織的な達成感と評価があります。

図補・3　実践MOTにおける技術者の役割とメリット

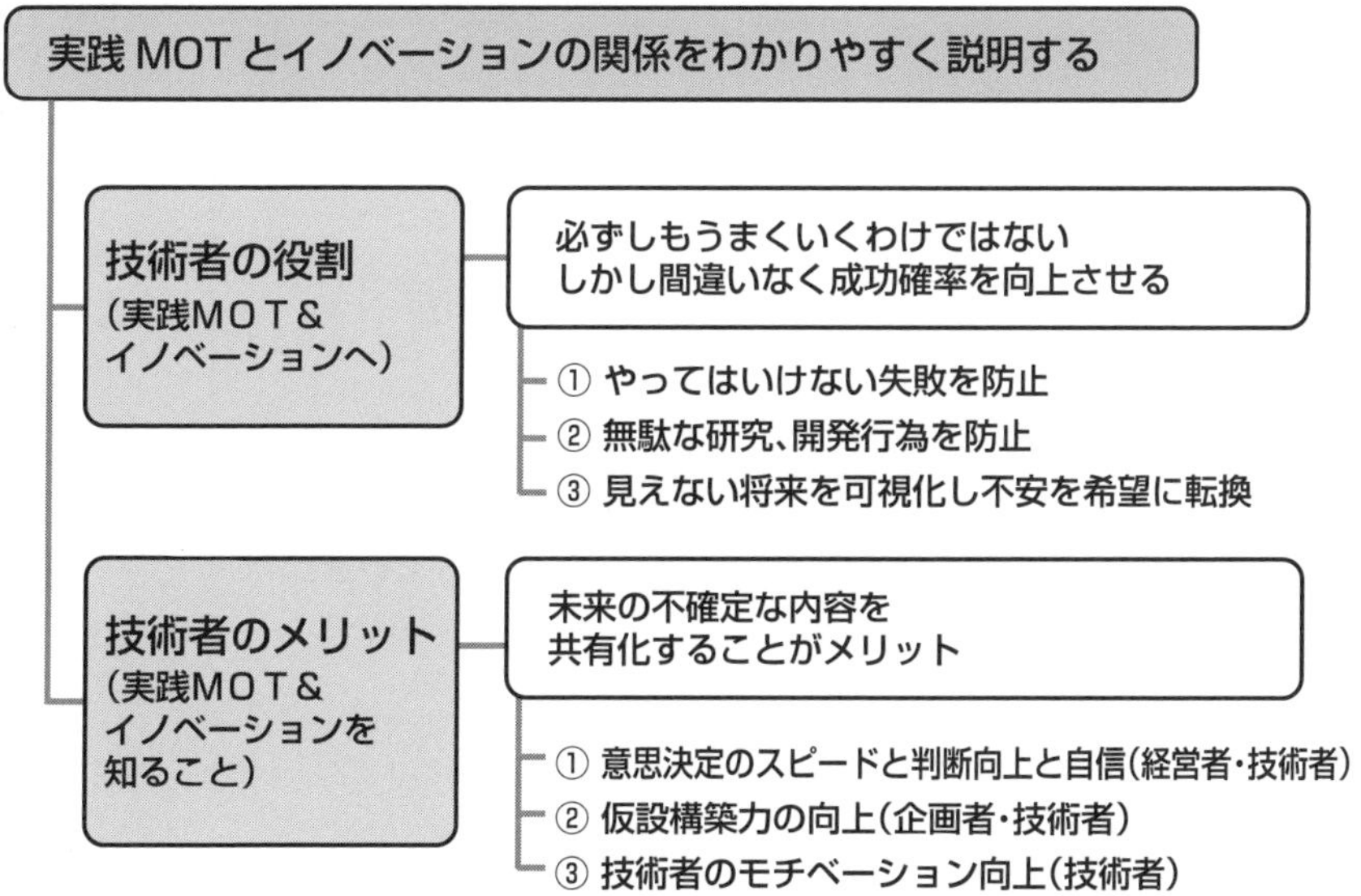
実践 MOT とイノベーションの関係をわかりやすく説明する
技術者の役割
（実践MOT＆
イノベーションへ）
必ずしもうまくいくわけではない
しかし間違いなく成功確率を向上させる
① やってはいけない失敗を防止
② 無駄な研究、開発行為を防止
③ 見えない将来を可視化し不安を希望に転換
技術者のメリット
（実践MOT＆
イノベーションを
知ること）
未来の不確定な内容を
共有化することがメリット
① 意思決定のスピードと判断向上と自信（経営者・技術者）
② 仮設構築力の向上（企画者・技術者）
③ 技術者のモチベーション向上（技術者）

3 起（企）業家精神と個人戦略のロードマップ

技術者と起（企）業家精神とは

実践MOTの考え方とその手法について明確に理解したとしても、現実にはそれを動かす（マネジメントする）実行者がいなくては話になりません。

その時の実行者に要求されるポイントは「起（企）業家精神」であり、それはハングリー精神とは異なります。自分が生きるために挑戦することを「ハングリー精神」といいますが、同じようなチャレンジでも、業を企て、起こし、仲間を巻き込み皆と一緒に自己＋他人実現を図ることが起（企）業家精神だといえます（図補‐4）。

個人戦略としてのロードマップ

各個人が属している組織においては、いかに個人が頑張ろうとも、組織が求める成果での戦略はあくまで組織としてのものであることに留意が必要です。

図補‐4　イノベーションに必要な企(起)業家精神

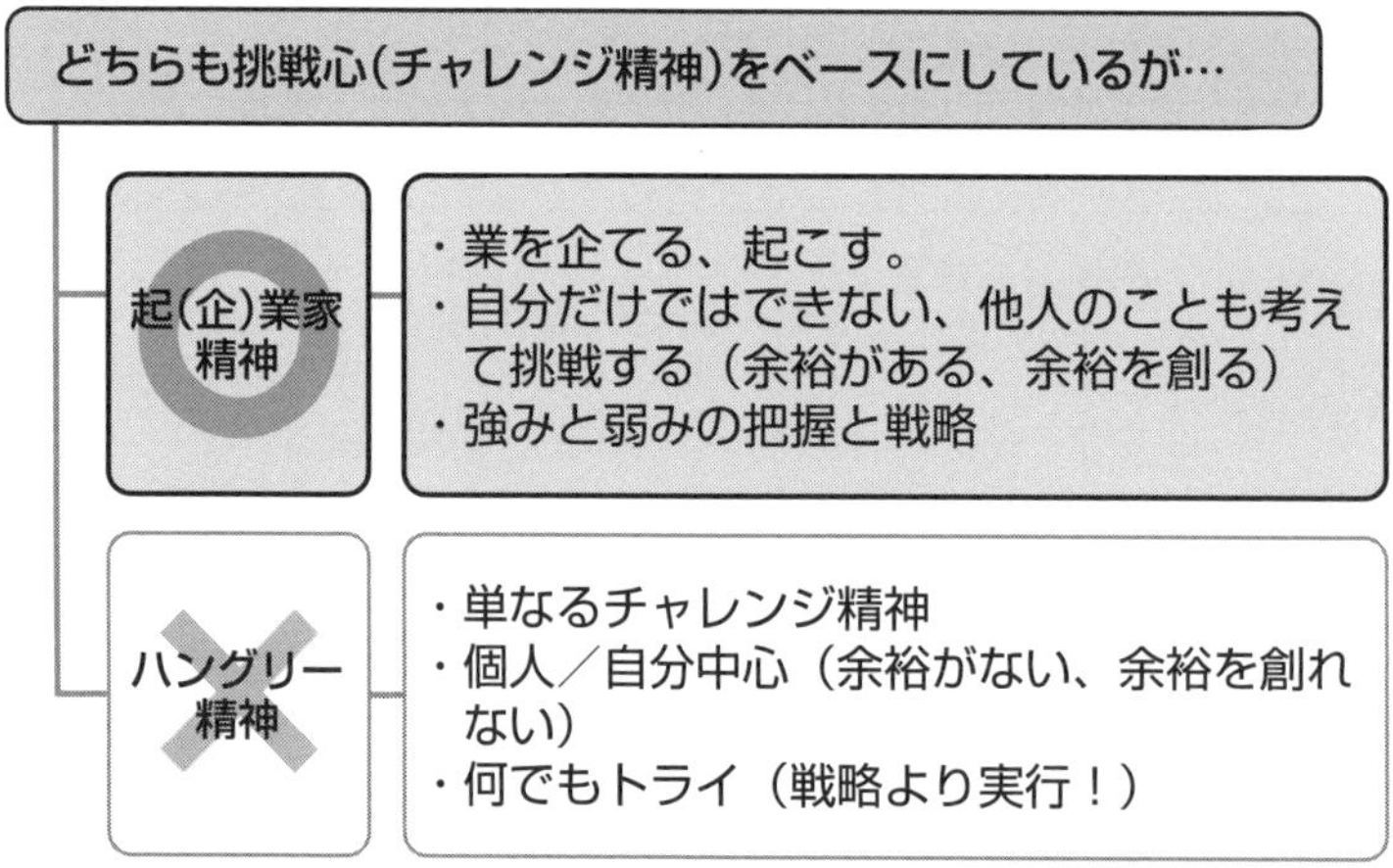
どちらも挑戦心(チャレンジ精神)をベースにしているが…
起(企)業家精神
・業を企てる、起こす。
・自分だけではできない、他人のことも考えて挑戦する（余裕がある、余裕を創る）
・強みと弱みの把握と戦略
ハングリー精神
・単なるチャレンジ精神
・個人／自分中心（余裕がない、余裕を創れない）
・何でもトライ（戦略より実行！）

一方では個人としてのロードマップ（時間軸）とポートフォリオ（空間軸）は、それぞれの個人が環境や能力条件の中で自己の強みの発見と自己の位置づけとして描くことが大切です。

つまり、個人のロードマップの出口は組織の出口と違いがあるということです。個人のロードマップは自立・自律が基本であり、どんな組織の中にいようとも自分自身が新事業体として獲得しなければいけないものです。

通常、組織としての戦略は組織自体の持続性を重視するので、直接は個人の出口戦略とは一致しないことが多いのです。しかし、可能な限りその双方の出口をWIN-WINの関係にもってくる戦略が重要となります。各個人が考えておく必要があるものは、自分自身と組織の双方を考えた自分の出口戦略です（**図補-5**）。

自立・自律のための戦略とは

技術者の大多数を占めるサラリーマンの場合、いずれかの組織の中で、その経歴や能力、知識、智恵、経

図補-5　不確定性を克服する個人戦略のためのビジョンと強み

個人のビジョン構築による強みと楽しさの発見法

分類	内容	対応例
個人のビジョン構築とロードマップ	人生全体のスパンを考える（何を記録・記憶で残したいか）……時間軸視点	技術者の人生戦略…自立・自律の時期（いつか必ず来る…）は
個人の強みと楽しさのポートフォリオ	好きなこと、嬉しいこと…自分の徹底分析（何が嬉しいか、得意か、好きか）……空間軸視点	理科少年（時代）の遊びの自己分析が切り口（好奇心、冒険心、感動心…）

験を見込まれて存在している場合が多いと思います。しかし組織が必要とする能力は時間とともに変化していき、いずれイノベーションの実現ができる人材が必要となります。

技術者の対応策としては、大きく分けると2つの方向性があります。

一つはすでに持っている専門知識の深耕です。すなわち、自分の得意な専門知識をさらに深くほりさげ、他人の追随を許さないように技術プロフェッショナルになっていくことです。

もう一つの戦略は専門知識分野の拡充を行ない、広い範囲で対応できる自立・自律の戦略です。ビジネスに興味をもち、自己実現を図ろうと考えているのならば、一つの専門分野を押さえたあとに、できるだけ若いうちにもうひとつ、さらに二つめの専門分野を持つことを勧めたいと思います。

いずれの方向にせよ、実践MOTの方法論でもある個人のビジョン構築とロードマップ作成が前提となり、いつの日か組織体を離れる時に役立ってくることになります（**図補 - 6**）。

図補 - 6　イノベーションに必要な人材の要件とは

イノベーション：
創造性があるイノベーター人材が必要に

□ これからは不確定要素への挑戦が重要に
□ 他人の反対を覚悟したチャレンジ
…納得と説得、行動
□ まず自立・自律意識を持つ…
じぶんでやらなければ誰も助けてくれない（人生は長い…）
□ 自分も強みの認識を
…外部から評価する、履歴の棚卸し
□ その上でのアライアンスにより、強みと弱みを補強
□ 仮説の構築と検証、再トライというサイクルのスピード
□ 自分のビジネスプランからビジョンと戦略、戦術の実行

4 人生100年時代に自立・自律人材となる

個人戦略策定の指針

究極的には、個人は一つの事業体です。新規の事業体としてゼロから始まり完了するという、世の中に挑戦する自己プロジェクトと考えてもよいでしょう。

その時の外部環境は人によってさまざまですが、確実にいえることは、個人の場合は必ず新規事業体として新しくスタートしてから長くとも100年程度で寿命がくるということです。

個人の事業としての連続性は生命の継続性、子孫の誕生によって受け継がれますが、自分自身の事業体としての寿命は必ず存在します。このときに実践MOTの考え方はそのまま役立ちます。

不確実な海を航海して成功するために

組織と個人の関係は、組織の中の自分という形に注目すればクローズドです。

組織として最大のものは会社で、日々の生活の糧をかせぎ、また世の中の荒波から自分を守ってくれます。

組織体には、そこの中で業務を分担しながら、いかに新しい事業を築き発展させていくかということが継続性の面から大切です。その未来設計図がロードマップやビジネスプランとなって存在しています。

企業での出口戦略が完了した時は、往々にして組織の出口戦略と個人の思いが乖離することがあります。このため、個人の出口戦略を明確に持っていないと、組織の出口戦略は成功しても、個人としては役割を失う可能性もあるのです。

個人戦略の具体的なまとめ

各個人は、義務教育という共通の場を経て、スタートアップ、自分のポジションの確保、生命の維持のための収支バランス、投資による発展など、さまざまなステージを経るわけです。

人生全体のスパンを考えると、今は90～１００歳と平均寿命が延びています。このことは60歳の人があと30～40年も生き続けるということで、それまで働いてきた人生の長さと同じ期間を自ら切り拓くこととほぼ同等になります。その間のやりがいや仕事をロードマップ化して、家族のそれと統合化することが必要です。

まずはライフサイクル全般を俯瞰して自由なマイルストンを記入するのです。自己ロードマップはいつでも眺められるように、そばにキープしておくことも大切です（**図補 - 7**）。

このあとは全体のフレームワーク（１００歳までのグランドスケジュール）を作ることから始まり、明確な人生（自分、家族等）のマイルストンを記入することがスタートです。その際、現在属している組織の境界を挟んで、内側と外側の両面の視点から検討することが必要です（**図補 - 8aと8b**）。

最後に、何事もとにかく思い立ったときに始めることが大切であることを述べて、本書の最後の言葉とします。

図補 - 7　人生100年時代の自分　人生の俯瞰

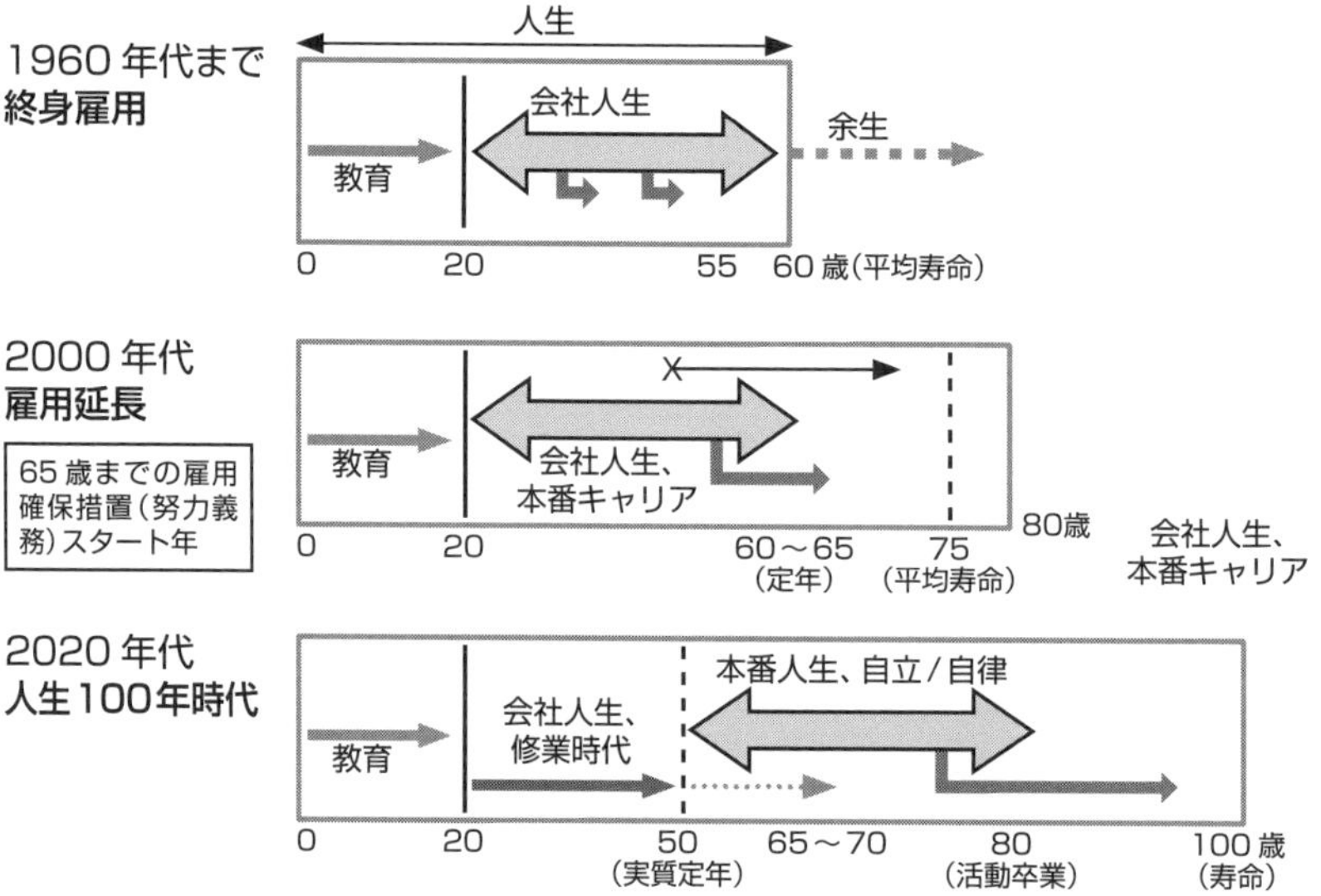

図補 - 8a　人生100年時代のライフサイクル(PLC)

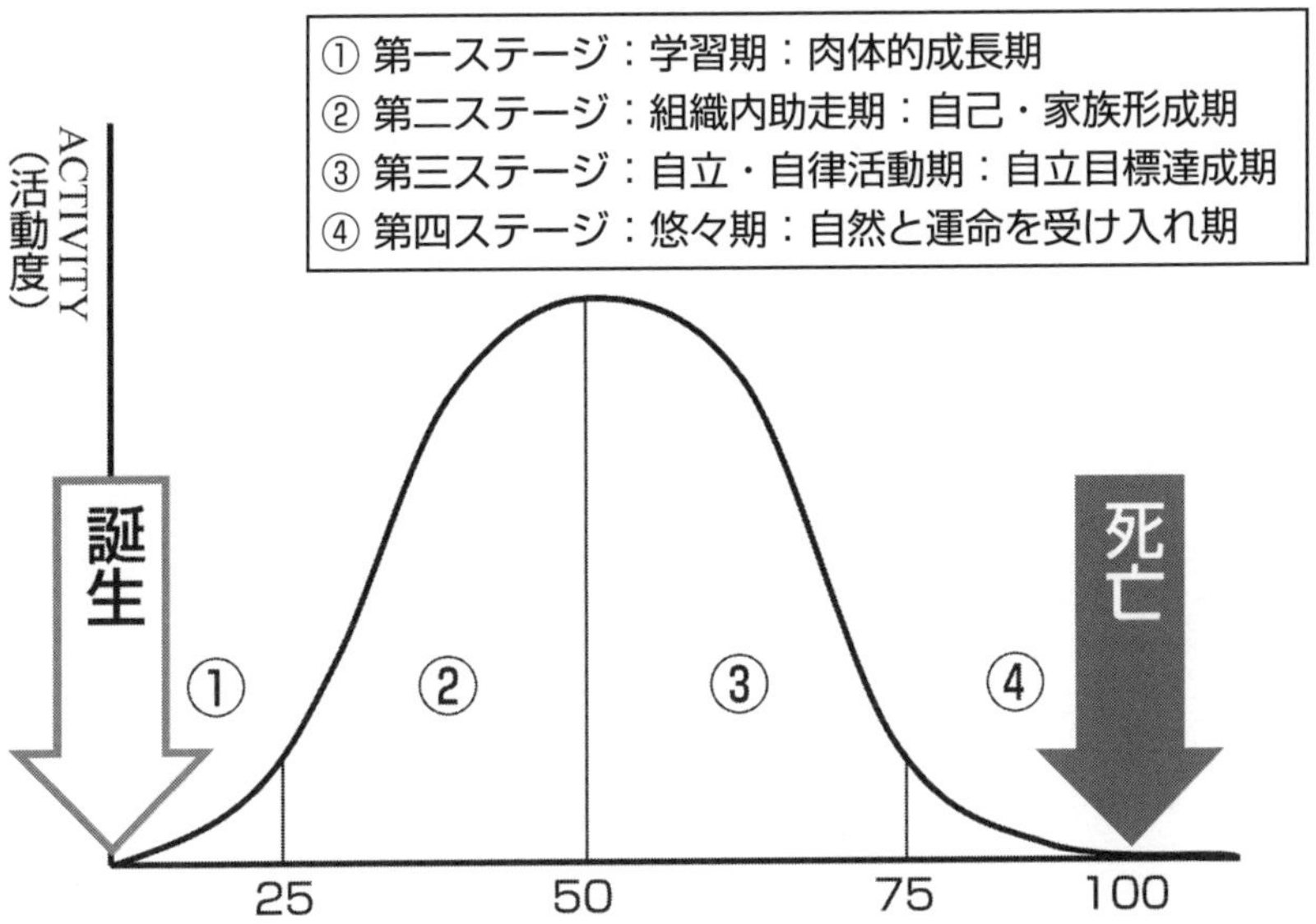

図補 - 8b　ライフサイクル(LC)と追加価値モデル

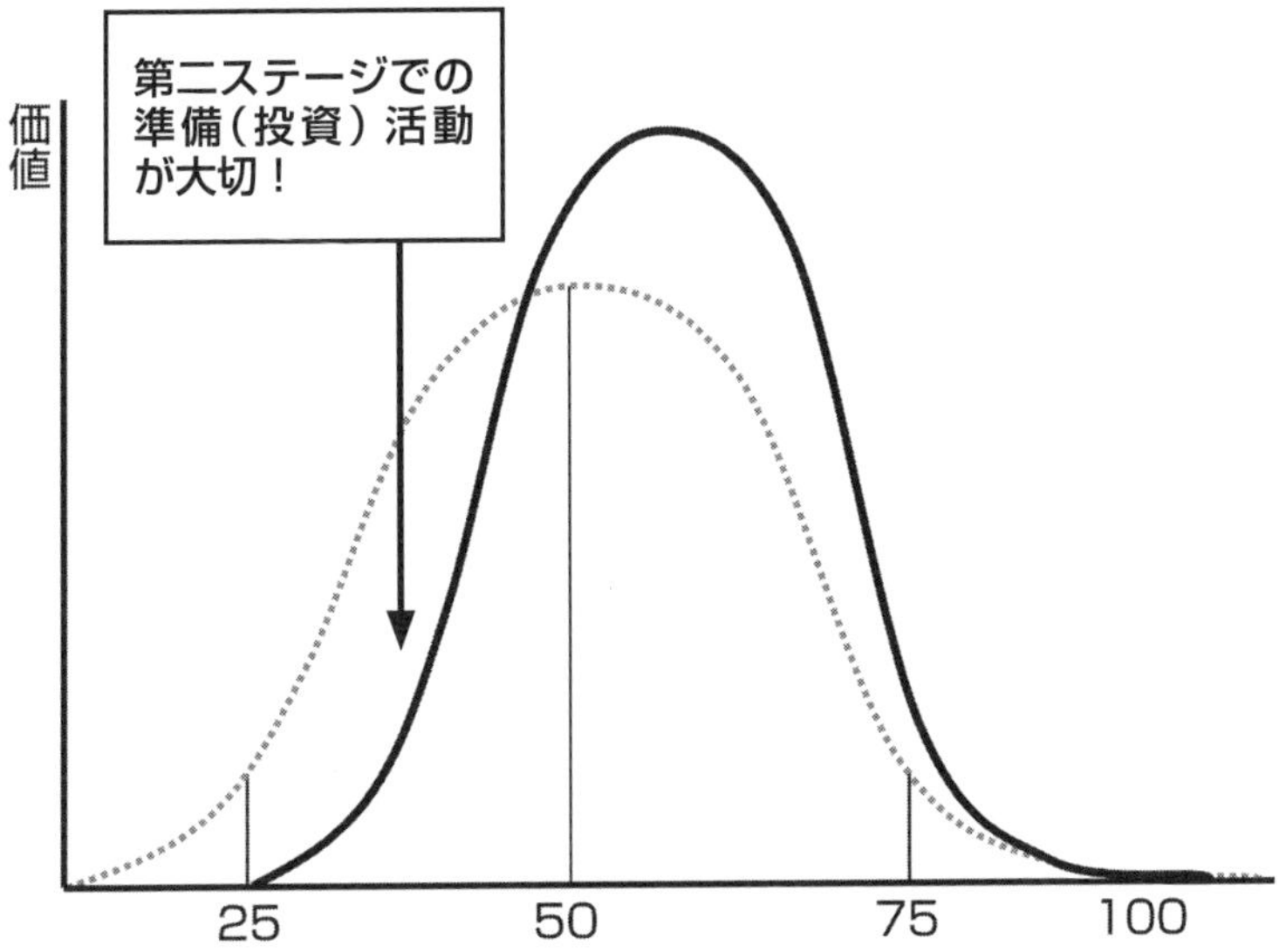

付録① 経営者側からのプロジェクトへの期待

プロジェクト組織へのマネジメントの基本と期待

経営側、コーポレート部門が考えるプロジェクトへの今後の期待を整理してみましょう。

すでにできあがった会社の組織体系の第一の役割は既存の事業体系の維持発展です。産業化ステージが既存の組織に対応し、本書でのプロジェクトは開発と事業化のステージのところに位置します。

繰り返しになりますが、既存の組織と体系は、既存事業体系に特化して適合させた組織、構成、考え方になっているので、これに反した新しいビジネスや発想、実行は極めてむずかしいものとなっているといってよいでしょう。

特に図の中の開発や事業化のステージにおいて新規の事業や商品を生み出していくためには、プロジェクトへの期待が大きくなります。経営側やコーポレート側に今の現有製品への対応の縦割り組織では極めて、できにくい、やりにくいものとなっていることを理解してもらうことが必要です。

マネジメント上のポイントは従来組織での管理手法と全く正反対といってもいいほど、頭の切り換えが必要なことです。これはプロジェクトのメンバーに要求するだけでなく、経営者、管理者側にも徹底的に理解してもらう必要があります。

研究開発部門に対するプロジェクトの存在

研究開発のマネジメント内容はどんどん変化しています。これは事業化を目指した開発を伴うプロジェクト型の研究開発が多くなっているからです。

過去に多かった、事業部からの依頼で既存製品を改良する場合には既存研究開発組織での展開で問題ありませんでした。しかしイノベーションによる新商品や新規事業をターゲットとする研究開発の場合には、マ

図EX-1　研究開発のマネジメントの転換のポイント

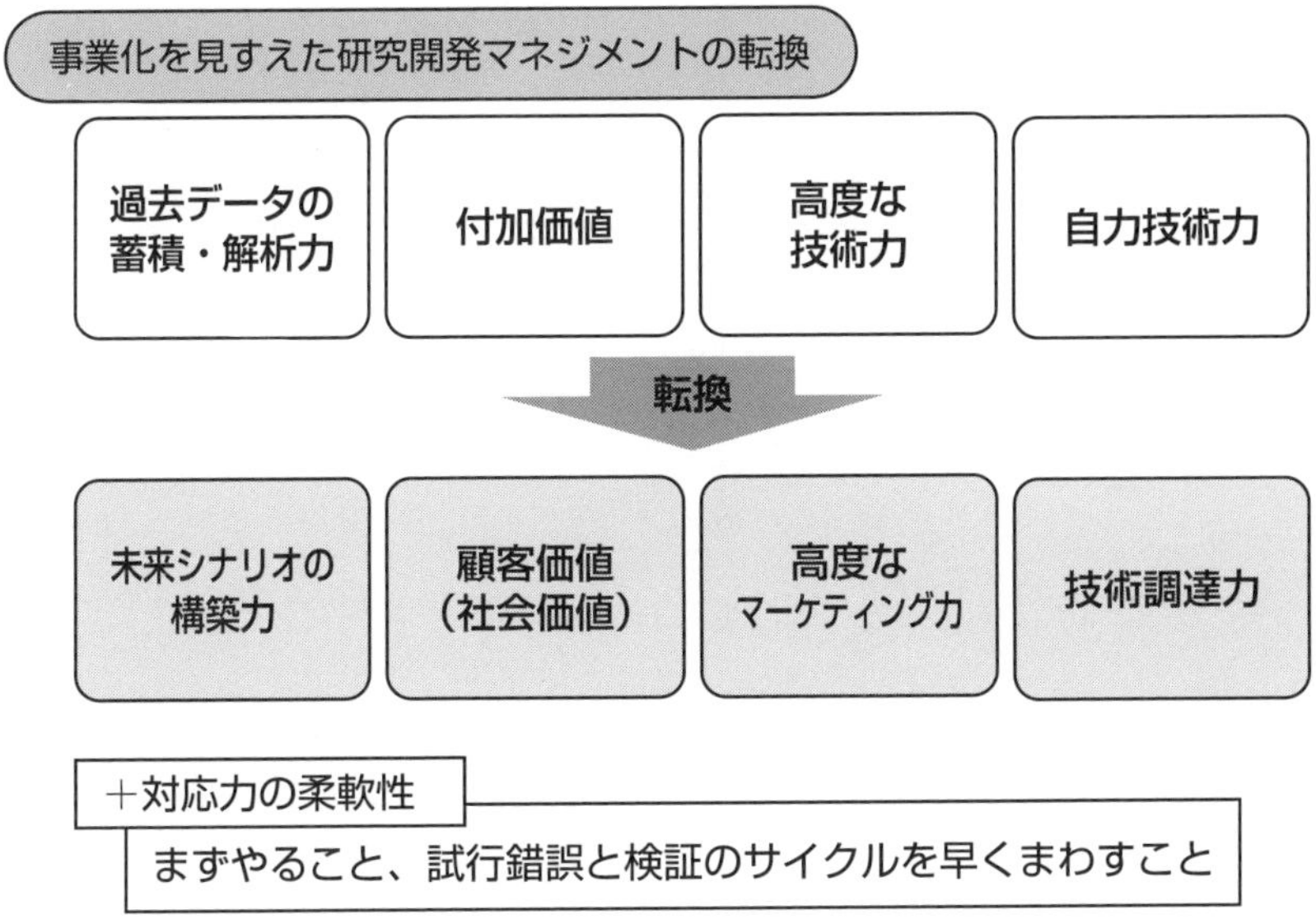

ネジメントの転換点として**図EX・1**に示したような従来と全く異なるポイントがあります。

本書で取り上げている開発・事業化のプロジェクト・マネジメントでも同様で、事業化をにらんで顧客価値指向に特化している形となります。

既存事業部に対する開発・事業化プロジェクトの意味

かつては事業部でも先を見た製品開発や未来の顧客に対する提案などが行なわれていました。

しかしながら、市場が飽和して事業競争がきびしくなるにつれて、そのような余裕はなくなりました。今はコーポレートの研究開発部門の企業内起業、すなわち開発・事業化プロジェクトに期待するようになっています。

企業における事業部の開発部門、コーポレートの研究部門、本書で取り上げている開発・事業化プロジェクトの違いを**図EX・2**に整理しました。

大きな違いは、コーポレート研究部門はスパンが長く、まだ未知の市場を対象にしており、事業部の開発部門は既存の市場を対象にしていることです。これに対して本プロジェクトは、先駆的な立ち上がり、初期の萌芽市場を対象にしていると言えます。

このように時系列的な分担を理解するとともに、実際の組織運営や各種の取り組みの違いがわかってくれば、区分けしたマネジメントができるようになります。

イノベーションを起こすプロジェクト組織とは

研究開発部門によるイノベーションの短期的成果としては発明・発見、すなわち特許や論文による創出があります。一方では、会社組織によるイノベーションの成果としては市場への商品の創出となります。

イノベーションの必要時におけるプロジェクトの技術と市場の課題と対応を**図EX－3**に示します。この中には①市場の不透明さ、②技術の難しさ、③パートナーとの信頼関係という不確定性が多く存在しますが、それをむしろビジネスチャンスと考えて対応することが必要となります。

このような中で研究開発部署のそのままの組織体制ではなかなか新しい事業まではできにくいものです。

そこでは、これまで述べてきたように、イノベーションを実現する組織（プロジェクト）を媒介することが必要となります。すなわちツール方法論としての組織・体制です。目的としては市場と研究開発の未来での融合、内容としては経営目標と研究ターゲットのベクトルの一致（ロードマップ）が現実的な対応策となります。

図 EX - 2　事業部、コーポレート研究所、開発・事業化プロジェクトの違いと位置づけ

	対象商品とステージ	技術の分類、守備範囲	市場のイメージ
コーポレート研究所部門	研究・開発	基礎、先端関係技術：広く将来の可能性について備えておく	未知、潜在
開発・事業化プロジェクト（企業内起業）	開発・事業化	先端、基盤関係技術：ピンポイントの顧客ニーズを満足させる技術に特化する	萌芽、初期
事業部開発部門	事業化・産業化	基盤、共通技術：既存製品をベースとして、さらなる性能向上、コストダウンに特化する	成長、飽和

図 EX - 3　プロジェクトにおける技術と市場の課題と対応

プロジェクトでの課題	基本的な考え方	プロジェクトとしての対応
市場の不透明さ（共創）	市場が不透明で見えづらいほどチャンスは大きくなるが、少数でも本気の顧客と共創すること	自分だけで解決しようとしないで、パートナーと一緒に考えて、さまざまな意見を尊重していくことが必要（共創と協創の実現）
技術の難しさ（協創）	技術課題が多く、難しいほどほかでできない差別化になるが、あくまでも市場（顧客）価値を目的に協創して考えることが前提	
パートナーとの信頼関係（フェアさ）	アイディアや発想がなかなか出てこないときは、相手を責めないこと（目的とプロセスを共有化しながら公平な立場を進める）	コミュニケーションをよくして相手を助ける姿勢、出し惜しみをしない姿勢が必要

付録② イノベーション開発委託（受託）：パートナー契約事例

パートナー契約の考え方の骨子とポイント

　ここではプロジェクト実務におけるパートナー契約について、筆者がベンチャー企業と行なった実例をベースに詳述します。よく契約事項は会社の法務や弁護士の出番といわれますが、あくまでその内容の基本はプロジェクトの責任者がビジネスの未来を見通して検討・立案することが大切です。開発ベンチャー企業と大企業の間の関係は、決して下請け契約ではなく「パートナー契約」であるということです。

　この趣旨が明確にでてくるひとつの形が、契約です。筆者も含めて従来型の上下関係の契約に慣れていると、当初は契約内容がをすんなりと理解しがたいところもあります。その契約の基本となる考え方の骨子をまず箇条書きで述べて、それから詳細なポイントに入っていきます。

① 受託者と実行者（開発VB）はパートナーであるとの認識が基本ポイント

（↓成功することで、双方がハッピーになることが最低条件）

○双方の所掌の明確化（↓お互いに何をするか、できるかできないかの分担を明確化）

○マイルストン管理と成果に応じた支払い（↓言い訳を許さない成果払い）

○キーパーソンへの十分な活動の保証（↓受託者サイドの権利の事前保護）

○開発と製造・販売における競合の禁止条項（↓委託者サイドの権利の事前保護）

○契約外の派生事項はオプション（追加）契約（↓プロジェクトターゲットの複数化と技術拡散を防ぐ）

○成果の移転に関する十分な契約条項（↓どの段階

で、装置や技術権利を渡すかなどの明確化）

○委託者側の人材の受託側での積極的な受け入れ（↓技術移転のスムースな実施とトレーニング）

○打ち切りの条件明示（↓うまくいかなかったときの処理方法の明確化）

②契約の内容の例：主要な構成のポイント

○色々なタイプのものがありますが、ここでは実際の例をわかりやすくした契約内容の項目と条文を示します。特に交渉に実際に携わった人がいなくなったときの不透明さをなくしておき、疑問点が生じないようにしておくことが必要となります。

(i) 本文

○まえがき：委託、受託側の本契約に対するスタンスを明確にする。

○定義：対象製品、双方の技術範囲、知的所有権、有効期限などを定義する。

○開発製品の内容と体制：以下の項目を示していく。

・受託ベンチャー企業における業務の明確化

・委託側における支払い条件

・共同開発のやり方

・報告義務とプロジェクト・マネジャーの役割などの明確化

○知的所有権関係：今回の開発プロジェクトにおける権利関係の明確化と新規に発生する権利関係の明確化する。

○特許のオプション権利：今後派生する事業などでの、現有権利の委託側への権利の優先使用などを取り決める。

○特許係争の場合の両者のスタンス：大企業（委託側）への協力条項と責任分担を示す。

○競合禁止条項：受託ベンチャー企業においては、ある期間は競合開発を行なわないことを明記する。

○新規開発への優先実施条項：新たな開発技術において委託会社への優先権利の付与などを示す。

○商標や製品名などの使用権利：型番や製品の名前に関する取り決めを行なう。

○ＮＤＡ（秘密保持条項）：双方における、秘密保持条項を明確にする。

○秘密保持条項の対象：文書、情報、物品などの定義、所有権などを示す。
○契約の完了：下記のような契約を終える場合の取り決めを行なう。
・キャンセル条項、マイルストン未達成の場合の取り決め
・権利の移転、技術移転の方法
・中心人物の死亡、移動などの取り決め
○保証：仕様の不一致、瑕疵などの不具合、欠陥の場合の取り決めを行なう。
○紛争：仲裁場所や協力の精神をうたうものとする。

(ii) 付録

○開発装置の仕様の概要とその試験確認方法
○移転資料の内容と明細
○開発マイルストンと費用の支払い方法

③ 契約内容の議論：それぞれの思惑と調整

実際の契約の詳細については、色々な立場の違いと思惑が発生します。筆者の経験した事例の中から、その具体例をいくつかあげます。

○開発期間の短縮化：開発に着手したあと、一刻も早く完成させたいのは当然です。このため、契約期間の短縮に関する条項とインセンティブをどのようにするか、大きな議論となりました。結果は最大努力ベースを契約に折込み、実際にも数カ月の短縮に成功しました。

○キャンセル条項：マイルストン未達成のときの基準となります。マイルストンの達成評価のときに、仕様の確認の方法などにそれぞれ食い違いがあることが判明し、その調整に時間がかかりました。委託側の要求と受託側の論理は往々にして対立します。実はこのときの議論は、後ほど国内での顧客との納入仕様の打ち合わせをするときに逆の立場となり大変役立ちましたので、このような議論を深くしておくことは有用です。

○権利の移転関係：どの時点でどの内容をどの程度移転していくかは、受託者側（ベンチャー企業）の権利の保護のための最重要項目です。ベンチャー企業においては自分たちの持物は技術とその権利だけであるため、技術権利や装置の移転は支払い

が全額完了した後に行なうことは、最低限のリスク管理となります。今回も最終的なプロト機の出荷は総費用の支払いの完了後となりました。

○費用の支払い方法：いつ費用を支払うか、開発のリスクをどのようにとっていくか。委託者側はできるだけ安全な方法を、ベンチャー企業側はできるだけ余裕がほしいという観点での下記の点の打ち合わせとなります。

・開発の頭金：ベンチャー企業の資金繰りの観点で必要となります。
・マイルストン未達成の場合の開発資金打ち切りと、それまでの費用の支払いは発生します。：マイルストン未達成の場合でも、それまでの開発費用の支払いは発生します。失敗したからといって、費用をまったく払わないというような契約にはなりません（開発はある程度のリスクがあることの共有化）。
・ライセンス費用：ライセンス費用はプロト機の完成（性能）を確認してからの支払い。

④ライセンスを受ける時期の考え方

共同開発プロジェクトにおけるライセンス契約の実務について、触れたいと思います。

開発ベンチャー企業のもつ特許のライセンスはあくまで、共同で開発したプロト機の完成によって実証（ライセンスを受ける側は内容を実際に確認）した後で、その特許を含む知的所有権全部のライセンスを受けることになったのです。

これは、ライセンスを受ける側にとっては、非常に安全な方法であるともいえます。一般に特許のライセンスが、そのままダイレクトに実用化になるケースは、新しい製品では少なく、付加価値の低い既存の製品の改良程度でしか見られません。

あくまでも実際のプロトタイプの製品、装置で実証してから価値が確定するのが通常です。一方ではその確認のための費用は委託側が全額負担していくのです。

今回の開発プロジェクトというのは、まさにその実証を行なったのです。お金がある側と技術がある側の双方が共同して実証し、双方が利益を得るというプロジェクトでした。

大企業の標準的な組織体制である役割分担体制、年功序列システムが、イノベーション実現への結果的な抵抗となっています。それを乗り越えるために既存の組織体系から隔離するものがプロジェクトやベンチャーということになります。

筆者は日本的・実践的MOT手法を用いて、各種規模の企業の開発・事業化プロジェクトに関連したコンサルティングを日々行なっているのですが、各社の規模や業種に限らず、共通して「言うは易し、行なうは難し」のパターンにぶつかります。

本書はこのような現実の上に立ってイノベーションを目指したプロジェクトを企業内起業と捉えてマネジメントの内容を整理したものです。いわゆるベンチャーが、既存の企業から遮断・隔離された企業体系であることを考えると、既存の組織から離れたプロジェクトの意味が理解しやすいかと思います。これはプロダクト・イノベーションという、技術だけでなくマーケットの不確定性を克服する必要性が高まってきていることが理由としてあります。

「顧客のニーズとの技術のマッチングによる価値の創出」ということは、実は「技術的に不完全な試行品（＝製品化）を顧客の要望に対応して最適化する（＝商品化）過程」として、不確定さを克服し可能性を提示する開発・事業化の過程ということになるのです。

いずれにせよ、技術を新事業や新商品にもっていく、事業化というものは、一筋縄ではいきません。しかし、本書をベースに技術者が実践的な新規事業やプロジェクトの事例と方法論を学んで、企業内起業として新規事業を成功させていく視点を持つことは必須です。

それぞれの技術者が「不確定性を売りぬく」こつをつかんでいただき、プロジェクトを社内で起こす形で、優れた技術シーズや製品を、いちはやく商品化し、事業として成功させていくことを期待しています。

完了

本書の作成経緯

本書はＭＯＴ解説入門書の『図解　実践ＭＯＴ入門』『図解　開発・事業化プロジェクト・マネジメント入門』（言視舎刊）の2冊を統合し、決定版としたものです。筆者のＭＯＴ手法による開発から事業化へのコンサルテング経験の入門ノウハウを全て投入したＭＯＴ（技術経営）の実践における集大成のワークブックともいうべき本です。

本書の姉妹書としては、実践ＭＯＴ各論の内容を具体的に詳述した『図解　実践ＭＯＴマーケティング入門』（言視舎、２０１７・1刊）、『図解　実践ロードマップ入門』（言視舎、２０１５・8刊）、『図解　実践オープン・イノベーション入門』（言視舎、２０１６・10刊）、『新事業とイノベーションにおける知財の活かし方』（発明協会、２０１１刊）＋『増補改訂版　図解　研究開発テーマの価値評価』（言視舎、２０２１年刊）があります。

したがって本書のワークブックと前述の解説書はできれば同時に活用していただき、ＭＯＴの考え方と具体的なツールを知るとともに、実際に使うタイミングと場所を間違えないような智恵とスキルを取得し、実践のハンドブックとして有効に使っていただきたいと願っています。

本書で「ＭＯＴの入門と具体的なプロジェクトのマネジメントの定石」を効率よく知って実践に活用することで、普通に行なうと１０００のうちの３つとか、情熱のある経営者と担当者がいても１００のうち３つといわれる新規事業の成功確率を10のうちの３つに高めることができ、可能性が増すことを期待しています。

株式会社テクノ・インテグレーション紹介

日本の産業活性力の源泉は技術・技術者にあり、この現実的なソリューションを提供する目的で、２００４年3月1日に設立しました。その中で、日本的で実践的なＭＯＴの体系化に取り組み、多くの実績を積んできました。

たとえば、新規事業のロードマップの作成、技術者のマーケティング、研究開発テーマの事業化評価、異分野・産学のアライアンス、社内外ベンチャー起業、プロジェクト・マネジメント、経営者や顧客と共有するビジネスモデルの立案支援などを効率的に行なうことです。

業務は現場ベースの開発・事業化コンサルテングを中心にしておりますが、研究開発テーマ、事業開発テーマの評価・可視化などの他、実践MOTに関する社内研修やセミナーなどの活動を行なっています。もちろん講演も積極的にお引き受けします。ぜひメールでお気軽にお問い合わせください。

連絡先　info@techno-ig.com

[著者]
出川通（でがわ・とおる）

2004年に株式会社テクノ・インテグレーションを設立、代表取締役社長として、MOT(技術経営)やイノベーションのマネジメント手法を用いて多数の企業むけに開発・事業化のコンサルティングや研修、実践マネジメントなどを行なっている。
1974年東北大学大学院材料加工学専攻終了。大手メーカーにて研究職からはじまり、２０年以上にわたり、いくつかの新規事業を産学連携や日米のベンチャー企業と共同で企画段階から立ち上げた。専門は新事業展開のマネジメントやプロジェクトやベンチャーの立ち上げ、マクロからナノまでの材料加工プロセス、工学博士。
早稲田大学・東北大学・島根大学・大分大学・香川大学などの客員教授や多数の大学・高専での非常勤講師などで学生、社会人、中小企業・ベンチャー経営者に実践MOTを講義する。また複数のベンチャー企業の役員、経産省、文科省、農水省、ＮＥＤＯ、ＪＳＴ各種評価委員や技術者教育関係団体の理事など多くの役職に就任。またイノベーションのための理科少年・少女シリーズの企画実行や江戸時代のイノベーター発掘など実施中
連絡先：degawa@techno-ig.com

装丁………佐々木正見
DTP制作………ＲＥＮ
編集協力………田中はるか

［決定版］イノベーションを実現する
実践MOT
研究開発から事業化へのプロジェクト展開の考え方

発行日❖2024年1月31日　初版第1刷

著者
出川通
発行者
杉山尚次
発行所
株式会社言視舎
東京都千代田区富士見2-2-2 〒102-0071
電話 03-3234-5997　FAX 03-3234-5957
https://www.s-pn.jp/
印刷・製本
モリモト印刷㈱

ISBN978-4-86565-271-0 C0334